YO-DLC-625

Texto/Contexto II

Coleção Debates
Dirigida por J. Guinsburg

Equipe de realização – Revisão de originais: Afonso Nunes Lopes; Revisão de provas: Cristina Ayumi Futida; Produção: Ricardo W. Neves e Sylvia Chamis.

USP

Reitor Flávio Fava de Moraes
Vice-reitor Ruy Laurenti

edusp

EDITORA DA UNIVERSIDADE DE SÃO PAULO

Presidente João Alexandre Barbosa
Diretor Editorial Plinio Martins Filho
Editor-assistente Manuel da Costa Pinto

Comissão Editorial João Alexandre Barbosa (Presidente)
Celso Lafer
José E. Mindlin
Oswaldo Paulo Forattini
Djalma Mirabelli Redondo

Edusp – Editora da Universidade de São Paulo
Av. Prof. Luciano Gualberto, Travessa J, 374
6º andar – Ed. da Antiga Reitoria – Cidade Universitária
05508-900 – São Paulo – SP – Brasil   Fax (011) 211-6988
Tel. (011) 813-8837 / 818-4156 / 818-4160

EDITORA DA
UNIVERSIDADE ESTADUAL DE CAMPINAS
UNICAMP

Reitor: Carlos Vogt
Coordenador Geral da Universidade: José Martins Filho
Conselho Editorial: Aécio Pereira Chagas, Alfredo Miguel Ozorio de Almeida, Antonio Carlos Bannwart, César Francisco Ciacco (*Presidente*), Eduardo Guimarães, Hermógenes de Freitas Leitão Filho, Jayme Antunes Maciel Júnior, Luiz Cesar Marques Filho, Geraldo Severo de Souza Ávila
Diretor Executivo: Eduardo Guimarães

Editora da Unicamp
Rua Cecílio Feltrin, 253
Cidade Universitária - Barão Geraldo
CEP 13084-110 - Campinas - SP - Brasil
Tel.: (0192) 39.3720
Fax: (0192) 39.3157

anatol rosenfeld
TEXTO/CONTEXTO II

EDITORA PERSPECTIVA

Copyright © 1993 by Editora Perspectiva

Dados Internacionais de Catalogação na Publicação (CIP)
(Câmara Brasileira do Livro, SP, Brasil)

Rosenfeld, Anatol, 1912-1973
 Texto/Contexto II / Anatol Rosenfeld. - São Paulo : Perspectiva :
Editora da Universidade de São Paulo ; Campinas : Editora da Universidade Estadual de Campinas, 1993. - (Debates ; v. 254)

ISBN: 85-273-0064-8 (Perspectiva)
ISBN: 85-314-0198-4 (Edusp)
ISBN: 85-268-0294-1 (EdUNICAMP)

 1. Literatura - Estética 2. Literatura - História e Crítica 3. Teatro - História e Crítica I. Título. II. Série.

93-3140   CDD-809

Índices para catálogo sistemático:
1. Literatura : História e Crítica   809

Direitos reservados à

EDITORA PERSPECTIVA S.A.
Avenida Brigadeiro Luís Antônio, 3025
01401-000 - São Paulo - SP - Brasil
Telefone: (011) 885-8388   Fax: (011) 885-6878
1993

NOTA DOS EDITORES

Não é um acontecimento rotineiro: três editoras – a Perspectiva, a da UNICAMP e da USP – se unirem para a publicação de sete livros de um único autor. Mas nem é comum o autor, nem são comuns os livros. O autor é Anatol Rosenfeld, ensaísta, crítico de literatura e de teatro, pensador, mais conferencista do que professor regular, cujos vinte anos de falecimento a publicação desses livros procura rememorar; os sete livros que agora são publicados são inéditos deixados por Rosenfeld, lealmente conservados e criteriosamente editados por seu grande amigo e editor, o Professor Jacó Guinsburg. Não é difícil apontar a importância de tais livros: a própria variedade dos assuntos – desde os mais densamente teóricos, como os que estão em *Texto/Contexto II*, até os históricos que tratam da evolução do Teatro ou os mais ambiciosamente antropológicos, tratando de futebol ou de ritos afro-brasileiros – acrescenta elementos preciosos para uma mais ampla caracterização do intelectual que foi Anatol Rosenfeld. Um intelectual europeu que, a exemplo de alguns raros companheiros de geração, como Paulo Ronai ou Otto Maria Carpeaux, soube fazer da terra brasileira de adoção um cenário profícuo para uma extraordinária presença cultural. Neste sentido, a homenagem que as três editoras agora lhes prestam é a mais justa e a mais adequada: não apenas o acrescentamento de obras inéditas a uma bibliografia já básica na Cultura Brasileira mas o resgate de textos fundamentais que venham enriquecer esta mesma Cultura, propiciando um pensar rigoroso e inventivo sobre temas sempre atuais.

João Alexandre Barbosa
Eduardo Guimarães

NOTA DOS ORGANIZADORES

A preparação deste volume, assim como dos demais que reúnem postumamente os escritos de Anatol H. Rosenfeld, é resultado de uma longa pesquisa, iniciada em 1988, nos arquivos organizados por Nanci Fernandes após a morte do autor em 1973.

Contando já com precedentes que levaram, em anos anteriores, à publicação, por Nanci Fernandes e J. Guinsburg, de coletâneas de trabalhos provenientes do mesmo fundo, como *Teatro Moderno, O Mito e o Herói no Moderno Teatro Brasileiro, Estrutura e Problemas da Obra Literária*, a presente organização conclui um antigo projeto da Editora Perspectiva – dar acesso ao público leitor à extensa e diversificada contribuição do crítico Anatol H. Rosenfeld, que, tendo de sair da Alemanha hitlerista, se radicou no Brasil no fim dos anos 30. Sua incisiva e pertinente intervenção no debate cultural em nosso meio se fez através de um sem-número de ensaios, artigos e conferências que focalizavam, não só temas em pauta na literatura, nas artes e no pensamento europeus e internacionais, como penetrantes e às vezes surpreendentes abordagens de aspectos e problemas da cultura e da sociedade brasileiras.

Do acervo existente foi possível projetar dez volumes segundo critérios temáticos específicos, três dos quais reservados a contos, poesias, crônicas etc., e outros sete, já concluídos, de caráter ensaístico. Aí estão enfeixados os escritos das sucessivas etapas que o autor percorreu ao longo dos quarenta anos de sua vida no Brasil. São estudos e reflexões sobre filosofia, política, antropologia, estética, literatura, teatro, imprensa, rádio, cinema, opinião pública e propaganda.

Tal é o conjunto que agora vem a público, proporcionando uma visão abrangente do largo espectro versado pela produção interessada, sensível e original deste observador sagaz e analista profundo que foi Anatol H. Rosenfeld.

J. Guinsburg
Abílio Tavares

TEXTO/CONTEXTO II

O presente volume obedece, em sua organização, à estrutura que Anatol H. Rosenfeld deu ao livro homônimo, onde reunia ensaios publicados, na maioria, nos últimos quinze anos de sua vida, e que apareceu na Coleção Debates da Editora Perspectiva em 1972.

No prefácio de *Texto/Contexto I* é dito que no processo de sua feitura o Autor teve a oportunidade de reelaborar, ampliar e, na medida do possível e do necessário, atualizar os textos, resultando daí, em alguns casos, estudos inteiramente novos.

É óbvio que, sendo a presente recolha póstuma, os ensaios e estudos aqui insertos são reproduzidos na forma original. Trata-se de escritos impressos entre 1943 e 1967 em jornais como *Diário Paulista*, *Jornal de São Paulo*, *Correio Paulistano*, *Crônica Israelita*, *O Estado de S.*

Paulo (Suplemento Literário), em revistas como *Cavalo Azul*, *Revista Brasileira de Filosofia*, e no livro *Desenvolvimento e Pensamento Industrial*. Para facilitar a localização dos trabalhos, procuramos determinar as datas e os veículos. Todavia, não logramos obter tais dados nos textos encontrados no arquivo do autor, em forma de originais datilografados, e eles foram incluídos com esta lacuna.

A exemplo do primeiro volume, *Texto/Contexto I* foi dividido em três partes: *Questões Filosóficas*, *Problemas Políticos e Culturais* e *Reflexões Estéticas*.

Vale observar que na segunda parte comparecem, entre outros, alguns artigos redigidos durante e logo após a guerra, e que discutem, sob vários aspectos, temas ligados às questões candentes daquele período crucial da história contemporânea. Há que ressaltar sobretudo o valor documental desta produção e é antes sob este ângulo que se efetuou a sua inclusão.

No todo, porém, o leitor poderá verificar que, assim como em *Texto/Contexto I*, tem diante de si uma reunião de escritos de indiscutível validade intrínseca, cuja edição em livro se fazia necessária, pois relegá-la à condição de folhas de arquivo ou de páginas amarelecidas de velhas publicações seria privá-lo das captações de um espírito sagaz e profundo, de extraordinária versatilidade, abrangência e contemporaneidade.

J. Guinsburg
Abílio Tavares

SUMÁRIO

PARTE I: QUESTÕES FILOSÓFICAS 19

1. A Tecnocracia de Bacon............... 21
2. Notas sobre *Hyperion* e *Empédocles*....... 29
3. Arthur Schopenhauer................. 45
4. Nietzsche e o Irracionalismo............ 65
5. Soeren Kierkegaard.................. 77
6. O Mito de M. Buber.................. 89
7. Nicolai Hartmann e a Fenomenologia...... 97
8. Ressurreição de Heidegger............. 109
9. Scheler e Gandhi.................... 115
10. Jean-Paul Sartre: Reflexões sobre a Questão Judaica 121
11. O Homem e a Técnica................ 133

PARTE II: PROBLEMAS POLÍTICOS E CULTURAIS ... 163

1. O Sentido do Racismo ... 165
2. As Causas Psicológicas do Nazismo ... 171
3. Arte e Fascismo ... 189
4. O Processo Histórico e a Energia Atômica ... 199
5. A Crise da Democracia ... 205
6. O Problema das *Gangs* ... 217
7. Cultura e *Gangs* ... 225

PARTE III: REFLEXÕES ESTÉTICAS ... 233

1. Estética ... 235
2. Goethe: Unidade e Multiplicidade ... 259
3. Schiller Anti-romântico ... 267
4. Beethoven e o Romantismo ... 275
5. Dadá não Está Gagá ... 283
6. No Reino da Pseudo-arte ... 291
7. *Kitsch*: Pró e Contra ... 299

PARTE I:
QUESTÕES FILOSÓFICAS

1. A TECNOCRACIA DE BACON*

Neste ano de 1961, em que os primeiros "cosmonautas" empreendem vôos aos espaços siderais, testemunhando o poder dos países cuja evolução técnico-científica possibilita tal feito, merece ser lembrado o quatrocentenário de nascimento de Francis Bacon, filósofo inglês que empenhava todo o seu raciocínio no advento desta nossa época. Certamente não participamos hoje do ilimitado otimismo com que Bacon confiava, em visões utópicas, no maravilhoso futuro que a ciência e a técnica garantiriam à humanidade. As numerosas "utopias negativas" no teatro (Capek, Kayser, Priestley) e no romance moderno (Huxley, Orwell, Junger) são, neste sentido, sintomáticas. Para ilustrar a sua idéia de que "saber é

* Artigo publicado no Suplemento Literário, *O Estado de S. Paulo*, em 20 de agosto de 1961.

poder", Bacon recorre à "elegante fábula" da esfinge. Hoje já não acreditamos que os problemas propostos pelo monstro encontrem tão logo o seu Édipo. E mesmo se encontrarem, qual será o resultado? Bacon destaca que a solução do enigma elevou Édipo ao trono de Tebas. Esquece-se, porém, de que a capacidade de solucionar enigmas, a sede de saber e a indagação incessante lançaram Édipo na mais profunda das desgraças.

Entretanto, seria lamentável se o nosso ceticismo em relação ao progresso, a nossa visão um tanto mais modesta das glórias da ciência e o reconhecimento do que nela possa haver de *hibris* produzissem uma atitude oposta à de Bacon. Ao lado dos utopistas negativos, que, na maioria dos casos, se dirigem principalmente contra o mau emprego da ciência e da técnica, não faltam hoje círculos que, numa hora não muito propícia, se quedam embasbacados ante certo tipo de quietismo oriental, chegando à completa negação dos benefícios virtuais encerrados nas ciências, quer naquelas que examinam a "natureza das coisas", quer nas outras, muito mais recentes, que indagam da natureza do homem e da sociedade e que, aliás mal começam a ser aplicadas.

Precisamente este último campo interessava a Bacon bem mais do que geralmente se depreende das histórias da filosofia. "Devemos muito a Maquiavel [...] por manifestar e descrever claramente e sem ficção o que os homens fazem e não o que deveriam fazer." Esta opinião de Bacon demonstra que desejava aplicar os métodos da pesquisa empírica, a cuja elaboração dedicou toda a sua vida de filósofo, não só às ciências da natureza, mas também às ciências psicológicas e sociais.

Na sua obra *O Mito do Estado*, Ernst Cassirer acentua a importância que neste campo têm os conselhos de Bacon. Recomenda segui-los para que a humanidade possa superar a idade mágica e mítica no terreno da política (idade na qual, em plena época astronáutica, ainda nos encontramos). O objetivo de Bacon era dar ao homem métodos científicos capazes de o tornarem senhor da natureza e, deve-se acrescentar, também do mundo sócio-político, isto é, de si mesmo. Para tal, no entanto, tem de respeitar as leis ou regras fundamentais que reinam nestes domínios, depois de as ter descoberto através de pacientes pesquisas. Antes de tudo, porém, deve libertar-se a si mesmo, extinguindo as falácias e ilusões, os mitos e idiossincrasias que embaraçam o conhecimento e impedem a observação despreconceituada dos fenômenos. A sua famosa crítica do conhecimento enquanto toldado pelos "ídolos" é precisamente aquele *catarticon* de que fala Kant, aquele método de purgação e purificação do nosso intelecto, graças ao qual nos libertamos dos vícios que comprometem a precisão do nosso conhecimento.

Esses ídolos, que deformam a nossa visão do mundo, já eram conhecidos na Antiguidade. O que, no caso, distingue a exposição de Bacon é a fé na possibilidade de superar tais obstáculos. Digno de nota é o particular destaque que dá aos "ídolos da feira", isto é, aos erros decorrentes da comunicação, do emprego de palavras inadequadas, vazias ou de significado ambíguo. Tais ídolos são, segundo Bacon (e Cassirer), os mais perigosos e tenazes. Com efeito, dominam não só na tradição filosófica, mas principalmente na vida política. Facilitam o surto e a propagação de mitos, são as bases de simplificações, estereótipos, personificações irracionais e de inúmeros preconceitos. Não há discurso político sem tais "ídolos de feira", cujo apelo emocional parece irresistível. Não surpreende, por isso, que Bacon examine mais de perto o pensamento emocional, o *wishful thinking*, o raciocínio tingido pelos afetos etc.

De grande sagacidade é também a crítica aos "ídolos do teatro" que nos "pregam peças" através das ilusões transmitidas pelos sistemas filosóficos tradicionais. Provém daí, por exemplo, a ficção de se atribuir à natureza maior ordem e regularidade do que talvez lhe seja inerente, como se nela não pudessem existir zonas inexprimíveis através de leis ou não sujeitas à causalidade. O alvo predileto dessa crítica é, naturalmente, o raciocínio finalista de Aristóteles, cujo sistema se lhe afigura como principal "encenação" teatral, mas cuja conceituação o próprio Bacon estava longe de ter superado. A crítica ao pensamento aristotélico, pensamento tão nocivo à eclosão das ciências modernas, impunha-se na época. Era importante dizer que as causas finais de Aristóteles têm "claramente relação com a natureza do homem e não com a natureza do universo". Por mais excessiva que tenha sido a polêmica de Bacon, era necessário libertar o pensamento da autoridade irrestrita "do" filósofo, para que de novo se pudesse apreciá-lo na justa medida.

O otimismo de Bacon reconhece só um obstáculo ao progresso – ao fato de que "os homens desesperam, considerando certas coisas como impossíveis". Para promover este progresso – este é o pensamento de Bacon – é preciso prestigiar as ciências, pois é claro "que uma coisa não prestigiada não consegue prosperar". Tais palavras, em conexão com a crítica dirigida à organização dos colégios, academias e institutos científicos da época, poderiam ter sido enunciadas por um sábio ocidental dos nosso dias, preocupado com a competição de potências mais crentes no poder redentor das ciências e consciente deste terrível fato: o domínio será conquistado por aquele sistema político que produzir mais e melhores cientistas e técnicos. Numa palavra, o desprestígio da ciência, para o qual contribuem certos "espiritualistas" apavorados pela idéia de que a ciência precipitaria o advento da sociedade coletivista das formigas, favorece precisamente os sistemas políticos que pregam a coletivização total.

É evidente que um pensador do tipo de Bacon, avesso à autoridade dos "antigos" e confiante na função messiânica das ciências, não tende a colocar a idade de ouro no passado e sim no futuro. A ciência não se baseia em revelações ou intuições verificadas num passado remoto, na juventude de uma humanidade ainda imatura e de modo algum "antiga", e sim no crescimento cumulativo dos dados recolhidos pela experiência, através do esforço humilde de gerações convencidas da sabedoria da idade. Os mais velhos e sábios não são os pensadores antigos e sim nós, que temos a soma do tempo decorrido a nosso favor.

Não admira, diante disso, que a utopia de Bacon tenha cunho empiricista, negando o construtivismo rigoroso, e se apóie em grau muito menor na de Platão do que as utopias de Campanella e Thomas Morus. Isso pelo menos na medida em que o fragmento do romance utópico *Nova Atlantis* permite tirar conclusões sobre a organização social de Bensalém, a ilha perfeita de Bacon. Ao que tudo indica, este romance não deveria estabelecer o modelo de um Estado organizado segundo fórmulas do comunismo radical, típico das utopias mais famosas, de cunho racionalista. Parece haver, neste Estado, considerável soma de liberdades, o que se pode verificar, indiretamente, pelo fato de haver nele pessoas entregues ao vício e até à preguiça, além de cidadãos pobres que necessitam de assistência. Tal fato é, para uma utopia, um aspecto curioso, fazendo supor um regime moderado. Há pessoas com rendas e privilégios e os poetas, longe de serem expulsos, parecem gozar de elevado prestígio. Vivem neste Estado, que, ao contrário daqueles de Capanella e Morus, é cristão, até cidadãos judeus, aos quais se concede livre exercício da sua religião e que, tratados com eqüidade absoluta (coisa inédita nos Estados cristãos da época), revelam ser cidadãos perfeitamente normais – parece que até Bacon se surpreende ante a lógica do seu próprio romance. Não existe em Bensalém racionalização das relações sexuais, tão típicas das utopias. O elogio da monogamia vem acompanhado de uma violenta diatribe contra a prostituição, inexistente em Bensalém.

Temos aí, portanto, o que poderíamos chamar uma "utopia liberal", baseada paradoxalmente no senso comum, quando na essência do pensamento utópico geralmente se acentua um raciocínio de extremo rigor construtivo que tende a impor qualquer tipo de comunismo ou coletivismo. O mais paradoxal de tudo isso, no entanto, é a circunstância de que Bacon, ao contrário dos pessimistas atuais, atribui precisamente às ciências a missão de possibilitar tal organização liberal da sociedade. Bensalém abriga, em essência, uma sociedade dirigida por uma elite tecnocrática, espécie de associação de cientistas, que, em vez de se entregarem à contemplação das idéias, como os filósofos na República de Platão, vivem em modernos laboratórios, entregues a pesquisas e atuando em benefício do país.

Em pleno princípio do século XVII projetam e constróem escafandros, submersíveis e aviões, telescópios e microscópios. Trabalham em estações metereológicas, experimentam radiações e resguardam alimentos mediante sistemas de refrigeração (verdadeiro mártir da ciência, Bacon faleceu em conseqüência de um resfriado ao investigar o problema em apreço). Aparelhos de ar condicionado amenizam as condições de vida dos bensalenses. É acentuada a preocupação dos tecnocratas com a saúde do povo. Daí a vasta organização de pesquisas no campo dos cereais, legumes, verduras e frutas, para produção de novas espécies, mais variadas, mas saborosas, mais resistentes e de mais rápido e freqüente amadurecimento. Pelo menos no mundo zoológico a tecnocracia já estabeleceu uma espécie de "admirável mundo novo", mercê do condicionamento fisiológico e emocional dos animais. A direção científica de Bensalém dedica particular atenção à indústria alimentícia. Produzem-se refrigerantes e fortificantes sintéticos de grande poder curativo, aptos a servirem de nutrição integral, ao ponto de muitos bensalenses manterem um regime totalmente líquido. Nas oficinas acústicas experimentam-se novas harmonias e esclas, fazem-se pesquisas fonéticas; os técnicos aumentam, diminuem e manipulam o som, além de transmiti-lo à distância. Produzem, em oficinas especiais, novos odores e paladares. Constróem engenhos automáticos, robôs, todo um mundo mecânico que já antecipa a mais recente das revoluções industriais, ainda por vir, através da cibernética e automação.

No entanto, tendo previsto tanto, Bacon não previu o vôo pelos espaços siderais (embora previsse o vôo humano), nem a bomba atômica. Parece que o bom senso inglês lhe poupou esta última antecipação. Mesmo sem esta visão terrífica, o chefe da tecnocracia de Bensalém explica ao visitante fictício da ilha: "Temos determinadas preces, por meio das quais suplicamos a Deus que nos ampare e abençoe e que se digne de dirigir e iluminar nosso trabalho, imprimindo-lhe utilidade benéfica e sagrada".

2. NOTAS SOBRE *HYPERION* E *EMPÉDOCLES*

I

Nos anos de 1794-1795 Hölderlin ouvia em Jena, como *protégé* de Schiller, as preleções de Fichte, cujo pensamento "titânico" lhe causou profunda impressão. O idealismo radical do filósofo, que concebeu a natureza com mero produto de um Eu transcendental, criada para que este Eu divinizado pudesse atuar, como entidade moral, sobre o Não-Eu por ele instaurado, afetou-o de um modo perturbador e duradouro. Todavia, a admiração inicial, por mais que perdurasse a influência contraditória das idéias transmitidas, cedeu logo a uma luta silenciosa e tenaz contra a preponderância das mesmas. A realidade autônoma da natureza era para ele não somente um problema especulativo, mas uma questão vital. Não podia admitir que a natureza fosse um ser sem substância, cujo significado se esgotava em figurar apenas como contraposição, mero material, mera "resistência" à atividade do Eu prático. O *pathos* moral de Fichte, aniquilando a natureza ou concedendo ao mundo criado apenas ser aparente, acabaria por negar a própria relação moral, já que toda ação, ao exercer-se sobre aparências, se dissolveria por sua vez em mera aparência. Antes de tudo, porém, o sentimento de vida de Hölderlin estava ligado, de modo indissolúvel, à natureza, para ele viva, plena de forças divinas, superior, pelo menos para o seu sentimento imediato, a qualquer Eu, quer empírico, quer transcendental; o que não quer dizer que a reflexão idealista não lhe abalasse, intermitentemente, essa segurança. A sua visão tende cedo ao mítico. Seu panpsiquismo, impregnando a natureza de energias divinas, contribuiu para que seus amigos, primeiro Schelling, depois Hegel, começasse a elaborar a sua filosofia da natureza, opondo-se à concepção unilateral de Fichte.

É de 1796 o famoso esboço de um novo sistema filosófico proveniente do círculo dos três amigos. Transcrito por Hegel, o conteúdo geralmente é atribuído a Schelling. Este, porém, se baseava, ao que tudo indica, em idéias de Hölderlin. Comum aos três, naquela fase, era a glorificação entusiasmada da Revolução Francesa, assim como a oposição veemente a todo tipo de despotismo, fato que se exprime no tom anárquico do documento, no qual pregam a abolição do Estado. Este, como mecanismo, transforma homens livres em peças de engrenagem. O Estado, portanto, deve ser anulado, juntamente com "toda a miserável obra humana" de que se origina "constituição, governo, legislação". Ao contrário dos amigos, Hölderlin permaneceu leal aos ideais da juventude, não como anarquista, mas, senão tampouco como jacobino radical, como afirma Pierre Bertaux, ao menos como republicano fervoroso, [o que era] na Alemanha absolutista de então uma posição decididamente subversiva (mais ou menos aos trinta anos participava, ao que tudo indica, ou era ao menos conivente com uma conjuração contra a vida do príncipe-eleitor de Wüttemberg). A sacralização crescente de Hölderlin (na linha que vai de Stefan George a Heidegger) e omissão da historiografia literária alemã acadêmica fizeram do poeta, no primeiro caso, o arauto evidente de um brumoso *Reich* mítico, facilmente anexável por Goebbels (o que de fato fez como patrono da Sociedade de Hölderlin) e, no segundo caso, um suave sonhador apolítico, acondicionado no algodão do "destino", quando hoje se sabe, mormente graças à pesquisa francesa, que a política era constante paixão e problema da sua vida, marcando profundamente a sua obra: os seus deuses não podem ser dissociados da realidade social e política, como logo se tornará evidente. De um modo lapidar, Hölderlin exprimiu isto nestes versos: "Aprenda na vida a arte, na arte aprenda a vida/Vendo certo uma, verás a outra também".

No documento mencionado é particularmente característica de Hölderlin a enfática afirmação da natureza em face do Eu fichtiano, assim como o projeto de uma religião "sensível", isto é, ao monoteísmo da razão deve corresponder um politeísmo da imaginação e da arte. A mitologia deve tornar-se filosófica e a filosofia, mitológica, a fim de tornar os filósofos "sensíveis", capazes de falarem ao povo.

Seria, evidentemente, um equívoco supor que Hölderlin tivesse moldado a sua poesia segundo este ou outro projeto especulativo. O esboço, se realmente foi concebido pelo poeta, como acreditam entre outros Ernest Cassirer e Nicolai Hartmann, é manifestação da vivência mais íntima de Hölderlin, formulada em termos especulativos por Shelling. "Afinal – afirma Nicolai Hartmann não sem malícia – a maestria de Schelling na transposição de bens filosóficos alheios não pode ser posta em dúvida... Tampouco o fato de que no ano em questão Schelling vivia sob a influência do sentimento do mundo de Hölderlin"[1]. A vivência da natureza, plena de deuses, é na expressão de Hartmann, de modo algum "artificialmente refletida" e ela se une, deve-se acrescentar, à de um estado de coisas humano, político-social, igualmente harmônico e pleno. Hartmann continua:

> A expressão mais pura [desta vivência],ele a encontra na mitologia dos antigos [...] Antes que fosse renovada e elaborada a concepção da alma universal, encontramos em Hölderlin a cada passo a idéia do panpsiquismo [...] O que sente é algo primevo que brota do mais íntimo da sua personalidade: o sentimento de valor ante o esplendor da natureza [...] portadora de um valor próprio, originário, indelével [...] Na sua sensibilidade pura pela natureza, na sua oposição greco-artística ao sacrifício da natureza exigido por Fichte, teve origem a nova filosofia da natureza.

As idéias expostas no documento, profundamente ligadas às tendências mais íntimas de Hölderlin, é a problemática com que se debatia, ao assimilar e opor-se ao idealismo fichtiano, reencontram-se na obra de forma complexa e ambígua, de um modo extremamente envolvido, passando, embora constantes na constelação nuclear, por inversões radicais ao longo das várias fases criativas. Conquanto Hölderlin não pertencesse nem ao classicismo, nem ao romantismo alemães, vivendo isolado à margem das escolas, a sua problemática se nutre, além disso, dos temas fundamentais do período clássico romântico da literatura germânica (de 1770 a 1830, incluindo o pré-romantismo), ainda que configurada de modo muito pessoal e por isso resultando, na fase madura, em obra singular, incomparável.

A natureza divina, concebida por Hölderlin em termos de uma antiguidade grega que representa a unidade absoluta, surge mais uma vez como mítica identidade

---

1. *Die Philosophie des Deutschen Idealismus*, Berlim, 1960.

universal, meta suprema da "saudade", à semelhança do paraíso de Kleist, do mundo primevo e inocente de Rousseau e Novalis, da tipologia de Schiler que opunha a poesia "ingênua" à poesia "sentimental", refletida. O mito da idade de ouro passada projeta-se para um futuro escatológico e reveste-se, ao mesmo tempo, de um sentido político concreto e imediato em face dos acontecimentos da Revolução Francesa. O homem moderno se "alienou" dessa unidade primitiva. Perturbado por cismas e pela consciência refletida, alheia-se da plenitude natural, isolando-se no seu Eu soberbo de que Fichte se afigura o representante filosófico mais notável. O homem torna-se um "estranho" (*Fremder*) em face da natureza, na expressão de Hölderlin (a raiz do termo *fremd* reaparece no termo *entfremdet*, tal como usado por Hegel e Marx; a tradução corrente da palavra é "alienado"). A expressão, tal como Hölderlin a usa, tem o sentido de alheamento, exílio, queda e dissociação, carregando-se, porém, de significados, que se aproximam do da autoalienação e das conceituações posteriores mais complexas. O problema da alienação, para Schiller mais um teorema estético e da filosofia da história, enquanto os românticos o abordavam com extrema sofisticação, muitas vezes lúdica, veio impregnar-se, principalmente para Kleist, que se suicidou, e para Hölderlin, que de fato acabou "alienado", também em sentido mental, de significados metafísicos, religiosos, sociais e existenciais, experimentados de forma tão radical e absoluta que acabou abalando-lhes a capacidade de viver.

II

A obra madura de Hölderlin, tanto os poemas como também o romance epistolográfico *Hyperion* e a tragédia *Empédocles*, giram em torno da experiência da proximidade ou presença e da distância ou ausência dos deuses, da plenitude e do vazio, da unidade ou integração e da dissociação ou alienação. Essa experiência não é só de ordem pessoal (de Hyperion ou Empédocles), mas se refere a épocas e povos inteiros – por isso a famosa palavra do "poeta em tempo indigente", que implica, juntamente com a ausência dos deuses, a decadência nacional e social, estendendo-se a todos os terrenos da vida. É característico de Hyperion o oscilar entre estados de plenitude jubilosa e de vazio aniquilador – os psicólogos facilmente poderiam subjetivar semelhante disposição psíquica e redescobrir no poeta, que sem dúvida se projetou imaginariamente na personagem, a mórbida constituição maníaco-depressiva.

O romance é hoje injustamente relegado a um lugar um tanto marginal, por causa do realce merecido, mas unilateral, que se costuma dar aos grandes hinos da última fase. A obra se compõe de duas partes (os volumes apareceram em 1797 e 1799), contendo as cartas de Hyperion (filho das alturas, titã solar, cognome de Hélios, filho do Céu e da Terra), figura ideal do jovem puro, ao amigo Bellarmin e à amada Diotima. De teor elegíaco-heróico, o romance, escrito em prosa rítmica, narra ou canta muito mais as aventuras espirituais do jovem grego, desejoso de estar "unido a tudo que vive" e impelido "pela aspiração imensa de ser tudo", do que os eventos materiais em que se envolve ao seguir o chamado do amigo Alabanda para libertar a pátria do domínio estrangeiro, no momento em que a Rússia, em 1770, declara guerra à Turquia. Hyperion sente-se impulsionado pela missão de elevar o seu povo da humilhação profunda, de entusiasmá-lo, em "tempo indigente", para ir em busca do mundo divino, de restituir-lhe a consciência da dignidade anterior. O resultado é um terrível desengano, mas uma carta de Diotima lhe exige que continue vivendo como "sacerdote da natureza divina". Apesar da desilusão, Maurice Delorme tem razão ao chamar o romance "as confissões de um revolucionário"[2].

2. *Hölderlin et la Révolution française*, Mônaco, 1959.

Ao mesmo tempo, porém, a Grécia de que se trata no romance, não é somente a histórica, lutando pela sua liberdade, mas a mítica, encarnação da unidade natural do absoluto. A visão que Hyperion tem do absoluto é nutrida pela personagem de Diotima (nome platônico que Hölderlin deu à amada Susette Gontard em cuja casa em Frankfurt era durante algum tempo preceptor). Através de Diotima manifesta-se a divindade, à maneira de uma epifania: "Vi-o uma vez, o Único, que minha alma procurava, e a Perfeição que afastamos além dos astros, que adiamos até o fim dos tempos – eu a senti presentemente. Esteve presente, o Supremo, esteve presente neste círculo da natureza humana e das coisas!" E de tal modo se unem, para Hölderlin, a visão do deus que se manifesta em forma humana e do ideal político-social, que Hyperion chama o novo Estado por cuja criação luta contra os turcos, uma "cópia" de Diotima. Mais tarde será precisamente a morte de Susette-Diotima, isto é, o fenômeno da ausência, que lhe revelará a certeza do Ser Divino.

É preciso acrescentar que, para Hölderlin, não se trata agora de divindades metafóricas, como ainda na sua fase de jovem adepto de Schiller. Na sua maturidade e principalmente na sua última fase, os deuses deixam de ser ornamentos retórico-alegóricos. Passam a exprimir o realíssimo Ser puro na forma de um ente determinado. Em *Hyperion*, porém, há quanto a este ponto ainda certas vacilações que revelam a influência de Fichte. Por exemplo: o homem "que sentir-se a si mesmo e assim projeta a sua beleza para fora de si. Deste modo o homem deu-se os deuses". Outro trecho: "É como se eu sentisse o espírito do universo [ou do mundo: "Geist der Welt" – Hegel usa o termo *Weltgeist*, espírito universal] como a mão cálida de um amigo, mas desperto e fico cismando se não segurei meus próprios dedos". Ademais, a parousia do divino aparece no romance através da mediação de uma personagem fictícia, Hyperion, de modo que o fenômeno ainda não é enunciado como de plena validade ontológica.

Em certa medida, todo o romance é uma tenaz disputa em torno do pensamento de Fichte, num nível mais vital que intelctual. A especulação fichtiana surge como motivo de isolamento e alienação, numa interpretação solipsista de suas idéias que não corresponde às concepções do filósofo, mas é característica da geração dos românticos.

> Ser unido com tudo, eis a vida da divindade, eis o céu do homem. Ser unido com tudo o que vive, voltar em jubiloso auto-esquecimento ao todo da natureza, eis o cume dos pensamentos e alegrias, a sagrada altura da montanha, o lugar do repouso eterno [...] Nesta altura encontro-me freqüentemente, meu Bellarmin! Mas um momento de reflexão lança-me para o abismo. Reflito e encontro-me sozinho, como antes, com todas as dores da mortalidade, e o asilo do meu coração, o universo eternamente uno, se esvaiu; a natureza cerra os braços e fico diante dela como um estranho – já não a entendo [...] A ciência [...] me perverteu tudo [...] Oh, o homem é um deus quando sonha, um mendigo quando reflete, e quando o entusiasmo [termo usado no sentido original de "tomado por deus", "estar unido com ele", "animado por ele"] passou, ele se queda como um filho malogrado a quem o pai expulsou do lar.

Em outra parte, a mesma idéia já formulada de forma mais concisa e drástica:

> Há um olvido de toda a existência, um emudecer do nosso ser (singular) em que nos parece que encontramos tudo. Há um emudecer, um olvidar de toda a existência em que nos parece que perdemos tudo, uma noite da nossa alma onde não nos alcança fulcro nenhum das estrelas, nem sequer o brilho de um pau podre.

Característica é a passagem que segue: o homem "fala às plantas: também fui alguma vez como vós! e às estrelas: quero ser como vós, num mundo diferente! Mas enquanto isso, ele se fragmenta e pratica as suas artes consigo mesmo, como se pudesse recompor o vivo, qual muro de pedra, depois de tê-lo dissociado [...]"

Num capítulo famoso, muitas vezes mal interpretado como exprimido ódio aos alemães, quando a descrição se refere ao "tempo indigente" e à alienação em geral, torna-se bem visível o aspecto secular e social de uma visão de que em geral são acentuados, em grau maior, os aspectos metafísico-religiosos (certamente também por razões eminentemente práticas: a censura não permitiria liberdades excessivas no "campo empírico"). No capítulo em questão Hölderlin compara os alemães – retomando um tema das *Cartas sobre a Educação Estética* de Schiller – a cacos de vidro de um vaso quebrado.

> Não posso imaginar um povo mais desagregado que os alemães [...] Tu vês artesãos, mas não homens, sacerdotes, mas não homens, senhores e servos, jovens e adultos, mas não homens – não é isso como um campo de batalha, onde mãos e braços e todos os membros jazem de mistura, despedaçados, enquanto o sangue da vida, derramado, escorre na areia?

O romance conclui com palavras muito citadas, que mostram a profunda afinidade de Hölderlin com o pensamento de Heráclito e com a dialética hegeliana, visível também na estrutura freqüentemente tripartida (pindárica) de seus poemas, análoga ao andamento triádico de tese, antítese e síntese: "São, como a discórdia dos amantes, as dissonâncias do mundo. A reconciliação reside no meio do conflito e tudo o que é separado se reencontra. Divorciam-se no coração e voltam a unir-se os vasos de sangue e uma única vida, eterna e ardente, é tudo".

O esquema de unidade original, alienação (dispersão, discórdia) e desalienação e reunificação em nível superior, é prosperidade comum da fase clássico-romântica. Pode ser tanto de Hölderlin como de Schiller ou de um dos românticos de Jena a seguinte proposição: "A simplicidade [*Einfalt*, no sentido da unidade] e inocência do primeiro tempo se extingue para que retorne na formação cultural concluída, e a paz sagrada do paraíso se finda para que o que foi só dádiva da natureza reabroche como bem conquistado da humanidade". É o mesmo esquema fundamental da filosofia de Hegel, que ainda ressurgirá na escatologia marxista. A singularidade de Hölderlin reside não só na "enformação" incomparável que transfigura tudo em experiência vital, multiplamente refletida, mas que restitui à problemática, ou melhor, a concebe de forma originária, em toda a sua complexidade pluridimensional, fundida numa única vivência em que confluem os aspectos metafísico-religiosos e político-sociais.

III

O tema da tragédia *Empédocles*, escrita em versos brancos, iambos de cinco pés, e em versos livres, situa-se no mesmo contexto já exposto. É difícil oferecer uma interpretação resumida porque os três fragmentos (1798-1800) mais ou menos extensos apresentam variações bastante acentuadas na concepção. A vasta literatura e as divergências consideráveis das interpretações dos estudiosos de Hölderlin, apoiadas em parte nos complicados ensaios teóricos do poeta sobre a tragédia em geral e sobre *Empédocles* em particular, contribuem para dificultar ainda mais uma breve exposição. Aqui só pode ser tentado um rápido apanhado para situar a tragédia na linha das idéias antes esboçada.

Empédocles, o filósofo de Agrigento, que pôs fim à sua vida lançando-se nas chamas do Etna, é não só o autor da teoria dos quatro arquielementos (água, fogo, terra, ar), mas também do pensamento mítico segundo o qual amor e ódio promovem o metabolismo universal dos elementos: "logo congrega-se tudo em unidade mercê do amor, logo todas as coisas se divorciam pelo ódio do conflito" – concepção que certamente fascinou Hölderlin ("e tudo o que é separado se reencontra"). O tema da auto-imolação, ademais, preocupou-o insistentemente. A sua ode a Empédocles conclui com estes versos: "Quisera seguir ao abismo/o herói, se não me detivesse o amor".

O esboço de uma caracterização de Empédocles, da mão do poeta, sugere uma personagem não muito distante de Hyperion, pela sua aspiração de abranger tudo, enquanto nega o que pode impor-lhe limites:

> Empédocles, pela alma e filosofia há muito afinado para odiar a civilização, para desprezar toda empresa demasiado determinada, todo interesse orientado para objetos diversos [...] inimigo mortal de toda existência unilateral, por isso insatisfeito, irrequieto, por isso sofrendo mesmo em circunstâncias realmente belas, simplesmente por se tratar de situações específicas, podendo elas somente dar-lhe a sensação da plenitude quando experimentadas no grande acorde com tudo o que é vivo [...]

O trágico na peça decorre da relação do herói com os deuses. Depois de ter vivido em profunda unidade com a natureza (isto é, os deuses), intérprete dela e por ela dotado de força mágica para curar e dar ao povo de Agrigento, pela sua simples presença carismática, paz e bem-estar, encontra-se Empédocles (no início da peça) na solidão do seu jardim, tomado por angústia indizível. Os deuses o abandonaram e esta ausência se reflete na solidão de quem, concomitantemente, foi expulso da comunidade de Agrigento. "Estar sozinho e sem os deuses, é a morte!" lamenta-se Empédocles. "Fui posto fora", expressão rude e popular – efeito de estranhamento no contexto da linguagem alta da tragédia – que tanto se refere ao seu exílio da cidade como da natureza e do "acorde" universal.

A culpa que provocou esta alienação é o problema central da peça. É, evidentemente, a *hibris*, a soberbia "desmedida" que perturba o equilíbrio e causa a ira dos deuses. Há, nas várias versões, variações acerca do verdadeiro sentido da *hibris*. O sacerdote Hermócrates – personagem dúbia, pouco apta para ser testemunha da verdade – declara que Empédocles, "o homem ébrio", se chamou um deus, perante o povo inteiro. Mais tarde acrescenta: os deuses o amaram muito; porém, não é ele o primeiro a quem depois lançaram em noite funda e cega, do cimo da sua confiança bondosa, porque em demasia se esqueceu da diferença, no júbilo excessivo; ademais, "a si mesmo somente sentia".

Mas o juízo dúbio de Hermócrates é confirmado, em parte, pelo próprio Empédocles. Os deuses o amaram muito, vivendo, com ele em íntima comunhão: "Vivestes em mim [...] De vós tive experiência"; prosseguindo, diz que os conhecia e atuou associado a eles. Dialogando consigo, confessa: "Tu mesmo tiveste a culpa, pobre Tântalo!" Enquanto os deuses nele amorosamente se esqueceram, ele pensava em si próprio, imaginando que os celestes estivessem a seu serviço. Entretanto, não se trata simplesmente de mais um titânico Tântalo ou Prometeu, lançado ao abismo ou acorrentado ao rochedo. Pouco depois, Empédocles diz: "Não tivesse eu nunca nomeado meu nome/E tivesse permanecido uma criança!" O pecado aqui parece residir na própria individuação, devido à qual se segrega do todo. Mas este não é ainda o sentido exato. O grave é a verbalização do seu ser individual: "Eu conhecia, afinal, a vida da natureza; como podia então julgá-la tão sagrada como antes! Os deuses se puseram a meu serviço, eu sozinho era deus e *eu o disse*, com orgulho insolente [...]" O interlocutor Pausânias pergunta em seguida: "Que disseste? Por causa de uma só palavra?" Empédocles: "Por causa de uma palavra? Sim". Pausânias acrescenta ainda que Empédocles, portanto, se arrancara do coração de todos os deuses com uma só orgulhosa sílaba. Esta sílaba é o Eu (marcado pelo nome) e em extensão o Eu absoluto de Fichte que instaura a natureza e com isso os deuses. Com razão foi dito que Hölderlin, nesta tragédia, transcende, em definitivo, o idealismo "titânico" de Fichte, com o qual em *Hyperion* ainda vivia em luta contraditória, sem conseguir superá-lo. Mais de perto pode-se ainda acrescentar, segundo a bela interpretação de Benno von Wiese, que a culpa não reside tanto no sentir-se próximo dos deuses ou mesmo equiparado a eles, visto que o homem entusiasmado, comungando com a divindade, torna-se, ele mesmo, um deus, mas antes no fato de, ao dizê-lo, se destacar e se alienar deles, ao invés de neles se esquecer como os deuses se esquecem no homem entusiasmado[3]. A culpa reside na consciência refletida que verbaliza e nomeia falsamente, de um modo impuro, para se afirmar em face dos deuses, em vez de o homem se entregar e esquecer na plenitude do Ser. No momento em que o homem *pensa* o Ser a fim de se apoderar dele, este se torna objeto em face do sujeito, foge-lhe e se lhe fecha ("cerra os braços") na pura facticidade em que o objeto "é", simplesmente "é", inacessível ao domínio da consciência. "O Ser se retira e deixa uma consciência vazia"[4]. Empédocles se queda "sem alma nas trevas", pois "palrando expulsou o deus de dentro de si".

Que a tragédia de fato gira em trono da *hibris* do idealismo, torna-se perfeitamente claro numa fala de Empédocles em que se refere com escárnio à sua soberbia anterior:

Meu é o mundo e a mim sujeitas e serviçais são todas as forças [...] criada se tornou a natureza, ansiosa do dono, e se lhe cabe honra é de mim que lhe advém. O que seria o céu e o mar e ilhas e astros e tudo o que diante dos olhos do homem se estende, o que seria tudo isso, este instrumento de cordas morto, se não fosse eu quem lhe dá som e língua e alma? O que seriam os deuses e seu espírito se eu não os celebrasse?

A ironia se dirige por antecipação à filosofia de Hegel segundo a qual o homem empresta a sua consciênca à idéia para ela chegar a si e ser "em si e para si" no espí-

3. *Von Lessing bis Hebbel*, Hamburg, 1955.
4. Wolfgang Binder, *Hölderlin Jahrbuch*, 1965-1966.

rito absoluto. Isto, de fato, é em certo sentido a função de Empédocles: o Ser "sente-se" e se auto-representa através do seu ente máximo, o homem; este medeia o Ser consigo mesmo, isso, porém, somente na medida em que o homem permanece parte humilde do todo, nele incluso e abraçado por ele. Na medida, porém, em que proclama orgulhosamente esta função, verbalizando-a (refletindo-a); ele deixa de sentir o Ser, dissolve-o em aparência, torna-se vazio, se aliena e peca duplamente: pela soberbia e por deixar de exercer a função mediadora.

A *hibris* de Empédocles só pode ser expiada pela auto-imolação nas "chamas sagradas" do Etna, isto é, pela dissolução festiva do Eu, do ente individuado, no *logos* universal, na natureza, nos "braços de fogo" que a "mãe escura" estende ao éter. A consciência retorna ao Ser ("das Bewu tsein kehert ins Sein zurück") − sacrifício que foi interpretado como o mito trágico do ocaso do idealismo. Na última fase − a dos grandes hinos − toda dúvida e toda mediação através de personagens fictícias desapareceram. O enunciado através do poema visa agora a ser direto. A forma do hino, em si mesma, implica a celebração do que é superior; não lhe cabe o louvor que é entre iguais. O Ser, os deuses, a natureza (a que se associa cada vez mais a história), longe de serem projeções de um Eu, nem ao menos necessitam do homem para chegar à consciência de si. Não é mais o homem que, cheio de *hibris*, se serve da natureza, tornando-a sua criada e seu "material", mas é esta, é o Ser, são os deuses que se servem do homem para, através dele, se fazerem ouvir, para, através dele, se revelarem.

No fim do primeiro fragmento, o povo de Agrigento, tempos depois de ter expulso Empédocles, vai em busca do herói para pedir-lhe que volte à cidade pátria, mergulhada em "cega miséria", abalada, ansiosa, entregue a uma "dança horripilante". Empédocles se nega a voltar. Não renunciará à sua decisão de auto-imolar-se, sacrifício cuja aproximação lhe inspira intenso júbilo. Entretanto, reconcilia-se com o povo e lhe revela a sagrada mensagem que lhe foi insuflada em tempo de plenitude. A realização do seu conteúdo instaurará na cidade, após a cruel dissociação do tempo indigente, um novo estado de paz e harmonia dentro do acorde universal (nas leis e na ordem da *polis* refletem-se a lei e a ordem universais – da mesmo forma como a desordem e a alienação). Os intérpretes, estranhamente, não costumam deter-se muito nesta parte, preferindo mesmo passar por cima dela, como se não existisse, ao que parece envergonhados pela queda do poeta no conspurcado mundo empírico da política. Particularmente os historiadores e teóricos acadêmicos alemães – ao contrário dos franceses – sentem-se muito melhor entre os deuses, deitando vapores de mito e Ser. No entanto, a visão mítica de Hölderlin é indissoluvelmente ligada à uma concepção histórica, política e social.

Desde logo Empédocles se nega a aceitar a coroa que o povo de Agrigento lhe oferece, ao pedir-lhe que volte. Não quer ser rei porque nem sequer a águia cuida sempre dos filhotes no ninho. Quando lhes crescem as asas, lança-os do ninho para que comecem o vôo com a própria força. O povo, exclama Empédocles, deveria envergonhar-se por ainda exigir um rei. No tempo dos antepassados, vá lá, mas não hoje. Não se pode ajudar a quem não ajuda a si mesmo.

Em seguida proclama que o povo deveria esquecer audazmente o que os pais lhe ensinaram, tanto os costumes e leis, como os nomes dos deuses antigos. Em compensação, o povo deveria imbuir-se da "vida do universo", do seu "espírito de paz". Todos deveriam estender-se as mãos (fraternidade), aliás também dividir os bens; "cada um seja como todos" (igualdade). Depois de estabelecida a nova lei, baseada numa ordem certa, o "povo livre" (liberdade) convidará os deuses para as suas festas, pois o amor só vinga quando o peito não é sufocado pela servidão.

Reafirmando o dito, Empédocles acrescenta: "O espírito, no dia da despedida, é profético. E dizem a verdade os que não retornam".

3. ARTHUR SCHOPENHAUER

I

Arthur Schopenhauer nasceu em 1788, na cidade livre de Dantzig. Kant, cuja obra iria influenciá-lo, ainda vivia. Hegel, seu futuro "concorrente" na universidade de Berlim, já era adolescente. Um ano mais tarde estoura a Revolução Francesa e uma década depois uma geração de jovens poetas alemães deslumbrará o mundo com a poesia romântica, cuja essência iria impregnar a obra de Schopenhauer.

A juventude de Schopenhauer não decorreu feliz. O pai, abastado comerciante, irascível e dominador, transfere-se para Hamburgo quando Dantzig é anexada à Prússia; não quer viver debaixo de um regime monárquico. Uma doença mental, herdada da mãe, e prejuízos financeiros, levam-no, na idade de 58 anos, ao suicídio.

A mãe, vinte anos mais jovem do que o marido, era, ao contrário, uma mulher muito bem equilibrada. Autora de romances sem grande valor, intelectualmente dotada, mas de poucos encantos femininos, muda-se depois da morte do marido para Weimar, deixando o filho em Hamburgo. Na capital espiritual da Alemanha, *Frau* Schopenhauer recebe duas vezes por semana a fina flor intelectual da sociedade weimarense, entre outros também Goethe, mais tarde magnânimo amigo do jovem Arthur – na medida em que podia haver amizade entre dois homens tão imensamente convencidos do próprio valor. Wilheim von Hamboldt, observador sagaz, escreve em 1809 sobre a mãe: "Ela me é desagradável pela sua figura e voz e pelo seu comportamento afetado".

Um pai mentalmente desequilibrado e uma mãe pouco materna – eis os pais do filósofo do pessimismo. Contudo, enquanto tem afeição pelo pai, só encontra palavras amargas para *Frau* Schopenhauer: "A mãe transforma-se após a morte do marido freqüentemente em madrasta". Ciumento como sempre foi, sente profundo desgosto em face da vida livre da mãe.

O jovem Schopenhauer é uma criança sem pátria e sem verdadeiro lar. Quando tem cinco anos, o pai muda-se para Hamburgo: "Assim perdi em tenra infância o meu direito pátrio. E desde então nunca conheci uma nova pátria". Em compensação tem o privilégio de realizar com o pai longas viagens à França e Inglaterra, ficando durante dois anos na cidade de Havre de Grâce, "onde meu pai me deixou [...] a fim de que, se possível, me transformasse em um francês perfeito [...]". Aos quinze anos parte de novo com os pais para um cruzeiro pela Holanda (país de origem da família), França, Inglaterra e Suíça. Essa viagem fora-lhe prometida pelo pai em troca da promessa de desistir dos estudos universitários para dedicar-se ao comércio. Só alguns anos depois da morte do pai, o futuro filósofo romperia a promessa, incapaz de continuar numa profissão, contra a qual se rebelava todos os seus instintos. Nas suas cartas à mãe, chora "a terrível perda da minha força adolescente, dispersa em negócios vazios", e sente-se "torturado por uma amargura insuportável do espírito".

Mas as viagens na época napoleônica, através de boa parte da Europa, proporcionaram-lhe experiências que nenhuma universidade lhe poderia ter dado. Entre os grandes filósofos alemães da sua época, é Schopenhauer o único que pertence à grande burguesia e que, muito viajado, demonstra possuir amplos conhecimentos das coisas, do mundo e dos homens, conhecimentos diretos, adquiridos pela própria observação. Isso confere às suas obras um encanto todo especial; elas parecem ser arejadas pelo vento do mundo. Toda linha revela o homem experiente, realista, que não acumulou a sua sabença no gabinete de estudos. Seu estilo é o de um *homme du monde*, elegante, preciso *mondain*, rico de exemplos de cunho cosmopolita; estilo de um homem que leu os moralistas franceses e freqüentou assiduamente os autores latinos e neolatinos. Tudo isso é qualquer coisa de inédito na literatura filosófica alemã, sobrecarregada de uma terminologia acadêmica e artificial, exalando, apesar do vôo imensamente audaz, o ar parado do provincialismo alemão.

Aos dezoito anos, rompe com a profissão comercial e devota-se em várias cidades e estudos intensos. Já então é um solitário, vivendo à margem da sociedade. Velho demais para os estudos ginasiais, a que tem de dedicar-se, cosmopolita demais para integrar-se na vida provincial, de temperamento brusco e modos pouco afáveis, extremamente orgulhoso e de mordacidade cruel, não teve amizades duradouras e profundas. As suas relações com os homens se tornam precárias. Já aos quinze anos é censurado, pela mãe, por causa da sua aspereza no trato com as pessoas, e o colegial de dezenove anos é expulso do ginásio de Gotha devido ao seu comportamento arrogante. "És insuportável e é difícil viver contigo", escreve-lhe a mãe.

Em Göttingen e Berlim estuda filosofia, mas em 1813 abandona a capital da Prússia para escapar às perturbações guerreiras. Retira-se para uma pequena cidade, onde "passei o resto do ano numa estalagem que me pareceu, numa época confusa, a residência adequada a um homem completamente sem pátria" e onde se sente satisfeito "por não ver um soldado sequer". Já naquela época começa a elaborar o seu sistema filosófico, obra que conclui em 1818, aos 31 anos, dando-lhe o título *O Mundo como Vontade e Representação*.

Nesta grande obra – um sistema inteiriço, produzido, por assim dizer, de um só jato – de grande beleza literária, sob a superfície serena, palpita a experiência dolorosa de um homem solitário e sem pátria, num mundo devastado por guerras, que se lhe afigura "o pior dos mundos possíveis", como se exprime rebatendo a afirmação de Leibniz de que esse mundo é "o melhor dos mundos possíveis".

Já aos quinze anos revela extrema sensibilidade pelo sofrimento humano. "É terrível", escreve no seu diário, falando do Bagno de Toulon, "é terrível pensar-se que a vida desses míseros escravos das galeras [...] é completamente sem alegria [...] e totalmente sem esperança [...] Assustei-me ao ouvir que há aqui 6 000 homens" acorrentados nas galeras. A crueldade das guerras napoleônicas parece ter exercido profunda influência sobre o seu pensamento e sua fantasia.. Doravante, o mundo inteiro lhe parece um único grande hospital. E todo o *Weltschmerz*, toda a "dor do mundo" dos românticos vive nesta obra, que encerra em termos filosóficos a trágica experiência de um continente devastado e exausto, cujas mais elevadas esperanças pareciam enterradas com a Santa Aliança. A Grande Revolução parecia ter fracassado, milhões de homens pereceram, aparentemente sem razão.

Não havia sentido, tudo era caos. Na obra de Schopenhauer surge, pela primeira vez no nosso tempo, o espectro do niilismo.

Terminada a obra, Schopenhauer embarca para a Itália, então o sonho de todos os intelectuais alemães que leram Goethe. O filósofo entra agora na casa dos trinta, já não é um jovem de bigodinho e juba loura. Os cabelos começam a rarear, a testa torna-se ainda mais ampla e o rosto, com o nariz socrático, começa a semelhar-se ao do solitário Beethoven, cuja sinfonias costuma ouvir de olhos fechados. Como gênio de Viena tem em comum um ouvido um tanto duro (mas nunca ensurdeceu) e, como aquele, não tem muita sorte com as mulheres. Toda a sua obra é testemunho do seu tremendo ardor sexual, nunca serenado pelo amor constante e profundo de uma esposa que o entendesse. Solteirão inveterado, que não teve nem ao menos o amor materno, odeia e despreza as mulheres, mas necessita delas desesperadamente, embora apenas como sexo. "Oh volúpia, oh inferno, – Oh sentidos, oh amor – insaciáveis e invencíveis [...]!", lemos num poema que escreveu aos vinte anos.

Em Weimar apaixonou-se pela cantora Karolina Jagemann, amante do duque e inimiga de Goethe. "Casaria com esta mulher", confessava então à mãe, "mesmo se a encontrasse colocando pedras nas estradas."

Durante a sua estada em Dresden (onde escreveu em quatro anos a sua obra principal) esteve ligado a uma mulher; outra amante, esta em Veneza, chama-se Teresa. É naquela cidade que perdeu a ocasião de conhecer Byron, de quem sempre foi um admirador irrestrito.

Possuía uma carta de recomendação a Byron, de Goethe [fato que lhe teria franqueado o acesso ao poeta inglês, que, assediado como um astro cinematográfico não costumava receber alheios] [...] Sempre quis visitá-lo, com a carta de Goethe, mas certo dia desisti em definitivo. Naquele dia passeava eu com minha amante no Lido, quando minha Dulcinea exclamou: "Ecce il poeta inglese!" Byron passou perto de nós, com o cavalo a pleno galope. Durante o resto do dia, a minha dona não esqueceu a impressão que ele lhe fizera. Resolvi, então, não entregar a carta de Goethe. Temia os chifres. Mas como me arrependi depois!

De volta da Itália, Schopenhauer habilitou-se como docente da filosofia na Universidade de Berlim. Mas, como timbrava em colocar as suas aulas precisamente nas horas em que Hegel fazia as suas célebres preleções ficava com a sala às moscas. A audiência mais numerosa que atingiu foi de nove estudantes. Desde então se referiu aos "professores da filosofia" com um despeito quase mórbido, desepeito ainda intensificado pela completa indiferença com que o mundo acadêmico (e o mundo em geral) recebera a sua obra principal. Com efeito, só cerca de trinta anos após a sua publicação, a sua obra começava a ter repercussão, tornando-o em pouco tempo um dos homens mais famosos da Europa culta, procurado por celebridades de todas as partes do mundo.

A filosofia de Schopenhauer, como se sabe – e como mais adiante será exposto – é coroada por um verdadeiro evangelho do amor, no sentido de piedade e compaixão. Mas nas suas relações pessoais era um homem duro e inflexível. Desde 1826 tinha de pagar a uma costureira uma indenização anual de sessenta *taler*, por tê-la posto violentamente no olho da rua. Quando ela finalmente morre, escreve-lhe no atestado de óbito: "Lá se foi a velha, livre estou da carga". Por ocasião da concordata de uma firma, à qual a família Schopenhauer confiara certa quantia de dinheiro, exige pleno pagamento da sua parte.

É meu sincero desejo que possa prosperar de novo [escreve ao chefe da firma] e terei imenso prazer se me atingir tal notícia; só quero que a sua felicidade não se estabeleça nas ruínas da minha. Os seus filhos ainda passarão por mim em brilhante viatura, enquanto eu me arrastarei, ofegante, pelas ruas, um velho, gasto professor [...] Os meus mais sinceros desejos o acompanham – pressuposto que não me fique devendo nada [...]

O resultado foi que Schopenhauer recebeu a soma integral, ao passo que para a mãe e a irmã só restaram 30%.

Depois de uma nova viagem à Itália, o filósofo se estabelece, em 1833, definitivamente em Frankfurt, onde se tornou *habitué* da mesa do *Englischer Hof*. Como companheiro tem um cão, chamado *Atma* ("alma universal", na filosofia brâmana). Pontualmente a uma hora, ao soar a campainha, dirige-se o Dr. Schopenhauer para o almoço, vestindo uma espécie de fraque preto de corte antiquado. A grande calva é marginada, de ambos os lados, por duas asas esvoaçantes de cabelo branco. A barba hanseática, que emoldura o contorno da face, sem cobrir o queixo, é de um ruivo grisalho. A boca desdentada é larga, os lábios delgados parecem curvar-se num esgar atroz. Os olhos azuis surpreendem pelo seu brilho e duas rugas fundas descem do largo nariz para os cantos da boca. Na mesa, o filósofo da ascese come por dois, tanto assim que os donos lhe cobram uma pensão mais elevada do que de costume. A cadeira ao seu lado fica vazia, pois o filósofo não gosta de ser perturbado. À noite, acompanhado pelo cão, passeia pelos jardins, batendo com a bengala contra a terra e murmurando palavras inentendíveis. "O velho cão Schopenhauer está rosnando", costumava dizer Liszt.

Um outono pacífico, sereno. O ancião parece aquecer-se ao sol tardio da glória. Lendo as cartas daquela fase, nota-se a imensa satisfação do solitário homem, ao verificar que aqui e acolá surgem círculos de adeptos, sim, verdadeiros apóstolos que lhe propagam a fama crescente. Em sua cartas registra cada visita de homens ilustres e não-ilustres, vaidosamente posa para pintores e daguerreotipistas, e analisa a semelhança do retrato, nunca satisfeito. Nesta altura, quase não se lhe acredita mais o pessimismo. Um homem, de nome Richard Wagner, manda-lhe o *Anel dos Nibelungos* e Schopenhauer lhe aconselha a tornar-se poeta, ao invés de compositor.

Realmente, não falta muito para que Schopenhauer se transforme em otimista ao notar a repentina moda do seu pessimismo. O filósofo que pregou a negação da vontade de viver tem uma tremenda vontade de viver. "Eu alcançarei uma idade avançadíssima", diz certa vez. "Meu longo sono e bom estômago mo revelam. Gostaria de chegar aos noventa anos. Mesmo aos oitenta, a morte tem ainda algo de violento." Onze meses mais tarde morre sem sofrer muito. Contava 72 anos.

O que havia atrás da máscara trágica desse homem? Schopenhauer era um homem de imensa sensibilidade, um gênio dolorosamente exposto ao sofrimento e aos tormentos do desequilíbrio. Toda a sua vida foi uma luta tenaz para atingir um grau suportável de estabilidade psíquica. Andava pesadamente couraçado: couraça cheia de ferrões por fora – não me toquem! – e coberta de asbesto por dentro: pois havia fogo nele – a chama de instintos tremendamente violentos e de impulsos insaciáveis.

A sua luta é perfeitamente caracterizada na parábola que dedicou à bem amada cantora Karolina Jagemann, quando se casara com outrem:

Durante um áspero dia invernal apertam-se os porcos-espinhos de uma manada uns contra os outros para se proporcionarem mútuo calor. Mas, ao fazê-lo, ferir-se-ão reciprocamente com seus espinhos, de modo que terão de separar-se. De novo obrigados a ajuntar-se, por causa do frio, tornarão a machucar-se e a distanciar-se. Essas alternativas de aproximação e afastamento durarão até que lhes seja dado encontrar uma distância média em que ambos os males ficam mitigados.

II

No seu sistema filosófico, Schopenhauer parte de um dos princípios fundamentais de Kant: tudo que sei do mundo é, de início, a minha representação. As coisas só me são conhecidas, eu só as apreendo, enquanto se apresentam como dados da minha consciência. Esta flor, aquele pássaro, a sua cor, seu cheiro, som e solidez, nada sei deles senão o que os meus sentidos transmitam à minha consciência. Como as coisas seriam em si, fora da minha consciência, não o posso saber; pois sempre quando uma coisa se me apresenta, apreendo-a já impreganada das peculiaridades que os meus sentidos e a minha consciência, lhes imprimem. Aquela flor, este pássaro, serão em si, fora da consciência, sonoros, coloridos, duros, macios, cheirosos? Não o sei, diria Kant; não os conheço fora da minha consciência. Só os percebo dentro das formas da minha razão, que é a condição de todos os conhecimentos. Se o olho humano fosse diverso, diversas se me apresentariam as coisas; se usasse óculos azuis, todo o mundo se tornaria azul; se eu fosse surdo, as coisas se tornariam mudas e eterno silêncio reinaria no mundo.

Isso, em filosofia, é um lugar comum e não é preciso analisar o pensamento especificamente kantiano. Basta verificarmos que de início só conheço o mundo como ele me aparece, como ele se apresenta aos meus sentidos e dentro das formas da minha consciência, com uma palavra, como eu o represento: o mundo é minha representação – com essa afirmação começa a obra de Schopenhauer. O mundo, como ele se apresenta nas formas de minha consciência (formas subjetivas como tempo, espaço e causalidade, isto é, a lei de causa e efeito), é só aparência e Kant chama a isso de "mundo dos fenômenos". As coisas independentes da minha consciência, isto é, não apreendidas nas formas de tempo, espaço, causalidade, formas peculiares à consciência humana, Kant as chama de "coisas em si". Negava que fosse possível saber algo delas.

"O mundo é minha representação", diria também Schopenhauer. Só o conheço desdobrado na duração do tempo e esparramado na extensão do espaço, tudo se processando segundo a lei de causa e efeito. Como seriam as coisas na realidade, em si mesmas, independentes da minha consciência e das suas formas e leis? Kant afirmara não o saber. É neste ponto que Schopenhauer se separa de Kant, tornando-se metafísico. Afirmava sabê-lo. O mundo, na sua essência, em si, independente da minha consciência, é vontade. O mundo é "em si" vontade, para nós, representação. Posso sabê-lo, pois não sou só consciência, sou também corpo e coisa entre coisas e corpos. Como todas as coisas, meu corpo me é dado como coisa qualquer e nesse caso ele não é senão mais um "fenômeno" exterior, dado pelos sentidos e apreendido nas formas da minha consciência. Além disso, porém, tenho um conhecimento imediato do meu corpo, "de dentro", por assim dizer. E visto sob essa perspectiva, a intimidade do meu corpo se me revela como vontade. É esta palavra que se torna a chave de tudo o que revela o funcionar íntimo do meu próprio ser, das minhas ações, dos meus movimentos. Portanto, meu corpo me é dado de duas maneiras diversas: uma vez como representação, como objeto entre objetos, submetidos às leis de todos os fenômenos que me aparecem; e depois, ele me é dado de modo totalmente diverso – como algo imediatamente conhecido que se define por meio do termo "vontade". Na verdade, meu corpo nada é senão vontade que me aparece exteriormente em forma de corpo. O corpo é a objetivação da vontade. Intimamente, porém, pela intuição direta e imediata, sei-o vontade.

Eis a essência da filosofia de Schopenhauer: sei-me, intimamente, como um ser que quer, que deseja, que nunca deixa de querer e de desejar. Sei-me, intimamente, como vontade. Sei que, o que exteriormente se apresenta como corpo, como objeto entre objetos, intimamente é um eterno querer, ansiar, desejar.

Mas a suposição de que tal fato só se refira à minha própria pessoa seria digna de um homem maduro para o hospício. Evidentemente, os homens que me cercam não são só a minha representação subjetiva; eles têm realidade fora da minha consciência e a sua realidade íntima é, como a minha, vontade. E isso não só vale para os homens, mas também para os animais, sim, mesmo para as plantas. Também a essência deles é vontade, certamente uma vontade menos consciente, mais irracional e não iluminada pela inteligência; mas sempre vontade. E por mais que eu desça na escala do ser, sempre encontro, como realidade profunda, velada sob a superfície das aparências; objetivada nas mais diversas manifestações, a vontade. O homem reconhecerá aquela mesma vontade não só naquelas aparências, que são muito semelhantes à sua própria, isto é, nos homens e animais; mas a reflexão contínua levá-lo-á a reconhecê-la também na força que vibra e vegeta na planta, na força por meio da qual se forma o cristal, por obra da qual o magneto se dirige para o pólo norte; na força, cujo choque lhe salta do contato de metais heterogêneos e que lhe aparece nas afinidades eletivas dos elementos como um fugir-se e atrair-se; e ela lhe aparecerá mesmo na gravidade que em toda matéria tão poderosamente se manifesta – impelindo a pedra para a Terra e a Terra para o Sol: tudo isso, o homem reconhecerá como diverso só na aparência; intimamente, porém, tudo se lhe afigurará como a mesma essência, como aquilo que da própria intimidade lhe é tão bem conhecido e que nas manifestações mais claras e distintas nós costumamos chamar "vontade".

Segue daí que o mundo é, na sua realidade íntima, vontade – vontade una e eterna; pois só as suas manifestações, como elas me aparecem segundo as formas da minha consciência, se desdobram na multiplicidade e diversidade de tempo e espaço; em si, como coisas em si, fora dessas formas subjetivas, há só uma vontade não contaminada pela diversidade de tempo e espaço – uma vontade única e intemporal. Eis o Mundo como Vontade e Representação – um mundo só, visto de dois lados, uma vez da intimidade real, como ela me é dada na intuição imediata do meu próprio corpo, outra vez da exterioridade fenomenal ou aparente, como ela me é dada segundo as formas subjetivas da minha inteligência.

O mundo é, portanto, na sua essência, vontade. Mas uma vontade irracional, cega e surda, pois a inteligência é só uma manifestação tardia dessa mesma vontade; só no homem a razão desperta; nos animais ela é confusa; nas plantas, quase inexistente; e nas coisas chamadas inanimadas, a vontade se externa em toda a sua escura irracionalidade. No próprio homem, a vontade é aquela mesma força irracional e inconsciente, só coberta por uma crosta delgada de consciência e razão, que, com o mínimo abalo, se rompe, deixando à vista as entranhas fumegantes do nosso caótico ser, o qual, na sua intimidade, é trevas e inconsciência. Tremenda concepção, concepção de um homem que via impor-se a vontade cega nas guerras napoleônicas, no caos e nas ruínas que elas espalharam sobre o continente flagelado. Entendemos a máscara trágica desse homem, os lábios finos, os vincos fundos da paisagem vulcânica dessa fisionomia devastada pela desilusão e pelo despeito. A ele mesmo se revelava essa vontade no implacável impulso sexual:

> Oh volúpia, oh inferno,
> Oh sentidos, oh amor –
> insaciáveis e invencíveis!

O sexo está no centro do mundo: pois a vontade é essencialmente vontade de viver, nada além disso. Ela se manifesta no mundo animal através do impulso sexual, externamente representada pelos órgãos sexuais; impulso inconsciente de procriação, chamado "amor" pela *delicatesse* da inteligência superficialmente superposta; procriação, pois o indivíduo, aparência fugidia, manifestação passageira, nada vale em comparação com a espécie, manifestação eterna e pura da vontade. Esta, no impulso cego da auto-realização, expressa-se numa escala hierárquica de "idéias platônicas" – entidades eternas, espécies que são a objetivação imediata e intemporal da vontade: cristais, metais, plantas, animais, homens; ou mais de perto: em espécies tais como "cavalo", "macaco", "homem". Só no cimo dessa pirâmide hierárquica de "idéias platônicas" surge, frágil flor, a Inteligência, fenômeno superficial, lanterna que a vontade acende para encontrar o seu caminho na escuridão, mero instrumento e escravo, manipulado "à vontade" pela Vontade.

Mas um mundo que é, na sua essência, vontade de viver, é um mundo de sofrimento e dores. Pois essa vontade cega não encontra, fora de si, nada que fosse último fim onde pudesse descansar. O próprio ser da vontade é um querer incessante e eterno, um ansiar que nunca pode ser satisfeito, pois a satisfação seria a própria contradição lógica da vontade. É uma vontade insaciável, sem meta, sem sentido, que revira surdamente as entranhas do universo, multiplicada e fragmentada, em tempo e espaço, na fome e sede de milhões de intestinos, estômagos e dentes, e no desejo violento de milhões de órgãos sexuais, ávidos de volúpia e de procriação.

Todo desejo é sofrimento, pois é a expressão de algo que nos falta e de que necessitamos com urgência. E enquanto o desejo é infinito e eterno, a satisfação é limitada e breve – semelhante "a uma esmola dada a um mendigo, suficiente para mantê-lo vivo hoje, a fim de que a sua miséria se prolongue no dia seguinte [...]" Do desejo satisfeito já nasce um novo desejo e, se alcançamos uma vez um estado de saciedade, surge o tédio, tortura igual à do desejo. Assim, a vida é como um pêndulo que oscila entre o sofrimento e o tédio, e a nossa existência é "um negócio que não cobre as despesas [...]" Páginas e páginas Schopenhauer enche com a descrição de todas as torturas, desgraças e desesperos que avassalam a espécie humana, mais sofredora do que todas as outras, por ser mais consciente e sensível; pois, quanto maior a sensibilidade, tanto maior o sofrimento.

Todavia, em meio do redemoinho das desgraças, surge, sobrenadando, a inteligência humana, frágil instrumento criado pela própria vontade. Mas esse instrumento possui potências inesperadas. Schopenhauer, o metafísico do irracional, que proclama a realidade absoluta da vontade cega, boçal, prega, como coroamento da sua obra, o poder da inteligência: uma vez surgida e desenvolvida, ela pode tornar-se autônoma e independente amotinando-se contra a sua servidão sob o chicote da vontade. Apercebendo-se, na reflexão, da tragédia causada pela vontade de viver, o homem é capaz de revoltar-se, negando a vontade de viver. Porém, não pelo suicídio,

> pois a negação [da vontade] tem a sua essência no fato de que não se detesta os sofrimentos, mas os prazeres da vida. O suicida quer a vida, somente é insatisfeito com as condições em que ela se lhe apresenta. Por isso não renuncia, de modo algum, à vontade de viver, mas à vida, aniquilando apenas o fenômeno individual [...]

O sistema de Schopenhauer termina com um evangelho de salvação: salvação pela inteligência, que se manifesta em mais alto grau no gênio e no santo. O gênio, arrancando-se de uma existência conspurcada pelos interesses impostos pela vontade, entrega-se à profunda contemplação das idéias platônicas, cuja visão intuitiva reproduz na obra de arte. Nesta contemplação – de que também participa o apreciador da obra de arte – predomina a razão decididamente sobre os interesses vitais, e o homem é, por um momento ao menos, livre do infinito fluxo e do constante turbilhão da vontade, como se tivesse desembarcado numa ilha remota de paz e beatitude, e essa felicidade de quem já não é escrao dos interesses vitais compensa o gênio pela sua mortal solidão, "em meio de uma diferente raça de homens" a que nunca é capaz de adaptar-se.

É no santo, porém, que a negação da vontade atinge o mais alto grau. É ele que, penetrando no âmago do mistério, compreende que a existência individual é mero fenômeno e aparência, nada senão o véu de Maia, que cobre os olhos de quem vive entregue aos interesses cotidianos e raciocina segundo as formas subjetivas de tempo, espaço e causalidade. O santo compreende que, na essência, ele é idêntico a todos os homens (e mesmo aos animais), pois é a mesma vontade que se manifesta em todos. Compreendendo que a multiplicidade dos indivíduos é mera aparência, já não afirmará egoisticamente a vontade de viver, mas sentirá, com profunda compaixão o sofrimento de todos os irmãos, idêntico ao seu próprio sofrimento. Essa compaixão, essa participação sofredora, que intensifica a própria dor além de todos os limites, levará o santo à ascese e à completa negação da vontade de viver. Cessa a procriação. Se a negação da vontade se tornar predominante – e tal acontecimento dependeria de um milagre –, neste caso, eliminada a vontade, desaparecerá também o mundo dos fenômenos, que nada é senão uma manifestação daquela. "Não havendo vontade, não há representação, nem mundo." Não resta nada; ou resta só o Nada – o Nirvana.

III

Dentro da filosofia universal ocupa Arthur Schopenhauer uma posição singular e completamente original. É o primeiro entre os filósofos de destaque, em toda a história da filosofia, a proclamar sistematicamente que o âmago do mundo é irracional, fundamentalmente oposto à inteligência e à razão.

Tal concepção representa uma verdadeira revolução na história da filosofia. A fé na razão é a própria essência de toda empresa filosófica, e a essa fé na nossa inteligência corresponde, dentro da tradição filosófica, à firme convicção de que as nossas faculdades racionais nada são senão a manifestação, embora apagada, de uma inteligência universal que impregna todas as coisa e as dirige para determinados fins, segundo um plano inteligente. E precisamente por isso, por ser a nossa razão humana apenas um reflexo de uma razão suprema, dominadora do mundo, precisamente por isso temos a capacidade de filosofar, de conhecer, de saber e apreender a verdade, a essência das coisas. Pois as leis do universo são as da nossa própria inteligência. À nossa pesquisa incansável, embrenhada nos meandros misteriosos do ser, revela-se, milagrosamente, como num espelho, a nossa própria imagem. Somos um microcosmo que repete, em escala miúda, o macrocosmo. Como o nosso olho, no dizer dos filósofos e de Goethe, é da qualidade do Sol e por isso divisa a sua luz, assim também a nossa razão é da qualidade da razão universal e por isso lhe apreende as leis e manifestações. Por mais que nos percamos no aparente caos dos fenômenos e na gigantesca amplitude dos espaços astronômicos, no fim encontramo-nos, deslumbrados, diante de nós mesmos. E toda essa concepção, que considera o homem um ser racional capaz de conhecer o ser racional do mundo, é, consciente ou inconscientemente, a base da maioria dos grandes filósofos, de Platão a Tomás de Aquino, de Descartes a Leibniz, Spinoza, Kant e Hegel, embora o criticismo de Kant já tenha começado a abalar essa segurança "dogmática".

Schopenhauer rompe radicalmente com essa tradição. Estabeleceu como princípio metafísico um poder maldoso, boçal e cego, completamente irracional. Foi o primeiro a criar uma filosofia baseada no irracionalismo sistemático, mas não foi o último a fazê-lo. Dele parte toda uma corrente de irracionalismo, manifestando-se, de um lado, no *élan vital* de Bergson e atingindo virulência, de outro lado, no pensamento de Nietzsche. Este, por sua vez, enriquecido pela afluente [filosofia] religiosa de Kierkegaard, tomou o nome de existencialismo (quer seja na sua forma religiosa quer na ateísta).

Como se vê, o impacto dessa concepção foi e é tremendo, embora fosse e seja mais indireto do que direto. Não é necessário falar aqui de fatos óbvios, tais como a "conversão" de Richard Wagner, entusiasta de Schopenhauer, cujo *Tristão* é, por assim dizer, o sistema do filósofo posto em música (embora a interpretação seja um tanto herética); ou como o pensamento de Nietzsche, cuja idéia fundamental, a vontade de poder, nada é senão a vontade de viver de Schopenhauer, despida de suas raízes metafísicas; com a diferença de que Nietzsche, "invertendo os valores", não negava, mas afirmava a vontade, transformando-a no mais alto e mesmo no único valor. Ao passo que na filosofia de Schopenhauer a vontade irracional, longe de ser um valor positivo, é apenas o poder de fato – causa de todos os sofrimentos – que deve ser, por isso, aniquilada, na concepção nietzschiana ela se torna o mais alto valor, a máxima finalidade, idealizada no "super-homem".

A teoria de Schopenhauer de que a inteligência humana é essencialmente um instrumento dos interesses pragmáticos da vontade foi adotada por Nietzsche, Bergson e os pragmatistas americanos, como W. James, Dewey e outros. A concepção estética do filósofo de Frankfurt empolgou gerações de autores e artistas, e o conceito particular do gênio, como concebido por ele, encontrou ainda recentemente expressão num romance de Thomas Mann (*Dr. Fausto*), o autor dos *Buddenbrooks*, obra em que "O Mundo como Vontade e Representação" desempenha um papel decisivo. A hipótese de que existem relações entre o gênio e a loucura, conquanto antiqüíssima, encontrou em Schopenhauer a primeira explicação sistemática, e Lombroso hauriu essa concepção na obra do filósofo alemão, colocando-o, respeitosamente, entre os gênios suspeitos da loucura.

A Filosofia do Amor Sexual é uma peça central do sistema schopenhaueriano, cheia de intuições geniais, cuja repercussão no pensamento ocidental dificilmente pode ser exagerada. A vontade, que é a essência do mundo, tem o seu foco no impulso sexual: é pela primeira vez na história da filosofia, excetuando-se Platão, que o sexo atinge dignidade metafísica. Freud sempre negou ter lido Schopenhauer, mas a influência indireta, através de múltiplos canais subterrâneos, é tão evidente que não é preciso insistir nisso. É a obra de Schopenhauer que focalizou pela primeira vez a atenção sistematicamente nos fenômenos sexuais, inspirando com isso um exército de pensadores e autores, de Freud a Weininger, de Forel a D. H. Lawrence. Toda a teoria dos vários graus da feminilidade e masculinidade, tanto nos homens como nas mulheres, lançada por Weininger e ainda recentemente requentada em pesquisas norte-americanas (com condensação nas *Seleções do Reader Digest*). Toda a teoria freudiana de que o impulso sexual é a raiz inconsciente do nosso comportamento – representando o consciente uma crosta superficial – é de origem schopenhauriana. A suposição freudiana da preponderância do irracional e inconsciente sobre o racional e o consciente – base da metafísica de Schopenhauer – tornou-se, desde então, um lugar-comum e pode-se dizer que o nosso tempo, no seu pessimismo quanto à capacidade do *Homo sapiens* de guiar-se pelo intelecto e pela razão, é tributário direto ou indireto da concepção de Schopenhauer, e o comportamento atual da humanidade parece ser um único e gigantesco esforço destinado a provar a metafísica do grande pessimista. A teoria da "racionalização" e da "ideologia" – isto é, a elaboração de argumentos e mesmo de sistemas racionais, teorias filosóficas e teologias de acordo com os interesses mais ou menos inconscientes de uma classe ou de um indivíduo – teoria tão importante em Nietzsche, Freud, no marxismo e na sociologia moderna, está contida na idéia de Schopenhauer de que não desejamos uma coisa por termos encontrado razões para desejá-la, mas que inventamos, posteriormente, razões, sistemas e teologias para mascarar, diante de nós mesmos, os nosso desejos profundos e os nossos interesses vitais.

Num pequeno ensaio de Schopenhauer sobre a loucura encontramos toda a teoria freudiana dos erros cotidianos, lapsos e esquecimentos casuais, a teoria da repressão e a teoria da fuga para a doença. É preciso notar, lemos nesse ensaio,

> com quanto desagrado nós nos lembramos de coisas que ferem violentamente os nossos interesses, o nosso orgulho ou os nossos desejos; com quanta dificuldade nós nos decidimos a propor tais coisas ao nosso intelecto para exame exato e sério; com quanta facilidade, ao contrário, nós nos desviamos de tais fatos, esgueirando-nos deles, ao passo que circunstâncias agradáveis espontaneamente penetram na nossa consciência, tanto assim que, mesmo afastados por nós, insistem em assediar-nos [...] Naquela resistência da vontade de admitir que o adverso se apresenta à luz da inteligência, reside o ponto em que a loucura pode irromper no espírito. Todo novo incidente adverso tem de ser assimilado pelo intelecto, isto é, tem de receber um lugar no sistema das verdades que se referem à nossa vontade, aos nossos interesses, e isso ainda que fosse necessário reprimir para tal fim coisas mais satisfatórias [o termo *verdraengen* para "reprimir" foi adotado por Freud] [...] Se, todavia, em determinado caso, a resistência da vontade em face da aceitação de dada verdade alcança tal grau que aquela operação [de assimilação] não pode ser levada a efeito; se, portanto, certos incidentes e circunstâncias são sonegados ao intelecto, porque a vontade não pode suportar-lhes a visão; se, então, por causa do necessário nexo, a lacuna ou brecha é preenchida a belprazer; neste caso estamos diante de um caso de loucura. Pois o intelecto renunciou à sua natureza de agradar a vontade; o homem imagina o que não é [...]

A origem da loucura pode ser considerada, portanto, como um violento "expulsar para fora" da consciência de qualquer fato, e que só é possível "pela colocação dentro da consciência de qualquer outra idéia", que não corresponde à realidade.

E como Freud [faz com] a cura, proclama Schopenhauer a salvação pela inteligência; ambos acreditam no oder da inteligência, na possibilidade da sublimação e libertação do homem através das suas faculdades racionais. A transformação dos fatos inconscientes, pela análise em Freud, pela reflexão em Schopenhauer, é para aquele o caminho da cura e para este o caminho da salvação.

Não é tarefa desta introdução oferecer uma crítica ao sistema schopenhaueriano; evidentemente, não é difícil criticar uma filosofia cuja concepção fundamental é o niilismo pessimista e o irracionalismo em um filósofo que nunca viveu de acordo com a lição do seu sistema. Todavia, o fato é que um filósofo não é um profeta: é deste que deve exigir-se a concordância entre vida e pregação, não daquele; pois o filósofo não prega; estabelece apenas teorias que supõe corretas.

A mais profunda crítica do filósofo, do homem e da sua filosofia está expressa num pequeno verso que Goethe anotou no álbum de Schopenhauer:

Se queres alegar-te do teu valor,
Tens de atribuir valor ao mundo.

4. NIETZSCHE E O IRRACIONALISMO

Quem se esforça por compreender a crise da cultura ocidental (e ela existe, embora já se tenha tornado tema de tarefas escolares), não pode deixar de dirigir a sua atenção para a filosofia irracionalista, ou melhor, para as tendências irracionalistas da nossa época. O moderno irracionalismo, conseqüência de um desequilíbrio social, econômico e psicológico, contribui, por sua vez, para intensificar o caos do nosso tempo.

É desnecessário examinar, neste nexo, o irracionalismo em todas as suas configurações proteiformes e na sua múltipla dependência de situações sociais. É evidente que o irracionalismo, quer irrompendo nos ritos dionisíacos ou no culto órfico dos gregos, quer, pelo fim da Idade Média, nos grandes arroubos místicos, quer ao fim da Ilustração nos movimentos românticos, costuma representar — visto apenas pelo prisma ideológico — uma reação a épocas excessivamente intelectualistas. Uma reação peculiar, porém, em que se unem, de modo inextricável, avanguardismo e conservantismo extremos, em que o culto procura vencer a cultura e em que, às vezes, um refinamento elegante e grã-fino deflagra na glorificação da barbárie e do primitivo.

Os porta-vozes do irracionalismo costumam ser intelectuais de dezoito quilates, que, para falar como Hölderlin, "tendo pensado o mais profundo, amam o mais vivo". Cansados do esforço conceitual, preferem trocar a maçã paradisíaca pelas uvas de Baco.

Individualismo e Irracionalismo

Visto por um prisma mais amplo, as tendências irracionalistas surgem com freqüência como resultado de um individualismo extremado. Levando o individualismo às últimas conseqüências, envolvendo-se na dialética de todo individualismo, procuram finalmente superá-lo. Neste sentido, o irracionalismo pode ser expressão de um legítimo anseio de comunhão (de indivíduos, de indivíduo e sociedade, de indivíduo e natureza, cosmos e entidades divinas). Segue daí que o irracionalismo é resultado de estruturas sociais muito desenvolvidas e já em vias de degeneração — estruturas que dificultam a integração do indivíduo, aumentam o sentimento de solidão, insatisfação e angústia, bem como a marginalidade de certos grupos e classes.

Contudo, é preciso discernir claramente entre o individualismo da Ilustração, que afirma (em tese) o valor absoluto da razão, idêntica em todos os homens, e o individualismo do *Sturm und Drang* e dos românticos, que salienta o valor da singularidade e unicidade de todo indivíduo.

Só essa última concepção é irracionalista, porque o

indivíduo, entendido não como portador de valores idênticos em todos os homens, mas como entidade singular e totalmente indivisível, não se presta à análise e não pode ser captado nas malhas do conceito abstrato.

Causas Sociais

É evidente que tais tendências, em parte determinadas pela dialética das idéias, dependem também de processos sociais. O individualismo racionalista da Ilustração, para dar um exemplo, servia à burguesia em franca ascensão: pois uma razão geral, inata em todos os indivíduos, justificava ideologicamente a luta contra o feudalismo e os privilégios divinos de determinadas camadas dominantes. No momento, porém, em que a burguesia conquistara as posições essenciais, descobriu-se ou reconheceu-se, de repente, a singularidade irracional e inefável do indivíduo excepcional e a sua magnitude incomparável, que tornava plausível e munia de boa consciência os privilégios de certas camadas sociais.

O Irracionalismo como Corretivo

Seria grave erro negar ao irracionalismo um grande "valor local", como corretivo. Penetrando certas esferas da cultura e da existência humana, consegue encher de vida instituições e dogmas religiosos, dar novos impulsos a uma arte sufocada por esquemas e fórmulas. Neste sentido, o irracionalismo representa uma libertação de valor incomensurável. Emancipa a sensibilidade e certos valores vitais desprezados pelo racionalismo. Mas, ao mesmo tempo, valoriza exageradamente os poderes da emoção, do inconsciente – aquelas potências que se chamam de "catônicas", telúricas, dionisíacas, órficas, demoníacas, elementares e como se queira designá-las;

potências que nos conduzem àquela esfera ambígua, onde tudo fervilha na umidade de vapores fecundos e onde com boa consciência se pode renunciar ao "esforço do conceito".

Esta esfera do lusco-fusco oferece conforto aos fracos. O sentimento vago, a indeterminação fluída, a nebulosidade opaca – transformados de valores relativos em absolutos – nada são senão racionalizações da falta de responsabilidade, preguiça mental e o chapinhar dengoso no "inefável" – uma atitude que teme a dura e máscula clareza do intelecto como o morcego a luz.

O Aparente Irracionalismo de Schopenhauer

Um dos primeiros filósofos que em nossa época parece sistematizar o irracionalismo é Schopenhauer. Como essência do mundo afigura-se-lhe a "vontade cega" – conceito em si errado, pois a vontade opõe-se precisamente como racional ao impulso cego. Com a hipostase metafísica da vontade irracional caracteriza-se Schopenhauer como adversário do panlogicismo de Hegel. Ao passo que este último disse que tudo o que é real é racional, Schopenhauer poderia ter dito: "Tudo o que é real é irracional".

Todavia, o intuito de Schopenhauer é elucidar as conseqüências sombrias dessa irracionalidade da essência metafísica – um mal eliminável somente pela intervenção niilista do espírito humano, capaz de superar e aniquilar o mundo e a sua miséria, cujo fundo e causa é a vontade nunca satisfeita. De acordo com esse ponto de vista, a posição de Schopenhauer é única. Reconhecendo embora o poder avassalador e a cruel realidade do irracional, nega-lhe toda virtude. Sua filosofia é uma doutrina de redenção. Esse hedonismo às avessas proclama a nossa salvação de todos os males pela intervenção sobrenatural da *ratio* humana; resulta, portanto, na glorificação do intelecto, conquanto lhe atribua apenas a força de destruir a vida, isto é, uma vida sem sentido e sem valor.

Impressiona na obra de Schopenhauer a enorme conseqüência com que o irracionalismo produz o anseio do Nada. Num mundo irracional e caótico não pode haver ordem, nem razão, nem valor, nem sentido. O único sentido, concebível nos limites extremos do pensamento, é a aniquilação desse mundo sem sentido.

Schopenhauer e Freud

É claro, portanto, que Schopenhauer não é, na acepção precisa, um representante do irracionalismo moderno, visto que nega ao irracional todo valor. À mesma linha de pensamento pertence de certa forma Freud, na medida em que salienta a poderosa influência do inconsciente e do irracional na vida humana. Contudo, Freud, como Schopenhauer, tampouco é um pensador irracionalista. O sentido da sua terapia é, como se sabe, a racionalização do homem, o esclarecimento, a iluminação dos elementos irracionais, que, como recalcados, corrompem a vida psíquica, devendo, portanto, ser sublimados ou impelidos para as zonas conscientes da nossa alma. Freud, da mesma forma que Schopenhauer, proclama, portanto, a salvação, ou, pelo menos, a cura, pela intervenção do conhecimento analítico.

Os Discípulos Invertem os Mestres

Foi Nietzsche que, pelo menos em nossa época, surgiu como primeiro pensador determinado a encenar um grandioso terremoto axiológico. Abalo sísmico que virou o seu mestre Schopenhauer de cabeça para baixo e de pernas para o ar, repetindo a façanha de Marx que acreditara pôr o seu mestre Hegel em pé. Essa aventura filosófica levou adiante com um radicalismo até então desconhecido. No fundo nega, pelo menos na sua fase de maior repercussão, todo *logos*, ou então o transforma em mera função de um valor absoluto – isto é, a vida, valor ao qual todos os outros têm de subordinar-se para a realização e expansão máximas da vontade de poder. Pois a vida, segundo Nietzsche, nada é senão vontade de poder, como o mundo, segundo Schopenhauer, fora vontade cega e irracional. No entanto, ao passo que Schopenhauer se tornara niilista por almejar a aniquilação de um mundo sem sentido, procura Nietzsche superar o niilismo do mestre. Em verdade, todo o seu apaixonado filosofar é a procura de sentido numa época em que com agudeza extraordinária já diagnosticava os sintomas do niilismo. Sua inversão dos valores é uma inversão de Schopenhauer. Com um audaz golpe de estado filosófico proclama o domínio legítimo da vontade irracional de Schopenhauer, como valor mais alto e aristocrático. Para Schopenhauer, ela tinha sido uma ditadora, o poder *de facto*, mas não *de jure*; para Nietzsche, ela se transforma em soberana *de jure*, frente à qual a *ratio* representa as forças maléficas de usurpação, espécie de proletária amotinada.

Visto que a vida, segundo Schopenhauer, é sem sentido, glorifica o espírito capaz de aniquilar aquela. Visto que a vida, segundo Nietzsche, representa o valor mais alto, despreza pela mesma razão o espírito.

O Radicalismo de Nietzsche

Assim, a vida se torna, no pensamento de Nietzsche, num sentido muito mais radical do que, no pensamento de Marx, os fatores econômicos, a estrutura básica de toda superestrutura espiritual. A vida não é só a coluna-mestre, como estrutura biológica fundamental de todas as ideologias; ela é, ao mesmo tempo, o mais alto valor; a vontade de poder não é só o fator determinante que transforma todos os momentos espirituais em racionalizações mentirosas, em manobras desprezíveis de camuflagem impostas pela moral da massa de escravos; é ao mesmo tempo o sentido de si mesma – um biologismo, portanto, comparado com o qual o materialismo econômico de Marx se afigura como teoria virtuosa para moças de colégios grã-finos. Pois os fatores econômicos representam no caso de Marx somente a base condicionante, não o valor mais alto.

Duas Espécies de Niilismo

É quase desnecessário mencionar que Nietzsche não conseguiu tirar-se, com a proclamação dos novos valores, do niilismo, como tampouco o célebre Barão de Munchhausen conseguiu tirar-se do pântano, puxando os próprios cabelos. Pois a vida não pode ser o seu próprio sentido e valor, mormente quando entendida como vontade de poder. O poder, na sua nudez primitiva, é despido de todo sentido; ele se impregna de sentido no momento em que visa a valores que lhe são transcendentes e dos quais se torna servidor. Poder-se-ia dizer da vida (ou do poder) o que Goethe com menos razão disse das mulheres: "Elas são salvas de prata em que nós – isto é, os homens – depositamos maças de ouro". Assim, a vida é uma salva de prata em que valores transcendentes a ela depositam maças de ouro, isto é, sentido.

O niilismo de Schopenhauer tinha sido de ordem ontológica, o de Nietzsche é de ordem axiológica.

O Irracionalismo Clássico

O radicalismo das concepções de Nietzsche é elucidado pela seguinte consideração: até então, o irracionalismo costumava partir da suposição de que nem o mundo fenomenal (empírico) na sua infinita multiplicidade, nem a essência do mundo na sua transcendência poderiam ser apreendidos por meio das faculdades racionais e do conceito abstrato. Como os eleatas da antiga Grécia (Parmênides), afirmou Bergson que o nosso intelecto é incapaz de apreender o mais simples movimento. Parmênides, como racionalista, chegou conseguintemente à conclusão de que não se poderia atribuir verdadeiro ser, realidade essencial, ao movimento e ao vir-a-ser dados pelos sentidos. Bergson, como irracionalista, chegou à conclusão contrária de que o nosso raciocínio não poderia apreender a realidade verdadeira, que é essencialmente movimento e vir-a-ser. Só a famosa intuição de Bergson teria essa capacidade. Por esse mesmo motivo, o irracionalismo por assim dizer clássico procurava ultrapassar os limites do pensamento lógico.

Todavia quer se tratasse do culto dionisíaco, quer da contemplação ou êxtase místicos ou da intuição artística – sempre se desejava "apreender" algo, "conhecer" algo, apropriar-se de realidades independentes ou entregar-se a tais realidades; sempre se desejava entrar em contato com uma realidade objetiva que existisse fora do ser subjetivo e pessoal. Por meio de contemplação, êxtase, intuição, estados de exaltação dionisíaca, desejava-se estabelecer uma comunhão entre o solitário Eu e entidades independentes.

A revolução de Nietzsche é total. A única realidade absoluta que existe é a vida como vontade de poder e essa vida nada quer senão a si mesma, nada fora de si, nada acima de si.

O Pragmatismo de Nietzsche

Compreende-se a tremenda solidão de Nietzsche, o seu formidável isolamento, sua cruel sinceridade. Deus é morto. Se Deus é morto, o mandante dos mandamentos, então todos os mandamentos perderam o seu sentido. Toda ordem, todo *logos*, toda lei, todo imperativo moral, toda norma, se desmoronaram, nada existe, a não ser uma vida que se vive a si mesma em eterno retorno e que procura sua glória e seu triunfo na sua própria força e beleza biológicas. Todos os outros momentos são subordinados. A filosofia deixa de ser um meio de conhecimento e transforma-se em instrumento musical, cujas cordas vibram a fim de glorificar a vontade de poder.

A vida, na sua crueldade biológica, como guerra de todos contra todos, torna-se absoluta. Os imperativos morais, que se opõem a tal concepção ditirâmbica, nada são senão empecilhos no caminho do super-homem. A verdade é relativizada, isto é, aniquilada como valor absoluto a ser visado; ela se transforma em mera função útil a serviço da vontade de poder.

Tal concepção pragmática, Nietzsche a formulou inúmeras vezes. Em *Além do Bem e do Mal* lemos: "A falsidade de um juízo não é para nós um argumento contra esse juízo [...] A questão é saber até que ponto esse juízo é estímulo da vida, até que ponto conserva a vida e contribui para melhorar a espécie [...]". Eis a linguagem de Hitler, ao pé da letra. Que, porém, é a vida, qual o seu sentido? Spengler revela-o ocasionalmente com clareza: "Permanecer senhor dos fatos é mais importante para nós do que tornar-se escravo de ideais [...]". Todavia, para que permanecer senhor dos fatos? Spengler não sabe a resposta: "A vida é o começo e o fim e a vida não tem sistema, não tem programa e não tem sentido".

A Sedução de Nietzsche

Tais concepções, que, quase ao mesmo tempo ou algumas décadas mais tarde, foram expressas, de modo mais cauteloso, por alguns pragmatistas norte-americanos e pelo neokantiano Waihinger (mas sem o amoralismo nietzschiano), e de modo radical, porém, por pensadores pré-fascitas, como Vilfredo Pareto e Georges Sorel, tornaram-se logo grande moda. Não se pode negar que se trata com freqüência de pensadores de alta categoria. Mas as suas concepções, erradas em si, não possuem nem "verdade" pragmática. Não são úteis, são extremamente nocivas. Nas suas *Reflexions sur la Violence*, proclama Sorel um "conservantismo revolucionário" – característico típico de todo fascismo, concepção fundamental do nazismo. Sorel profetizava com verdadeira volúpia não só guerra e anarquia, mas afirmava simultaneamente com entusiasmo a necessidade de mitos e ficções irracionais, que deveriam ser fornecidos às massas – mitos e ficções destinados a "livrar as energias com primitivos urros de guerra".

Há 150 anos, Novales já falara da afinidade entre barbárie e esteticismo. O irracionalismo de Nietzsche é ao mesmo tempo bárbaro e refinado, arcaico e revolucionário, estetizante e brutal. É evidente que não se deve entendê-lo ao pé da letra, como fizeram mais tarde os seus tolos adeptos. É preciso apreciá-lo a certa distância, como se se contemplasse o quadro de um pintor. A genialidade de Nietzsche reside na sua perspicácia psicológica – uma lucidez que na sua excessiva força iluminadora revela a inflamação do cérebro, a incandescência do curto-circuito seguida da carbonização.

A isso se junta um poder verbal ditirâmbico, a força de penetração perfurante da sua intuição e aquela mistura fascinante, apaixonadamente sedutora, de decadência e adoração da vitalidade, *morbidezza* e mania de vigor e saúde. É tremendo o impacto da sua sinceridade quase desumana em face de um mundo cheio de hipocrisia que fala incessantemente de amor cristão e que se dilacera ao mesmo tempo na competição desenfreada; um mundo de religiosidade limitada aos sábados e domingos, onde não se sabe se os devotos fazem os seus cálculos ao rezarem ou se rezam ao fazerem os seus cálculos.

A visão nietzschiana do mundo não é, em essência, filosófica, mas estética, e neste sentido ela deve ser entendida.

A Caricatura do Super-homem

Sem dúvida alguma, na nossa exposição, a obra de Nietzsche foi vista de modo simplificado. Nietzsche é uma personalidade extremamente complexa. À figura do seu super-homem não faltam traços de um acentuado idealismo moral. Deste professor da filologia grega vale o que Kant disse de um filósofo seu contemporâneo: "O espírito poético, ao enobrecer a expressão, penetra às vezes na filosofia do autor". O curioso é que a visão renascentista de Nietzsche logo iria-se encontrar um representante aburguesado na realidade. Sua besta loira não difere muito do seu sucessor *bourgeois*, o magnata de óleo, e Spengler, adepto de Nietzsche, reconheceu perfeitamente que o milionário Wundershaft, da peça de Shaw, nada é senão um super-homem esperto com organização eficiente. Indubitavelmente, Nietzsche ficaria arrepiado diante dessa caricatura da sua visão estética, tão cruelmente parodiada pela realidade.

"Après nous le Déluge!"

A influência de Nietzsche é até hoje formidável. Mesmo onde ela não é aparente, no existencialismo de Heidegger, ela ressurge de certa maneira. Em ambos os casos, a dignidade do indivíduo independente e isolado decorre da sua capacidade de manter-se no vácuo do Nada. Em ambos os casos não existe uma sociedade, ou apenas como valor desprezível da massa dos escravos

(Nietzsche) ou como a categoria igualmente desprezível do *man* heideggeriano (o que vem a ser a partícula *se*, na expressão "aluga-se uma casa"). Nenhum dos dois reconheceu valores transcendentes à vida ou, para usar a terminologia de Heidegger, ao "estar-aí" (*Dasein*). Para encontrar, porém, algum sentido, Heidegger procura-o no próprio "estar-aí", que deve tornar-se autêntico na verdadeira existência – um processo semelhante ao do mencionado Barão de Munchhausen: pois, riscada a transcendência de Kierkegaard, tal autenticidade permanece perfeitamente "absurda".

É óbvio que teorias semelhantes, de Nietzsche a Sorel e Spengler de um lado, e, de outro, filosofias como a de Heidegger, Sartre e do Jaspers anterior à guerra – autores e filósofos, portanto, em parte de verdadeira magnitude e de real gênio –, é óbvio que tais concepções resultam, nas suas últimas conseqüências, fatalmente em niilismo completo. Um niilismo, porém, que por sua vez nada é senão o reflexo exato, corajoso e sincero da nossa atualidade. O curioso é que alguns desses pensadores costumam fazer logo "tábula rasa". O que é a condição da nossa sociedade, é apresentado por eles como condição do homem *tout court*. A tragédia do nosso mundo em pleno naufrágio transforma-se em tragédia da humanidade; uma fase histórica caótica é projetada para o universal e "metafísico" e fundamenta um voluptuoso chafurdar, um chapinhar fatalista na lama de um pessimismo cheio de *coquetterie*. Pelo fato de uma época ter chegado ao fim, tornam-se niilistas, como se com a nossa sociedade tudo acabasse e como se depois nada houvesse a não ser o dilúvio.

Concepção semelhante foi a da aristocracia francesa, quando uma nova camada social estava prestes a tirar-lhes as rédeas das mãos: "Après nous le déluge!" era o seu clamor elegíaco – o clamor de todo pessimismo do tipo "eita-pau!": "A coisa vai mal, façamos por gozar a hora que passa".

5. SOEREN KIERKEGAARD

I

Foi o próprio Kierkegaard que se comparou ao Rio Guadalquivir, referindo-se ao seu tardio ressurgimento depois de longo percurso subterrâneo. Falecido há quase cem anos, só começou a alcançar um eco mais amplo no período entre as duas grandes guerras, particularmente por intermédio do chamado existencialismo de Heidegger e Jaspers, e, no terreno religioso, por intermédio da teologia dialética ou da diástase, de Karl Barth, Friedrich Gogarten, Emil Brunner e outros.

Para entender-se bem o radicalismo extremo de Kierkegaard é indispensável enquadrá-lo na sua época (1813-1855) e inteirar-se da sua intenção polêmica contra o hegelianismo, isto é, contra a intelectualização das verdades religiosas, contra a harmonização da razão e da fé, da ciência e da revelação, e contra a divinização das "verdades objetivas", como por exemplo as matemáticas, que nós apreendemos em atos puramente racionais, e que deixam o fundo do nosso ser indiferente. Somente pondo-se a par dessa constelação histórica, poder-se-á compreender a ênfase com que salientou o lado subjetivo e individual que ameaçava perder-se no objetivismo de Hegel, para quem o indivíduo não passava de uma "a-cidência" do espírito coletivo.

Considerando a concepção kierkeggardiana nesse nexo histórico e salientando que ele se referia principalmente a fenômenos religiosos, não se pode, de maneira alguma, negar um grande "valor local" a fórmulas como estas: "Só na subjetividade existe decisão, ao passo que o desejo de conservar-se objetivo é a inverdade".

A subjetividade é a verdade, e a verdade é a subjetividade. [...] Se alguém, que vive em meio do cristianismo, fosse à Casa de Deus, do verdadeiro Deus, e depois rezasse, mas não rezasse de verdade; e se alguém vivesse num país pagão, mas rezasse com toda a paixão do infinito, embora seus olhos se fixassem num ídolo: onde estaria então a verdade? Esse último adora em verdade Deus, não obstante dirigir-se a um ídolo; aquele adora ao verdadeiro Deus de modo falso e por isso adora, em verdade, um ídolo.

A exaltada interiorização da verdade religiosa, a acentuação constante de que o essencial não é a Verdade objetiva, mas a maneira subjetiva e apaixonada de apreendê-la, explica seus acerbos ataques contra a Igreja oficial que descansa na posse satisfeita das verdades reveladas. Verdades que pairam no espaço não interessam ao pensador dinamarquês; elas se tornam relevantes somente na medida em que entram em contato com a existência angustiada (o termo "existência", usado freqüentemente por Kierkegaard, deu, nesse sentido, à forma moderna de existencialismo, o nome) e nos forçam à decisão, ao salto que nos liberta da prisão dos conceitos preestabelecidos para levar-nos à atualidade pura do empenho sempre renovado. É óbvio que nesse processo de subjetivização, nesse esforço de destacar o valor da procura pessoal, os conteúdos objetivos da religião tendem a volatilizar-se, conquanto isso não tenha sido o intuito de Kierkegaard. Pois ele não polemizava de maneira alguma contra a doutrina cristã, mas apenas contra a tendência intelectualista de "tomar conhecimento" desse dogma como se se tratasse de verdades matemáticas. O importante é, segundo ele, a apropriação pessoal do dogma – "uma objetividade que se encontra numa subjetividade correspondente, eis o fim". Ao contrário, "o saber objetivo da verdade e das verdades do cristianismo é precisamente inverdade. Saber o Evangelho de cor, isso é paganismo, pois o cristianismo está no fundo do coração".

Todo o subjetivismo ardente do pensador protestante concentra-se, por assim dizer, no termo da "existência" que se contrapõe ao conceito de "sistema". Sistema é a disposição lógica, em si acabada, fixa, de uma multiplicidade, é um todo em si fechado. Existência é "aberta", nunca acabada, vir a ser, oposta à lógica que sistematiza a própria contradição, ao passo que existir é viver em contradição, em discordância entre o eterno e o temporal, o infinito e o finito. Existir é algo que não se pode pensar, pois, sendo o subjetivo em si, não pode tornar-se objeto do pensamento. (Isso é o axioma de todos os existencialistas; contudo, escreveram inúmeros livros sobre algo que não se pode pensar.) De acordo com isso, é um Deus "objetivo", uma inverdade. Ele não deve ser objeto da reflexão, mas do "uso". Nesse sentido, torna-se todo o filosofar não uma elaboração de sistemas, mas um constante "apelar" (para usar a expressão predileta de Jaspers), à vontade a fim de que o indivíduo arrisque o salto à pura atividade da existência subjetiva. "A filosofia existencial", diz Jaspers exatamente nesse sentido, "estaria imediatamente perdida se ela acreditasse saber o que o homem é [...] Ela desperta o que ela não sabe; ela elucida e move, mas não fixa".

No entanto, ao salientar com sempre renovada violência o valor da maneira subjetiva da apreensão da verdade, do "como" da verdade, é inevitável que Kierkegaard negligencie o *quid* ou o conteúdo da verdade. Se o decisivo é o "como", perde o *quid* todo o valor, a psique solitária não encontra mais o *logos* que lhe poderia dar conteúdo. Já mostramos que isso não era a intenção de Kierkegaard, mas ele não escapa à gravitação do seu pensamento. E procurando salvar-se pela sua concepção específica de existência, envolve-se em novas contradições. Atribuindo à existência um sentido místico, afirmando, pois, que o fundo íntimo do ser hominal é divino, podendo esse, portanto, chegar a Deus pelo caminho da subjetividade e da interiorização; conferindo, por conseguinte, à máxima "a subjetividade é a verdade" o sentido místico de ser a essência humana, na sua "paixão do infinito", a verdade divina, evita Kierkegaard, sem dúvida alguma, o perigo de um subjetivismo puramente empírico, incapaz de chegar a um conteúdo transcendente; simultaneamente, porém ao afirmar que o homem tem o infinito dentro de si, receia tornar a transcendência imanente, diminuindo assim o valor da revelação histórica: pois o que o homem possui dentro de si não precisa ser revelado de "fora". Bastaria a simples reflexão ou o apelo humano de profetas, sem intervenção divina, para desenvolver essa verdade íntima. Kierkegaard opõe-se a qualquer espécie de "compromisso" ou de "conciliação" do que ele chama um "paradoxo" insolúvel, não reconhece nenhuma argumentação histórica e nega, decididamente, em contradição à sua própria teoria do "fundo divino", a *analogia entis*, a semelhança do homem com Deus. Conseqüentemente não existe nenhuma espécie de apreensão das verdades divinas em termos humanos. Temos que ter fé no que, para a razão, é inteiramente "absurdo".

O radicalismo de Kierkegaard não lhe permite, portanto, uma verdadeira solução de um dos mais complicados problemas religiosos – o da transcendência e imanência. E tal radicalismo revela a decisão inflexível do pensador de levar o conflito até os seus últimos limites. Ernst Weber tentou demonstrar que Kierkegaard, mesmo conservando uma concepção radicalmente dualística – ao acentuar a transcendência – evita, contudo, partindo da subjetividade, renunciar à idéia da imanência. Destarte abrangeria a relação pessoal com Deus tanto a imanência como a transcendência – relação paradoxa operada pelo amor. Tal interpretação não corresponde, porém, à acentuação rigorosa da distância infinita entre Deus e o Mundo, ao afastamento cada vez mais extremo do sobrenatural relativamente ao natural, não só no sentido quantitativo, mas também no sentido qualitativo. Não há pontes, nem graus intermediários, nem comportamentos que amenizem esse abismo. Não há a *analogia entis*. A diversidade entre a qualidade hominal e a qualidade divina é absoluta. Conseqüentemente, se apresenta a irrupção da fé no homem como um morrer completo de todas as qualidades humanas, como uma voluntária autodestruição em relação à vida social, como uma tortura constante, como a solidão integral. O estado religioso é, na expressão de Kierkegaard, "paradoxo", pois o homem, ao entregar-se à fé, tem de viver fora do seu elemento, como um peixe que vivesse fora da água. Essa atitude corresponde exatamente à palavra de Lutero: "Quando Deus quer fazer-nos viver, faz com que morramos".

Determinando o estado religioso – o homem pecaminoso imbuído da paixão do infinito – e Cristo – Deus como homem histórico – como o "paradoxo absoluto", polemiza Kierkegaard simultaneamente contra o pensamento racional que precisa ser aniquilado para que o milagre da fé se possa realizar. Como ao fim da Idade Média, no sentido do nominalismo extremo de Guilherme de Ockham, Lutero opõe a fé bruscamente à ciência, chamando a razão de "rameira", assim afirma também Kierkegaard que o cristianismo exige a fé em algo "que aos judeus é um escândalo, aos gregos uma tolice e ao intelecto o absurdo [...]". O homem religioso deve aniquilar, "crucificar" o seu pensamento racional, para poder "usar" Deus.

Se o pensador dinamarquês, de um lado, com a sua concepção de que Deus deve ser "usado", se aproxima do pragmatismo (William James: "We and God have business with each other"; Leuba, citada por James: "God is not known, he is not undestood: he is used".), afasta-se, por outro, de modo resoluto, do otimismo dessa filosofia proclamado em afirmações como estas: "Não Deus, mas vida, mais vida, uma vida mais larga, mais ampla, mais satisfatória, é, em última análise, a finalidade da religião. O impulso religioso [...] é o amor da vida [...]" (Leuba, citado por William James). Kierkegaard, ao contrário, prega que a vida deve ser aniquilada para que Deus se possa apoderar do homem. Ao passo que o ponto de vista dos pragmatistas é o "Hurrah for the Universe! God's in his Heaven, all's right with the world!", negligenciando, pois, os aspectos verdadeiramente trágicos da posição hominal, apercebe-se Kierkegaard somente desses aspectos, chegando a um ascetismo e a uma oposição à vida que paralisam a ação social do homem.

Não se pode negar que o radicalismo do pensador, o seu apelo desesperado, irônico, indireto, múltiplo, desdobrando-se em constantes contradições veladas e reveladas pelas máscaras dos seus pseudônimos, que esse apelo no sentido de valorizar a apropriação individual, existencial, dos conteúdos doutrinários, era historicamente justificado, particularmente no terreno religioso e ético. Todavia, o Rio Guadalquivir tomou, precisamente numa época em que o mundo dele necessitava, um rumo subterrâneo, para ressurgir atrasado, numa época inundada de irracionalismo. Quem teve oportunidade de conhecer a atmosfera de uma universidade alemã logo após a ascensão de Hitler ao poder, conhece as trágicas conseqüências de um ensinamento desvirtuado que encontra o substrato social adequado para agir com toda a virulência explosiva da sua ideologia. Se só a subjetividade é a verdade – e se se transporta essa máxima indevidamente para o terreno político – então, não há maior verdade na história do que a doutrina do nazismo. O fanatismo e a paixão com que os estudantes da Universidade de Berlim (e depois grande parte do povo alemão) se "apropriaram existencialmente" de algo "absurdo" dificilmente encontram na história um exemplo semelhante; essa verdade subjetiva matou muitos milhões de homens e mulheres.

II

Kierkegaard foi seguramente um pensador com rasgos de genialidade, e ele lutou com seu problema com uma seriedade furiosa. Não se pode culpá-lo do desvirtuamento da sua obra. Mas, mesmo nos seus resultados mais nobres, como na teologia dialética de Karl Barth e Brunner, contém seu apelo uma lição ambígua. O precipício escancarado que esse pensamento abre entre a esfera divina e a esfera humana encerra em si, potencialmente, o elemento do niilismo, conseqüência à qual Karl Barth só com um imenso aparato de sutileza escapa. Praticamente, diante de uma transcendência que foge ao infinito, que nada mais tem de "pai" e que, para irromper no homem, pressupõe a aniquilação da sua entidade humana, fica o indivíduo, um Nada, sozinho diante do Nada. É exatamente essa a conclusão de Heidegger. E como conhecedor da lógica tirou ele mais uma conclusão: obedeceu a um apelo já despido da religiosidade de Kierkegaard (um apelo completamente vago, sem conteúdo, sem *logos*, um amolar constante da faca que nunca chega a cortar o bolo do pensamento) e deu o "salto" nos braços do niilismo, que, neste caso, tomou o pseudônimo de "nazismo".

Jaspers, que como filósofo existencial não é suspeito, disse em 1931:

> A filosofia existencial pode escorregar para a subjetividade [...] Partindo da mixórdia confusa com o pensamento sociológico, psicológico e antropológico, encalha ela na mascarada sofística. Logo atacada [...] como individualismo, logo utilizada como justificação do despudor pessoal, torna-se o terreno perigoso de um filosofar histérico. [E acrescenta] Contudo, quando essa filosofia se conserva legítima, torna-nos singularmente sensível para o fenômeno do homem autêntico.

Infelizmente ela tem a tendência inata de "escorregar". Sendo uma filosofia irracionalista que desconhece o *logos*, impossibilitada, por isso, de comunicar-se, desprezando o mundo do *man*, o mundo social, a cultura, limita-se ela a apelar a uma liberdade vazia, sem conteúdo, sem finalidade, sem relação com um mundo objetivo que transcenda verdadeirametne o indivíduo solitário. O fato é que do existencialismo moderno não se pode chegar a nenhuma espécie de verdadeira transcendência, apesar das desesperadas tentativas dos existencialistas. Essa transcendência, da qual tanto falam, nada é senão o "estar referido" a algo além do "estar aí" da pessoa, o estar referido, por exemplo, ao mundo incognoscível, caótico e inóspito em redor, que provocando nela (na pessoa) a angústia e o deseperao do "Nada", faz com que rompa os seus laços com aquele mundo. Apercebendo-se, nesse abandono total, da sua liberdade ("a angústia é a vertigem da liberdade", dissera Kierkegaard), lança-se dentro de si mesma e descobre a sua "autenticidade", deixando, então, de apenas "estar aí", para começar a "existir" verdadeiramente, pelo menos em certos momentos. O homem autêntico, que alcançou os mais profundos recessos da sua subjetividade, é o homem ascético de Kierkegaard, que se retirou do "mundo" para encontrar não se sabe o que, já que, na obra de Heidegger, o Deus de Kierkegaard morreu, já que a essência do homem é a sua existência e a existência é algo que não pode tornar-se objeto do pensamento. O que na fenomenologia do seu mestre Husserl é apenas um método – a redução transcendental –, isto é, o método de colocar o mundo real entre parênteses para descrever apenas a essência dos fenômenos (sem investigar a sua realidade) – torna-se na filosofia de Heidegger um método de salvação, uma ética e um evangelho. É preciso pôr o mundo entre parênteses para tornar-se autêntico. Essa idéia é velha como o mundo: o novo é a afirmação de que esse método estimula o ativismo e o empenho. O homem desesperado, intuindo sua liberdade, "decide-se livre e heroicamente", sem que se chegasse jamais a saber em favor de que afinal de contas se decide. "A filosofia existencial", disse um escritor espirituoso, "decide-se, com grave decisão, por nada senão pela sua própria decisão". O homem decide-se, diria Heidegger, seguindo o círculo vicioso do seu pensamento, a ser ele mesmo, a ser autêntico. E a essência dessa autenticidade é de novo a liberdade e ainda não sabemos: liberdade para que fim? Para fazer o quê? E esse círculo vicioso é uma natural conseqüência do subjetivismo exasperado dessa concepção, de um liberalismo "paradoxo" condenado a levar-se inexoravelmente *ad absurdum*. Pois o existencialismo deste tipo não conhece – e nem pode, e nem quer conhecer – estruturas objetivas e supra-individuais, conteúdos lógicos ou éticos, um sistema de valores, e tem forçosamente de escorregar para o "Nada" – aquele Nada já glorificado por Nietzsche ao dizer que super-homem (seguramente o homem autêntico) é aquele que pode conservar-se no Nada.

É verdade que também no caso de Kant nenhum fim ou conteúdo ou valor especial e preestabelecido dá dignidade moral à ação. A vontade deve, na ação atual, cada vez de novo, criar livremente os valores e conteúdos morais, tendo em cada caso a plena responsabilidade. Essa "subjetivação" kantiana da moral é "existencialista". Mas, a exigência moral, no sistema de Kant, não definindo embora os conteúdos específicos que tornam a ação moral, define, contudo, a ação específica que torna os conteúdos morais. Isto é: não são os fins que dão valor à vontade, mas a vontade, sendo boa, dá valor aos fins. Ora, a "boa vontade" é aquela que age, em cada caso concreto, movida por uma máxima subjetiva que se pode tornar lei para todos os casos idênticos e para todo ser humano. A idéia de Sartre, neste ponto, não parece ser muito distante da de Kant: "Quand nous disons que l'homme se choisit, nous entendons que chacun d'entre nous se choisit, mais par la nous voulons dire aussi qu'en se choisissant il choisit tous les hommes".

A diferença decisiva é que, no caso de Kant, essa "lei", o imperativo categórico, encontra uma base na "razão prática" do homem; é por isso que "eu devo poder querer" que minha máxima se torne uma lei geral, pois em caso contrário eu não poderia conceber nada como obrigação que determinasse (livremente) a minha vontade. No caso de Sartre, porém, não havendo nenhuma razão prática, nenhuma estrutura humana fundamental, nenhuma "essência" que "precedesse" (termo inteiramente falaz) a existência, não se entende por que um indivíduo, ao escolher, "deve poder querer" que sua ação se torne "une image de l'homme tel que nous estimons que'il doit être". Por que "deve ser"? Sartre tira essa "image" do seu cérebro de grande escritor, mas de filósofo confuso, como um mágico tira um coelho da cartola.

Numa época em que é geral a confusão e em que o homem – e principalmente os intelectuais – se empenham em demonstrar triunfalmente que o homem é irracional – opinião que, depois de uma pequena redução, ninguém de sã consciência poderá negar – nesta época talvez não seja de todo incoveniente a indicação tímida de que existe no homem também uma parcela, embora ínfima, de racionalidade, de *logos*, de "razão prática" e de "objetividade" aplicáveis possivelmente ao pobre mundo em torno de nós. "Não valeria a pena", disse Goethe, "alcançar a idade de setenta anos se toda a sabedoria do mundo fosse tolice diante de Deus". Podemos também citar o Talmud que, valorizando este mundo, não desvaloriza, contudo, o transcendente; "Se tens uma muda na mão, e alguém te diz: Chegou o Messias: – então planta primeiramente a muda e depois vai receber o Messias". Mesmo não concordando com a posição de Jacques Maritain, não é possível deixar de dar-lhe razão quando ao falar, de Chestov, "dont l'inspiration s'aparente étrangement à celle de Kierkegaard", diz o seguinte:

> Déchirant l'homme contre lui même e portant à un paroxysme tragique le faux conflit moderne de la raison e de la foi, son oeuvre est un témoignage impossible à éluder pour le chrétien comme pour le juif, contre le chrétien comme contre le juif: élle jette exaspérante sur la misère une lumière e la division qui les habitent tant qu'ils restent engloutis dans la subjetivité, et ne se jettent pas corps et âme dans le gouffre plus vaste e plus mystérieux de l'objetivité divine d'une foi vraiment surnaturelle et de l'objetivité humaine d'une raison vraiment naturelle.

6. O MITO DE M. BUBER*

O lançamento das *Histórias Hassídicas* em língua portuguesa[1] é um evento digno de nota – não só por tornar acessível uma das fontes mais importantes do pensamento místico judaico, posterior à cabala e por ela influenciado, mas também por difundir, parece que pela primeira vez em vernáculo, uma faceta do pensamento de Martin Buber, através da sua ampla introdução às lendas hassídicas. Buber é o mais famoso compilador, redator e exegeta desse tesouro espiritual. Apresentando as histórias em língua alemã, deu-lhes difusão internacional. O hassidismo tornou-se parte integral da filosofia

* Artigo publicado no Suplemento Literário, *O Estado de S. Paulo*, em 9 de setembro de 1967.
1. Martin Buber, *Histórias do Rabi*, 4º volume da Coleção Judaica, dirigida por J. Guinsburg, Editora Perspectiva, São Paulo, 1967.

do intérprete; a afinidade parece completa, certamente porque Buber nem sempre deixou de interpretar este movimento místico segundo a sua filosofia. A interpretação buberiana, mais existencialista que mística, penetrou no existencialismo religioso da nossa época de que Buber – grande conhecedor de Kierkegaard – se tornou um dos primeiros e mais influentes representantes.

Pode parece curioso que este renovador do pensamento religioso judaico seja o tema de uma coluna dedicada às letras germânicas. A razão não é o fato de ter nascido em Viena (1878), já que faleceu em Israel (1966), depois de ter abandonando, aos sessenta anos, a Alemanha; nem o fato de ter estudado e lecionado em universidades alemãs ou austríacas ou de ter sido editor, juntamente com teólogos e pensadores cristãos, de importantes periódicos alemães. O que realmente importa é que escreveu (pensou) as suas obras em alemão. Alguns consideram as suas versões do Velho Testamento como um feito comparável ao de Martinho Lutero, cuja tradução foi um marco decisivo na própria constituição da língua alemã moderna. Não há, decerto, nenhuma versão do Velho Testamento, em qualquer língua, que se possa comparar com a de Buber na audácia com que procurou casar o espírito de uma língua com o da outra, numa luta amorosa que tanto tem de violentação como de ternura. Nos traços expressionistas da tradução se revela a tentativa de reencontrar a "palavra adâmica", o verbo que, carregado de verdade sagrada e substância ôntica primeva, é fonte de energia e redenção (as lendas hassídicas, transmitindo o verbo dos mestres, teriam eficácia semelhante). Ao lado de Kafka, Buber é o último exemplo da confluência do espírito judaico e alemão. Seu pensamento, impregnado de tradição bíblica, revela ao mesmo tempo o forte influxo da filosofia idealista alemã e de grandes místicos germânicos como Eckhart e Jacob Boehme.

É baseado nas pequenas comunidades hassídicas do leste europeu dos séculos XVIII e XIX, congregadas em torno do mestre carismático, o Tzadik, que Buber elaborou a sua teoria da "comunidade verdadeira" e do "nós autênticos" – autêntico no sentido da filosofia existencialista. Este "nós" do grupo se contrapõe ao "eu" (autêntico) de Heidegger, cujo pensamento (como o de Scheler, Sartre, Jung e Bergson) comentou e criticou em estudos importantes; devendo-se acrescentar que a palavra "contrapor" é inadequada, visto o pensamento existencialista de Buber ser anterior ao de Heidegger.

O socialismo religioso de Buber, igualmente distante do individualismo e do coletivismo, visa a uma comunidade "orgânica", baseada em grupos cada vez menores, ligados por amor fraterno, sendo a célula básica a "plena cooperativa", exemplificada por certo tipo de *kibutz* israelense que encontrou nele o seu expoente filosófico. O fato é que Buber atribui a decadência do hassidismo à circunstância de as fraternidades místicas não terem desenvolvido o pensamento da libertação e autodeterminação nacional, vivendo sem conexão intensa com a Terra Prometida – em suma, por lhes ter faltado o espírito sionista. A "comunidade verdadeira" só poderia surgir na terra própria, "nenhuma tentativa pode ser feita em solo estranho e no contexto de instituições estranhas". Buber, com efeito, era sionista desde o início do século (em 1901 iniciou a edição do periódico sionista *Die Welt*). Mas o seu sionismo, de caráter sócio-religioso e cultural, destinado a possibilitar o renascimento da "existência judaica total", é radicalmente diverso do sionismo político, cujos expoentes oficiais nunca levaram a sério o que talvez tenham considerado uma utopia platônica. A *Realpolitik*, como de costume, se choca com as idéias dos sábios. Tanto assim que as concepções de Buber e dos seus amigos e adeptos, acerca de um amplo programa de entendimento judaico-árabe, à base de um Estado binacional, foram elaboradas em oposição radical à ideologia dominante.

É ainda em conexão com o pensamento hassídico, extensamente exemplificado na edição em foco, e possivelmente contagiado por tendências características da fase expressionista, que Buber exigiu a "remitização" da religião, opondo-se, pelo menos nos escritos mais incisivos, à "racionalização cruel" do monoteísmo, ao "esforço cego" dos rabinos de purificar a religião, através da eliminação dos elementos míticos. Segundo Buber – um dos mais poderosos arautos do mito em nosso tempo – o monoteísmo com pretensão de ser vivo há de recuperar a força original do mito. Para Buber, mito não é só o relato de eventos divinos como realidade sensivelmente dada. "Temos de chamar mito qualquer narração de um evento sensivelmente real em que este evento é sentido e representado como divino." A vivência mítica arranca o fato ou objeto do contexto causal e do tecido das mediações empíricas, apreendendo-os com toda a paixão da alma na sua concretitude singular e relacionando-os, em vez de com causas e efeitos, com seu próprio conteúdo e significado, como manifestações do mundo inefável.

Dessa vivência

resulta a intuição empírica inadequada do homem primitivo [...] mas, por outro lado, seu sentimento exaltado em face do Irracional na experiência particular e em face do que nela não pode ser entendido à base de outros eventos, mas que somente pode ser apreendido em si mesmo como o símbolo de um contexto secreto, supracausal, com o signo intangível do absoluto. Ele instaura tais eventos no mundo do divino: ele os mitiza.

Essa capacidade de mitizar sobreviveria no homem civilizado, apesar do desenvolvimento da faculdade causal.

Em tempos de grande tensão e intensidade de experiência a cadeia causal se rompe e o mundo é experimentado como algo significativo além da causalidade, como manifestação de um sentido central que não pode ser apreendido pelo pensamento, mas apenas pela vigilância dos sentidos e pela vibração do nosso ser integral. Então este significado se torna uma realidade visível, plenamente concreta. Mesmo hoje, qualquer homem verdadeiramente vivo encontra-se numa relação semelhante em face do homem que considera seu herói. Podendo embora inseri-lo na cadeia causal, tende a mitizá-lo porque a contemplação mítica abre uma verdade mais profunda e plena que qualquer consideração de ordem causal. Assim, o mito é uma função eterna da alma.

Mais tarde Buber evitou qualquer psicologização do mito, dirigindo-se contra aqueles que o reduzem a uma simples projeção emocional ou imaginária. Exaltou-o, ao contrário, como o "encontro real de duas realidades", a humana e a divina. Todas essas concepções que formulou no início do século exerceram influência incalculável, ainda presente na obra de Ernst Cassirer, sobretudo na sua *Filosofia das Formas Simbólicas*. Posteriormente, Cassirer criticou, em *O Mito do Estado*, a exaltação da "função mítica", alertado pelo "mito (nazista) do século XX" e pela mitização do *Führer* e herói. Com efeito, forças aparentemente insondáveis se tornaram "realidade visível" no *Führer*, graças à vibração de massas pouco afeitas ao pensamento causal. Também Thomas Mann, no seu romance *Dr. Fausto*, satirizou numa das personagens o intelectual que difunde a mensagem vanguardeira do retrocesso ao mito primitivo.

Buber, evidentemente, pouco tem que ver com os excessos posteriores. Seu pensamento se cristalizou na famosa obra *Eu e Tu* (1923), ensaio filosófico sobre a "vida dialógica". Duas são as relações possíveis que o Eu humano pode manter com os entes: encarando-os como *It* (*Es*), como coisa impessoal, objetivamente dada – relação que ocorre no ato cognoscitivo e na vida utilitária, no frio *détachement* intelectual e na ação do *Homo faber* que transforma o boi em bife e o homem em "material humano". O sujeito, deparando-se somente com coisas e idéias – a própria divindade se volatiza, passando a ser idéia e *It* –, vira por sua vez coisa. Buber segue neste ponto certas análise da auto-alienação de Hegel e Marx.

A outra relação é a do Eu-Tu. Nela, o Eu reconhece o outro como ser autônomo. Trata-se de um *encontro*, de um lado havendo um homem na integralidade do seu ser espiritual e emocional; de outro, um ente que se abre em toda a riqueza infinita do seu ser peculiar. O Eu abraça o outro ente com todas as forças amorosas, não sendo mais sujeito diante do objeto, ou ser rapace diante do "material", mas um ente em face do outro, um Eu em face do Tu. O amor é a energia constituinte desta relação. O Tu tanto pode ser uma árvore como um poema ou uma escultura: entes que, no caso, são apreendidos na totalidade do seu ser singular por quem se lhes entrega com máxima intensidade existencial. Nessa entrega ao Tu, o Eu descobre-se a si mesmo em toda a sua plenitude. É evidente que Buber moldou esta concepção (que contém muitos elementos neoplatônicos) do encontro *hic et nunc* – embora a relação possa abarcar todo o universo revivificado e remitizado – de conformidade com o encontro humano, cuja comunhão autêntica se manifesta no diálogo (daí o termo "filosofia dialógica"). Nesta comunhão existencial, que restitui o Eu (alienado) a si mesmo, ao entregar-se ao outro (visão, bem se vê, muito diversa da de Sartre), o Eu descobre ao mesmo tempo o Tu, que vive em todos os seres, já que estes, em última análise, nada são senão criação e expressão do Tu absoluto de Deus, parceiro eterno do diálogo humano com a transcendência.

Todo encontro verdadeiro, portanto, leva o homem além dos limites imanentes do Tu, visto cada ente assim apreendido apontar para o Tu eterno. Nesta concepção confluem pensamentos antiqüíssimos, revividos com vigor e beleza singulares no hassidismo: o divino, qual centelha, impregna todos os seres. Entretanto, vive neles como que submerso em profundo sono. Deus necessita do homem. Na comunhão verdadeira entre Eu e Tu, o homem desperta a centelha divina nas coisas (através da sua ação temporal). Aproximando-se delas com dedicação amorosa, reanimando nelas o Tu adormecido, o homem santifica-se através delas. Pois a realidade sensível é, toda ela, divina. Mas ela tem de ser reconhecida na sua divindade pelo homem que a vive autenticamente, neste encontro existencial.

A glória de Deus é banida para o desterro secreto, ela jaz agrilhoada no fundo de cada coisa. Mas em cada coisa ela é desatada pelo homem que, pela visão e ação, liberta a alma desta coisa. Assim, a todo homem é dada a capacidade de afetar o destino de Deus pela própria vida: cada homem vivente tem as suas raízes no mito vivente.

Existencialista, Buber talvez tenha destacado em demasia o momento temporal do "encontro". Tal é a opinião de alguns dos seus críticos. O hassidismo sem dúvida acentua a responsabilidade (isto é, a necessidade de responder a Deus) em cada ato, por mais profano que seja, mesmo nos atos de comer e beber ou nas relações sexuais: "Aqui, onde agora estamos, a secreta vida divina deverá ser levada a manifestar-se no seu esplendor", através da nossa ação que desata a centelha. Buber salienta com razão o Aqui e Agora; mas no hassidismo se exprime ao mesmo tempo a visão mística da destruição do momento temporal, em face do eterno, em vez da sua realização na plenitude concreta. O Aqui e Agora, ressaltado por Buber, é transcendido pelo platonismo hassídico e se desfaz quando o divino se manifesta através do momento temporal.

Tais divergências de interpretação talvez devessem ter sido apontadas pelos editores, que, de resto, realizaram um trabalho extraordinário, no que se refere à cuidadosa tradução do texto alemão, ao glossário e aos comentários. Ao que tudo indica, os responsáveis pela bela edição preferiram apresentar a obra sem arranhar-lhe a unidade monumental e a integridade clássica através de crítica menores. Com efeito, o "hassidismo de Buber" acabou por tornar-se, por sua vez, um mito e como tal foi respeitado pelos editores.

7. NICOLAI HARTMANN E A FENOMENOLOGIA*

O centenário de nascimento de Edmund Husserl – que foi comemorado em 1959 – proporciona aos estudiosos da filosofia o ensejo de pôr em destaque a extraordinária influência que a fenomenologia vem exercendo há meio século em vários campos do pensamento, ainda que nem sempre exatamente conforme os moldes originais delineados pelo seu criador. É preciso pensar somente em filósofos como Scheler, Heidegger, Sartre, Marcel para se ter uma idéia da influência exercida pela fenomenologia e seus derivados sobre o pensamento ético, antropológico, religioso e existencialista; em Roman Ingarden e muitos outros cientistas da literatura ou esteticistas para se certificar da fertilidade da sua aplicação a

* Artigo publicado na *Revista Brasileira de Filosofia*, vol. x, jul/ago/set de 1960.

terrenos como os da poética; mais uma vez em Sartre e ainda em Camus para se verificar seu efeito mesmo sobre as belas-letras e o ensaio literário – efeito, aliás, que, embora de forma mais difusa, já se fazia notar bem antes em vários campos da arte e literatura modernas.

Num ensaio publicado em 1922[1], Max Scheler descreve seu primeiro encontro com Husserl, que se verificou em 1901 e que, como anota, iria fazer época em seu desenvolvimento filosófico. Para Scheler, a fenomenologia é, antes de tudo, uma "técnica da consciência intuitiva", uma arte e uma atitude específica da consciência que se exprime na redução, isto é, no método de o pensador, na focalização de objetos físicos-psíquicos, matemáticos, vitais etc., deixar de tomar em consideração a existência *hic et nunc* dos objetivos para visar ao seu puro *quidditas*, enquanto analogamente é examinada a essência dos atos correspondentes.

Nesse sentido, como técnica de focalizar a essência do "dado" em todas a suas minúcias, de uma forma singela, despreconceituada e pura, e de analisar ao mesmo tempo a essência dos atos intencionais que visam ao que respectivamente é dado, a fenomenologia torna-se igualmente método básico, embora apenas parcial, na filosofia de Nicolai Hartmann.

Nicolai Hartmann ensaiou seus primeiros passos de filósofo como neokantiano de orientação marburguense, leal adepto que foi de Hermann Cohen e Paul Natorp. Dessa fase é característica a sua primeira grande obra, *A Lógica do Ser de Platão* (1909), em que, exatamente segundo as teses da escola de Marburg, a idéia platônica perde seu caráter metafísico-ontológico e se transforma em mera *hipotesis*, isto é, em fundamentação e instituição lógicas realizadas pelo próprio pensamento criativo. Na especulação do jovem Hartmann, exatamente como na de Cohen, tudo que é dado se dilui e perde seu

---

1. "Die Deutsche Philosophie der Gegenwart", em *Deutsches Leben der Gegenwart*, Berlim, 1922.

caráter de "coisa em si", passando a ser mera proposição não resolvida, isto é, problema proposto ao pensamento científico; pensamento que, por sua vez, passa a ser tarefa infinita, face à qual o objeto concreto e o ente individual desaparecem ou se transformam em mera idéia no processo infinito do conhecer. À apreensão sensível do dado não é atribuído nenhum significado autônomo ao lado do conhecimento intelectual e, como na matemática, a filosofia deve não só construir, mas até produzir os seus objetos. "Somente o pensamento", define Cohen a sua posição, "é capaz de produzir o que pode ser considerado como Ser".

Duas razões, no fundo uma só, levaram Hartmann a distanciar-se, pouco a pouco, do neokantismo. Primeiro, a supremacia, no pensamento neokantiano, da idéia do sistema e do método construtivista, e, segundo, ligado a isso, o escamoteamento do imediatamente dado, do fenômeno, da coisa, do Ser, que não se sujeitam ao sistema puro. São, sem dúvida, essas duas, ou esta única razão, que marcam a plena concordância inicial de Hartmann com as pesquisas de Brentano, Meinong e, principalmente, com o programa fenomenológico original de Husserl; concordância que iria sofrer forte abalo quando Husserl tomava paulatinamente o rumo de uma espécie de idealismo transcendental – tendência que para Hartmann (como todas as formas de idealismo) significa uma limitação e violentação do dado e da apreensão pura do Ser como tal.

São essas duas razões que explicam a afinidade entre Hartmann e Husserl naquilo que se poderia chamar o anti-sistematismo de ambos os pensadores. Os fenômenos como tais, em toda a sua multiplicidade e plenitude, adquirem no seu pensamento tamanha preponderância que, face a esta riqueza, se lhes afigura como falta de retidão e lealdade a imposição do sistema, o qual, além de tudo, desde logo revela uma tomada de posição anterior à humilde interrogação dos fenômenos. Foi esta reconstituição do mundo na sua plenitude que tanto fascinava Albert Camus na filosofia de Husserl. Este, pela sua atitude originalmente anti-sistemática, lhe parecia ser, pelo menos de início, o representante máximo de um mundo absurdo.

> A pétala da rosa, o marco quilométrico ou a mão humana [escreve no seu *Mito de Sísifo*] tornam-se tão significativos como o amor, o desejo ou as leis da gravitação. Pensar já não significa sintetizar, tornar os fenômenos familiares pela sua sujeição a um grande princípio. Pensar é aprender de novo a ver, ser atento [...] fazer (como Proust) de cada pensamento, de cada imagem algo de peculiar. Husserl, de forma mais unívoca que Kierkegaard e Chestov, nega originalmente o método clássico da razão; ele logra a esperança e abre à intuição e ao coração uma multiplicidade crescente de fenômenos, cuja riqueza acaba por ter algo de desumano. Estes caminhos levam a qualquer saber ou a saber nenhum [...] Trata-se de uma "atitude de conhecimento", não de um consolo [...]

– pois o consolo só poderia advir de um grande princípio universal capaz de constituir um universo explicado.

Esse consolo tampouco pôde ser fornecido por Nicolai Hartmann. Apesar da sua tremenda conseqüência sistemática e sua imensa capacidade de integrar fenômenos em vastos contextos coerentes, este filósofo, que, como bom neokantiano, de início devotava um respeito quase religioso ao sistema, acaba assimilando a tal ponto a "atitude de conhecimento" da fenomenologia que iria nutrir até o fim uma profunda desconfiança em face do sistema fechado que somente pode ser obtido com o sacrifício dos fenômenos. Defendendo-se contra seus críticos, Hartmann declara:

> Nunca neguei que o mundo em que vivemos seja um sistema e tampouco neguei que o conhecimento filosófico deste mundo deva tender ao conhecimento deste sistema. Apenas não admito que tal conhecimento deva partir de um plano sistemático projetado de antemão, para que depois se force a entrada dos fenômenos dentro do

sistema, na medida em que isso é possível, deixando-os fora do sistema, na medida em que isso não é possível [...][2]

E de acordo com essa atitude, declarou-se solidário, pelo menos na sua posição inicial, com o trabalho factual do método fenomenológico, ainda que não concordasse com a doutrina que Husserl acabou por elaborar[3]. Desta forma pode-se dizer, sem receio de errar, que as peças essenciais da filosofia de Hartmann se baseiam em análises fenomenológicas. São estas, em todos os casos, as premissas das elaborações posteriores. No entanto, em nenhuma parte se detém na descrição puramente fenomenológica. Esta representa apenas o primeiro passo. Segue depois a discussão das aporias que se anunciam no dado como tal. Esta discussão das aporias é seguida, por sua vez, da tentativa de superá-las através da formulação de uma teoria, geralmente cercada de reservas cautelosas. Assim, Hartmann usa a fenomenologia metodicamente como o ponto de partida, da mesma forma como usa o método aporético de Aristóteles e mantém, na fase da elaboração teórica, a atitude crítica de Kant. Nenhuma ontologia moderna, por mais que procure ultrapassar a *intentio obliqua* da reflexão epistemológica, pode negligenciar a crítica de Kant, voltando simplesmente a Aristóteles. Da mesma forma, nenhuma ontologia pode deter-se, segundo Hartmann, nas meras análises fenomenológicas, já que o objeto intencional da fenomenologia teria um caráter ontologicamente neutro. A filosofia de Hartmann realiza-se, pois, em constante relação, mas também em constante atrito, com Aristóteles, Kant ou os neokantianos e com Husserl, e são inúmeros os textos em que, apoiando-se na fenomenologia, faz ao mesmo tempo a crítica dela, à semelhança do seu procedimento

2. *Der Aufbau der Realen Welt*, Meisenheim, 1949, p. IX.
3. *Grundzuege einer Metaphysik der Erkenntnis*, Berlim, 1949, p. V.

no tocante a Aristóteles, Kant e, aliás, também a Hegel, nas partes em que aborda o problema do Ser espiritual.

Não há dúvida de que essas críticas podem ser entendidas algumas vezes só em relação a determinado contexto histórico; outras vezes atingem apenas certos expoentes menos autênticos da fenomenologia; e por vezes baseiam-se, ao que parece, em concepções não inteiramente exatas do pensamento husserliano, mal-entendidos, aliás, facilitados pelas várias fases do desenvolvimento filosófico do criador da fenomenologia. Assim, por exemplo, após destacar o mérito da fenomenologia de ter tornado acessível o dado em maior abundância e plenitude – em oposição àqueles que somente admitiram, como ponto de partida, os resultados de determinadas ciências –, ataca certos fenomenólogos que chegaram ao extremo contrário: eliminaram "por completo o conhecimento científico, admitindo somente a consciência ingênua. A crítica à ciência, por parte dos fenomenólogos, resultou logo numa espécie de inimizade à ciência e acabou sendo ignorância científica". Em seguida se refere ao que considera duas falhas fundamentais da fenomenologia:

Primeiro, o método se limitou, sem razão, a fenômenos da consciência e atos; com isso deixou de abordar o lado ontologicamente relevante que se acentua precisamente na consciência mundanal não refletida da esfera fenomênica, isto é, o lado dos objetos. Todas as tentativas de avançar com este método até o problema do Ser fracassaram desta forma logo de início. Em segundo lugar, a fenomenologia falhou em reconhecer o seu papel natural como método preparatório, impondo-se como a quinta-essência de todo o procedimento filosófico. Achava ela que poderia também solucionar problemas, considerando as essências desde logo como os princípios das coisas. Na verdade, porém, a descrição nem sequer pode propor problemas. Fenomenologia não é aporética[4].

Essa crítica não parece de todo justificada, na medida em que Husserl estabelecera nas suas *Investigações*

---

4. *Der Aufbau der Realen Welt*, pp. 589-590 e nota p. 590.

Lógicas o programa da elaboração de ontologias regionais e da investigação das suas estruturas categoriais; na medida ainda em que a "Volta às Coisas" foi precisamente uma das principais intenções de Husserl, na sua superação tanto do psicologismo como da atitude epistemológica, isto é, oblíqua ou reflexiva, do neokantismo.

É, com efeito, precisamente através da fenomenologia do ato do conhecimento que Hartmann chega a invadir, por assim dizer, o terreno ontológico. Tanto Meinong como Husserl e Hartmann retomam neste ponto uma velha discussão, velha já quando Platão a abordou no seu diálogo *Parmênides*. Aí, Sócrates pergunta a Parmênides se os conceitos não seriam por acaso meros pensamentos aos quais não caberia outro lugar que aquele que ocupam nas almas. Como?, pergunta então Parmênides – tais pensamentos seriam então pensamentos de nada? – Impossível, responde Sócrates. – De algo, portanto?, pergunta Parmênides. – Sim, é a resposta. – De algo que é ou que não é? – De algo que é, responde Sócrates.

Sobre este "algo que é" iriam verificar-se vivas discussões entre os fenomenólogos e Nicolai Hartmann, e este dedicou na segunda e nas seguintes edições da sua *Metafísica do Conhecimento* um capítulo especial a este debate, procurando refutar as objeções levantadas do lado fenomenológico contra esta obra importante. Para Hartmann, como ontologista, tratava-se evidentemente de mostrar que o "algo que é" não é necessariamente um objeto puramente intencional, sendo ao contrário, pelo menos no autêntico ato de conhecimento, um objeto em si, e isto não só gnoseologicamente e sim também ontologicamente. Isso quer dizer que o objeto não se esgota na relação gnoseológica, tendo um lado transobjetual e mesmo transinteligível. Precisamente à base da sua famosa análise fenomenológica do ato cognoscitivo – a qual aliás foi alvo das críticas dos fenomenólogos – tenta mostrar que o fenômeno gnoseológico transcende o seu próprio terreno e conduz diretamente ao terreno ontológico. É a própria intencionalidade do ato de conhecer que ultrapassa o objeto intencional, visando, como visa, ao objeto em si, além e por cima do objeto intencional. Pode-se dizer paradoxalmente que a intenção do ato de conhecimento vai além dele mesmo, transcendendo-o. Um ato de consciência que não vise a apreender um ser em si pode ser ato de pensar, de representar, de imaginar, talvez mesmo de julgar – mas não é ato de conhecer. Também aqueles atos enumerados visam a objetos, mas apenas a objetos intencionais, não a objetos em si. No ato cognoscitivo, ao contrário dos atos de mero representar, pensar e imaginar, é precisamente essencial que o objeto do conhecimento não se esgote no ser-objeto para uma consciência. Aquilo a que o ato cognoscitivo se refere, procurando apreendê-lo e penetrá-lo cada vez mais, é um ser transobjetual. Este ser é o que é, não importando qual é a parcela dele que é tornada em objeto. E isso ressalta precisamente na consciência da inadequação do nosso conhecimento, no saber do não-saber, na consciência do erro ou do problema, na consciência do progresso do conhecimento – fenômenos que indicam que o ponto gravitacional da relação gnoseológica reside, muito mais que no próprio objeto, no transobjetual, naquilo que por ora não é, mas que talvez ainda se torne objeto e que somente pouco a pouco é deslindado, embora nunca inteiramente. Todos estes fenômenos, declara Hartmann, demonstram bem que o ser em si não existe apenas por "graça do ato", como mero objeto intencional – o que Husserl, aliás, nunca parece ter afirmado.

Não é preciso acrescentar que a análise do ato de conhecer resulta na mais viva refutação do neokantismo e não há dúvida de que é precisamente a partir da fenomenologia que Hartmann chegou à superação da sua fase neokantiana. O próprio fenômeno evidencia que o ato cognoscitivo, apesar do seu caráter de síntese espontânea, não é um produzir do seu objeto e sim um apreender parcial de um ser independente do ato, anterior ao ato e em si existente a que se refere, numa relação ôntica, um sujeito igualmente existente. Ademais, aquilo que Hartmann chama as regiões irracionais do Ser, regiões inacessíveis ao conhecimento, demonstra que este não produz os seus objetos, pois neste caso não poderiam ser irracionais – mas que apenas procura apreendê-los.

É, pois, a partir da fenomenologia do conhecimento e da autotranscendência do ato cognoscitivo que Hartmann chega à ontologia, isto é, a seres ontologicamente em si. É verdade, o modo de ser *real* desses seres é, de uma forma geral, estabelecido não tanto pelo ato de conhecer como pelos atos emocio-transcendentes, quer receptivos, como quando nos acontece algo ou quando, em vez de apreendermos objetos, ficamos ao contrário apreendidos; quer antecipadores ou prospectivos, quer ainda espontâneos, como os do querer, atuar, aspirar. À fenomenologia desses atos emocio-transcendentes, nos quais o Em Si do Ser real se manifesta com grande poder, Hartmann dedicou particular atenção na sua obra ontológica.

O modo de ser *ideal* de objetos em si, ao contrário dos objetos reais, é dado, em geral, somente ao conhecimento (apriorístico). O Ser ideal, por exemplo dos objetos matemáticos, é largamente discutido por Hartmann e neste ponto segue Husserl em ampla medida. Com particular insistência procura demonstrar o caráter "em si" desses objetos, os quais, portanto, não seriam meramente intencionais. Sem este caráter "em si" não se poderia falar da matemática como de um sistema de conhecimentos. No juízo matemático, por exemplo, "pi é 3,14159", a cópula "é" tem um sentido nitidamente ontológico. Não se refere apenas ao conceito pi –, o sujeito do juízo – mas ao objeto que transcende o juízo. Este não diz somente que o conceito pi é deste ou daquele modo, mas diz, antes de tudo, que o objeto visado pelo juízo "é". O juízo pode ser também errado e não apreender o objeto. Este independe do juízo. Quando se fala da soma dos ângulos do polígono, sem dúvida não há referência ao polígono real, desenhado no quadro negro, mas tampouco ao pensamento ou ao conceito de polígono. A referência vai ao próprio polígono como tal e isso *in genere*. Um conceito não tem uma soma de ângulos e nem sequer ângulos. Um conceito não é uma estrutura espacial. A proposição acerca da soma dos ângulos, portanto, afirma aquilo que afirma não do "conceito" do polígono e sim do próprio polígono como tal. O conceito é apenas o representante do polígono na esfera dos pensamentos. A proposição é feita por intermédio do conceito, mas não se refere a ele e sim ao objeto, ao polígono. E este é "em si", não apenas pensado. Pode-se pensar dele o que se quiser, o polígono permanece sempre o mesmo. É precisamente por causa disso que se pode falar da verdade de um juízo matemático, o que significa o acerto ou a conformidade do juízo em relação a algo que independe dele. Se não houvesse o Ser da coisa além do conceito ou o Ser da relação objetual além do juízo, não existiria nada com referência a que o conceito ou o juízo pudessem ser considerados acertados, nem haveria diferença entre verdade e inverdade. Restaria, eventualmente, a correção, isto é, a coerência interna dos juízos matemáticos. Estes, porém, pretendem plena verdade ou seja a adequação do juízo ao objeto.

No entanto, o "Em Si" gnoseológico dos objetos matemáticos não comprova desde logo também o "Em Si" ontológico. Neste ponto Nicolai Hartmann, embora reconhecendo plenamente que a fenomenologia deu à doutrina do Ser ideal um novo impulso, pela investigação da esfera das essências, dirige ao mesmo tempo uma crítica à noção vaga, ontologicamente neutra, do objeto intencional e esforça-se por demonstrar, em longa análise, o caráter de "em si" ontológico do Ser ideal que abrangeria, além dos objetos matemáticos, ainda os valores, as estruturas lógicas e, particularmente, as essências. Nesta última parte, Hartmann exalta o pioneirismo de Husserl e apresenta um resumo do procedimento husserliano, declarando-se inteiramente solidário com ele, ainda que faça restrições à idéia de uma *mathesis universalis*[5].

Resumindo, pode-se dizer que as peças mais importantes da filosofia hartmanniana assentam as suas bases na análise dos fenômenos respectivos. Isso se refere à sua teoria do conhecimento, à sua gigantesca obra ontológica com as várias ramificações do Ser ideal e real, incluindo aí as respectivas análises categoriais, já exigidas por Husserl, com a estrutura superposta do Ser real que se desdobra em várias camadas, cada qual fundamentada nas inferiores, mas mantendo certa autonomia; refere-se ainda à sua teoria dos valores e em especial à ética em que foi um dos primeiros a iniciar a análise fenomenológica de algumas das virtudes fundamentais; refere-se à sua importante obra sobre *O Pensamento Teleológico*, em que analisa minuciosamente o nexo final; e refere-se, por fim e em especial, à sua última obra, a *Estética*, toda ela baseada em descrições fenomenológicas, menos do gosto ou dos atos da apreciação que do objeto estético. Na introdução a esta obra, cuja redação não chegou a completar, acentua que no campo da estética os impulsos mais importantes no nosso século partiram da fenomenologia. Nesta esfera, acentua, "nada pode ser de proveito senão a tendência de abeirar-se dos fenômenos de tão perto quanto possível, para aprender a vê-los na sua multiplicidade e para só depois retornar de novo às questões gerais"[6]. Acha, no entanto, censurável que os fenomenólogos tenha abordados quase exclusivamente o lado dos atos, ao invés de avançarem ao mesmo tempo pelo lado dos objetos. Se tivessem agido assim, prossegue, a fenomenologia sem dúvida teria obtido êxitos completos nes-

---

5. *Zur Grundlegung der Ontologie*, Meisenheim, 1948, p. 287 e ss.
6. *Aesthetik*, Berlim, 1953, p. 30.

te domínio. "Mas o campo de trabalho que (nos primeiros decênios do século) se lhe abriu simultaneamente em muitas esferas era demasiado extenso e o número dos cérebros exercitados por Husserl demasiado pequeno para que pudesse ter sido feito tudo de uma só vez"[7]. Além disso, devido a certos preconceitos imanentistas ainda prevalescentes, os fenomenólogos nutriam a idéia de que o imediatamente dado seria o ato e não o objeto, quando na atitude natural da *intentio recta* são precisamente estes que se apresentam e não aqueles. O que se impunha e o que não se fez, prossegue, era a necessidade de

irromper em direção do imediatamente dado, isto é, dos objetos. Por isso não se avançou no terreno teórico até ao Ser dos entes, no ético até à própria análise dos valores e no estético até a essência do belo. E deste modo não se cumpriu a exigência husserliana da volta às coisas[8].

Essa irrupção para o objeto, em todos os três campos mencionados, se verificou precisamente na obra de Nicolai Hartmann. A este avanço em direção das coisas dedicou toda a sua vida de filósofo, depois de ter ultrapassado a fase neokantiana. De certa forma, Nicolai Hartmann se considera, portanto, apesar de todas as críticas dirigidas contra a fenomenologia, como o executor leal da aspiração básica de Husserl: a de retornar às coisas. E a obra de Hartmann certamente é um dos maiores testemunhos da fecundidade da técnica fenomenológica.

7. *Idem, ibidem.*
8. *Idem*, p. 31.

8. RESSURREIÇÃO DE HEIDEGGER

Depois de prolongada obumbração, devido à sua atitude francamente pró-nazista, Heidegger volta a apaixonar os espíritos como há trinta anos. Mais do que antes, a sua ontologia hoje se beneficia da auréola de uma comunicação direta entre o próprio Ser e o filósofo, arauto do "acontecer da verdade". Concomitantemente ressurgem, como há trinta anos, os críticos. Um dos últimos é Georg Mende, professor de filosofia na Universidade de Jena (parte soviética da Alemanha), que reuniu num volume[1] cinco estudos sobre o existencialismo alemão. Deixando de lado as poucas páginas dedicadas a Jaspers, o livro se reduz a um ataque maciço a Martin Heidegger.

A crítica desenvolve-se em dois movimentos. O pri-

1. *Studien über die Existenzphilosophie*, Berlim, 1956.

meiro se destina a desmascarar o pensamento existencialista como "ideologia burguesa": "Polemizamos contra Heidegger a fim de revelar nele, num dos exemplos mais crassos da atualidade, o método do filosofar burguês" e a fim de mostrar que "a demanda social satisfeita pelo existencialismo é a formação de uma elite imperialista e fascista". Conceitos como os da existência "autêntica" e "inautêntica" evidenciar-se-iam como armas de uma classe, enquanto a importância atribuída à angústia, morte etc., seria manifestação do pequeno-burguês ameaçado na sua existência pela crise do capitalismo. Todo o pensamento de Heidegger, enfim, seria uma expressão mascarada do desespero agresssivo de uma classe decadente.

No entanto, o autor parece admitir de certo modo que a revelação dos motivos e origens de um pensamento não basta em si para invalidá-lo. Por isso procura demonstrar, no segundo movimento, mais de perto filosófico, a inconsistência do próprio ponto de partida de Heidegger, ao tentar basear uma ontologia sobre o "estar-aí" (*Dasein*) do homem (com efeito, Heidegger pretende ser ontologista e não existencialista). Além disso, julga equívoco o problema básico de *Ser e Tempo*, a busca do "sentido de Ser"; dirige-se contra a diferenciação exagerada entre o Ser e os Entes (*esse* e *ens*) e considera falazes as noções heideggerianas de "mundo", "tempo", "historicidade" etc.

Não se pode negar que em ambas as linhas de argumentação assistam, por vezes, razões à crítica do autor. Na primeira, entretanto, mais do que os argumentos, convence a atitude política de Heidegger. É característico que o autor, embora considere Sartre um epígono de Heidegger, raramente alude a ele, hesitando em tomá-lo como alvo de sua polêmica. Chega mesmo a afirmar que, "enquanto o existencialismo alemão se conserva fascista", o existencialismo francês "já mostra a dissolução de todo o movimento e a necessidade de uma nova orientação" – opinião que suscita certa dúvida sobre se tal juízo resulta de uma apreciação intrínseca das respectivas concepções ou das atitudes políticas dos filósofos em questão.

De resto, pouca novidade há no "desmascaramento" do existencialismo. É um lugar-comum que esta corrente é, em vários dos seus aspectos, expressão de uma crise e que ela permite interpretações extremistas. Já há dez anos, um aluno direto de Heidegger, Karl Loewith, atualmente professor de filosofia na Universidade de Heidelberg, demonstrou "Les implications politiques de la philosophie d'existence chez Heidegger"[2], sem naturalmente considerar implicada toda a filosofia burguesa.

Menor ainda é a novidade da argumentação filosófica. Aí, Georg Mende repete apenas a crítica burguesa que, no caso de um dos maiores expoentes da moderna ontologia, Nicolai Hartmann, é ainda muito mais demolidora. O mesmo vale da polêmica contra o misticismo filológico do atual filósofo da "ek-sistência" e "in-sistência", que, no esforço de transformar a língua em "Casa do Ser", recorre com freqüência a uma etimologia tão grotesca quanto falsa. Ainda agora, o conhecido germanista Walter Muschg[3], além de abordar estes aspectos, mostra o tremendo mal feito à interpretação honesta de textos pelas arbitrariedades de Heidegger e chega a chamar a sua "versão" de Hölderlin de "grosseira falsificação". Não procede, no entanto, a acusação de um círculo "ingênuo", já que o próprio intérprete, convencido da estrutura circular do pensamento existencial, reconhece, ao omitir simplesmente uma estrofe inteira de um poema de Höelderlin, que "[...] o texto aqui apresentado [...] baseia-se na seguinte tentativa de interpretação". Isto é, a interpretação precede, por assim dizer, o texto.

2. Em *Les Temps Modernes*, nov. 1946 e ago. 1948.
3. *Die Zerstörung der deutschsn Literatur*, Berna, 1956.

Tais críticas burguesas naturalmente serão consideradas, do lado marxista, como sinal das contradições íntimas da burguesia. Entretanto, Georg Mende por sua vez critica a crítica – aliás sutil e profunda – que o marxista Georg Lukács[4] fez de Heidegger, tachando-a de "conciliatória", "pouco crítica" e "equivocada" ("conduzindo ao erro").

O que sobresssai é a dificuldade que Mende encontra para demonstrar o que é o objetivo principal do livro: a relação necessária entre "o método do filosofar burguês" e a falácia dos seus conceitos. É evidente que a seleção de certos problemas, o estilo do pensamento e a visão de Heidegger são, em certa medida, condicionados pelo seu lugar peculiar em determinada sociedade. Mende, porém, não consegue evidenciar que isso implica a incoerência interna do seu pensamento e invalida, necessariamente, todos os resultados da sua indagação e, antes de tudo, o valor local, na história da filosofia, dos problemas levantados por Heidegger. De outro lado, seria necessário mostrar que os equívocos do existencialismo decorrem todos do condicionamento social e de nenhum dos outros mecanismos de engano. Com uma palavra, mesmo se admitindo que Heidegger seja realmente um típico representante do pensamento burguês, o autor não consegue demonstrar, nem através deste exemplo extremamente suscetível, que toda a estrutura cognoscitiva do pensamento burguês e seu sistema categorial básico é mera "ideologia". De resto, é evidente a mitização do termo "burguês", a qual decorre do realismo escolástico com que alguns marxistas usam os universais.

Além disso, toda a sua argumentação se baseia no erro, provocado pelo próprio criticado, de encará-lo *en bloc*, como se se tratasse de uma filosfia de uma só peça, quando na realidade há, de livro em livro, constantes reinterpretações, particularmente da sua obra principal

---

4. Heidegger, *Denker in dürftiger Zeit*, Frankfurt, 1953.

Ser e Tempo, ao ponto de o pensador ter chegado quase a uma completa inversão das suas concepções básicas, fato encoberto pelo uso dos mesmos termos em acepção diversa. O processo sutil dessa reinterpretação foi minuciosamente estudado pelo já mencionado Karl Loewith[5], o qual ainda mostra que há, até nas mesma obras, de edição em edição, pequenas diferenças de redação que por vezes modificam o sentido de um pensamento fundamental.

A especulação de Heidegger é audaz e apresenta-se com a pretensão de que é com ela que se inicia o verdadeiro pensamento. Pretensão às vezes veladas pela sua mania de lançar as concepções pessoais como sendo as do vate diretamente inspirados pelo Ser. No entanto, o naufrágio da sua filosofia – naufrágio enaltecido por Heidegger como dádiva do Ser – não deve ser considerado como desvalorização da sua obra. Mesmo nos seus erros, Heidegger se revela um filósofo poderoso e original. Por mais antipáticos que sejam certos aspectos do seu estilo de pensar, o ar de mago, profeta e mistagogo e a reunião nem sempre pura de filosofia e certo tipo de inspiração teosófica, ainda assim há na sua obra páginas de uma força e lucidez tal que pouco se encontrará na literatura filosófica atual que possa comparar-se a elas.

Essa união de duas atitudes diversas facilita o equívoco de se criticar racionalmente o que, em largos trechos, é inacessível à crítica filosófica. Não é por acaso que Heidegger chama a razão (*ratio*) a "antagonista mais tenaz" do pensar, isto é, do "pensar essencial" monopolizado por ele. É muito difícil argumentar contra este pensar "supra-racional", visto Heidegger nem sequer admitir a concepção ocidental de verdade (como adequação entre intelecto e Ser). O "lugar" essencial da verdade não seria o juízo, tal teoria surgida com os gregos é sintoma de um único processo de decadência de

---

5. *Op. cit.*

todo o pensamento ocidental, incluindo-se toda a filosofia e todas as ciências. Ao contrário, o "Ser da Verdade" seria a "Verdade do Ser", isto é, a verdade teria seu lugar, antes de tudo, no próprio Ser, concepção evidentemente mística. Indo ainda mais longe, Heidegger lança tudo na voragem de uma historização radical:

[...] não se pode dizer que a doutrina de Galileu da queda livre dos corpos é verdadeira e errada a de Aristóteles, segundo a qual os corpos leves tendem a subir; pois a concepção grega da essência do corpo e do lugar e da relação entre ambos repousa numa outra interpretação do Ser e condiciona por isso um modo correspondentemente diverso de ver e interrogar os processos naturais. Ninguém teria a idéia de afirmar que a arte de Shakespeare representa um progresso em face da de Ésquilo. Mais impossível ainda é dizer-se que a apreensão moderna do Ser é mais correta do que a grega[6].

Apoiada nas primeira, a segunda tese – que nega o progresso das ciências, embora por uma comparação capciosa com as artes – se esquiva de uma refutação racional, pois todo argumento estaria incluído naquela relativização baseada num historicismo integral, aliás em parte inspirado por Marx, de cujo pensamento Heidegger se confessa profundo admirador. O resultado é o conhecido círculo: é fácil mostra que a tese antiprogressista de Heidegger é ideológica, mas a teoria da ideologia de Marx é, por sua vez, mera ideologia resultante da "apreensão moderna do Ser".

Especulações vadias! Entretanto, o que ressalta é a ingenuidade de etiquetar de "burguês" um pensamento cujo radicalismo o coloca fora do sistema categorial básico reconhecido igualmente pelos pensadores marxistas e burgueses. Nesta simplificação reside a falha fundamental da crítica de Georg Mende.

---

6. *Holzwege*, Frankfurt, 1950.

9. SCHELER E GANDHI*

Numa das suas últimas obras, esboçou Max Scheler, o grande filósofo alemão, uma antropologia metafísica de singular importância (*A Posição do Homem no Cosmo*, Darmstadt, 1928). Em oposição ao pensamento da Antiguidade, do cristianismo e de quase todas as filosofias idealistas, que atribuem ao espírito, por ser a entidade mais alta, o máximo poder, afirma Scheler a total impotência do espírito. Em oposição a todas as filosofias materialistas ou biologistas, a todas as tentativas de derivar o espírito de entidades inferiores, dissolvendo-o em biologia, psicologia ou sociologia, afirma Scheler a unicidade e autonomia do espírito, a sua superioridade essencial e incomensurável. Todavia, essa superioridade é só

* Artigo publicado no jornal *Correio Paulistano* em 16 de julho de 1948.

de ordem essencial, não importanto em nenhum privilégio existencial e em nenhum poder específico. Ao contrário: "Poderoso é originalmente o inferior, impotente o supremo". Toda a energia vem dos graus mais baixos da escala ôntica. "O grau mais baixo do psíquico, que objetivamente (exteriormente) se apresenta como vida orgânica, subjetivamente (interiormente) como 'alma' " – ao mesmo tempo o vapor que até as alturas mais luminosas da atividade espiritual tudo move, fornecendo mesmo aos atos intelectuais mais rigorosos e aos atos mais delicados de suavíssima bondade a energia criadora, é formado pelo impulso emocional inconsciente, inteiramente despido de sensibilidade e de representações (*Vorstellungen*).

Até este ponto, a concepção de Scheler não se afasta muito das teorias de Schopenhauer e Freud. A divergência marcante e irreconciliável surge com a tese de que o espírito não pode ser explicado como uma simples "sublimação" daquele "vapor", daquela força emocional inconsciente. De acordo com Freud, aquela sublimação é conseqüência da repressão dos impulsos sexuais, ou, para usar a terminoloiga mais ampla de Scheler, da força emocional inconsciente. Todavia, pergunta Scheler, que é aquilo que reprime, qual é a instância humana que se encarrega dessa repressão? E responde: o espírito. Freud e, em parte, Schopenhauer pressupõem aquilo que pretendem explicar. (Não discutimos aqui a validade da interpretação scheleriana de Freud e Schopenhauer.)

Depois de uma análise do instinto, da memória associativa e da inteligência prática ligada à capacidade da escolha e da ação seletiva – formas psíquicas estreitamente vinculadas à vida orgânica e a serviço desta, incapazes, portanto, de reprimir os impulsos de que são apenas instrumentos – Scheler pergunta: "Há algo além dessa formas psíquicas, algo que diferencie o homem do animal?" A resposta é positiva. A essência do homem supera de longe a inteligência prática e a capacidade de escolha. Entre um chimpanzé inteligente e Edison, este tomando apenas como técnico, há só uma diferença de grau, embora acentuada. Ao definir-se aquela essência humana, não se trata, porém, de um novo elemento psíquico acrescentado à força emocional inconsciente, ao instinto, à memória associativa e a inteligência prática. Aquele "algo" não é da competência da psicologia. "O novo princípio, que faz do homem um ente humano, encontra-se além de tudo que nós possamos chamar vida (psiquismo visto de dentro, vida orgânica vista de fora) [...] O que transforma o homem em um ser específico é um princípio essencialmente contrário à vida – o espírito". O conceito do espírito contém, de acordo com Scheler, os seguintes elementos: razão, visão de fenômenos ou conteúdos essenciais (*Urphänomene* e *Wessensgehalte*, no sentido de Husserl), atos emocionais ou volitivos, como bondade, amor, arrependimento, respeito etc. Ao espírito liga-se a autoconsciência, a possibilidade de objetivar os próprios estados de consciência. A planta existe uma vez; o animal, através da consciência, espécie de central de comunicações, existe duas vezes; o homem existe uma terceira vez, pela autoconsciência. O espírito, o único ser com capacidade de objetivar tudo, é, ao mesmo tempo, o único ser que não se pode tornar, por sua vez, objeto, e isso, por ser "pura atualidade" em constante realização e livre execução (*Vollzug*) dos atos. O centro ou o "substrato" do espírito, a pessoa, não é, por conseguinte, um ser objetivável, nem é "coisificável", mas é apenas uma estrutura ordenada de atos, um constante realizar-se, uma ordenação de intenções.

É, portanto, o espírito a curiosa "entidade" que inicia a repressão dos impulsos, embora ele mesmo seja inteiramente despido de poder e força. O "truque" de que o espírito se serve para, sem possuir energia própria, levar a cabo essse empreendimento é sumamente engenhoso. Ele o faz negando aos impulsos de tendências antiideais da vida instintiva as representações indispensáveis para a ação impulsiva, colocando, em compensação as representações (imagens adequadas aos valores e idéias) como isca, diante dos impulsos animalescos emboscados; destarte, coordena os impulsos instintivos de tal modo que esses executam os projetos volitivos impostos pelo espírito.

Trata-se, pois, de uma manobra de direção, consistindo em um inibir e desinibir de impulsos. É um dirigir pela apresentação sugestiva de idéias e valores, espécie de isca sedutora. O espírito impotente não pode produzir ou aniquilar energia instintiva, apenas pode dirigi-la. É impossível uma luta direta, do espírito contra o impulso. Inclinações inferiores não podem ser vencidas pelo combate direto, mas, apenas indiretamente, pelo emprego e empenho da energia – impulso em prol de fins valiosos. (Teoria, aliás, já exposta por Spinoza em nexo diverso.)

Assim, de acordo com Scheler, é possível uma crescente espiritualização do poder ou da força e, reciprocamente um fortalecimento crescente do espírito, em conseqüência do "Não!" que o espírito opõe à vida, aproveitando as energias assim subtraídas à vida orgânica para os seus próprios fins. "É válida a frase de Marx de que as idéias sem o concurso de interesses e paixões costumam 'cometer uma rata' na história universal." Todavia, continua Scheler, a história demonstra uma crescente potencialização da razão (?), isso porém somente por meio da apropriação crescente dos valores e idéias pelas tendências coletivas de ordem instintiva e pelo encadeamento dos interesses com aqueles valores.

O fim dos processos temporais é "a interpenetração do espírito originalmente impotente e do impulso originalmente demoníaco – isto é, sem visão de valores e idéias, – interpretação produzida pela crescente idealização e espiritualização dos impulsos [...] e a simultânea potencialização, isto é, vitalização do espírito".

Scheler morreu cedo demais para dar a essa concepção uma estrutura mais sólida e elaborada. Na forma atual, essa filosofia contém vários pontos fracos, frestas onde a alavanca da crítica pode firmar-se com facilidade. Todavia, é impossível deixar de reconhecer a profunda verdade expressa no conceito da impotente originalidade do espírito diante do poder puramente irracional. Ao mesmo tempo, é difícil deixar de particpar, embora hesitante, da sublime esperança exprimida na idéia da vitalização do espírito e da espiritualização do poder.

Temos em Gandhi um alto exemplo para esse fenômeno. Esse homem frágil e feio parecia, por assim dizer, encarnar o ascético "Não!" do espírito diante da vida. Para isso não existe talvez procedimento mais expressivo do que os célebres jejuns do líder indiano, por meio dos quais a "ordenação de intenções", que é o espírito, opondo-se à vida, acumulou para os seus próprios fins poderes incomensuráveis. Sentimos, ao deparar-nos com a figura suave desse homem, que estamos diante de um vulto de magnitude extraordinária. O mistério que dele emana (empregamos conscientemnte o presente do verbo) é o próprio mistério daquela "atualidade pura", que inibe e desinibe os impulsos irracionais e os dirige para determinados valores. A sua concepção da não-violência, supremo símbolo do espírito originalmente débil, tornou-se um poder imenso. A admiração que sentimos em face desse fenômeno humano é a conseqüência daquela síntese raríssima entre espírito e poder. Não podemos fugir à tremenda sedução daquele pescador que usava iscas tão irresistíveis que centenas de milhões de homens o seguiram, não para se entregar a violências, o que é fácil, mas para reprimir a violência, o que é difícil. Na história humana, alguns procuraram realizar fins espirituais com meios terrenos, e fracassaram. Outros procuraram realizar fins espirituais com meios espirituais, e fracassaram. Esse sedutor realizou fins terrenos com meios espirituais e assim provou a grandeza do espírito. Mas o espírito é imensamente corruptível no contato com o poder terreno, pois não conta com nenhum concurso de forças próprias – apenas com intenções. Colocado entre o poder e o espírito, como raramente um ser humano, Gandhi nunca cedeu um centímetro sequer àquele. Por força da sua incrível tenacidade intencional vitalizou o espírito e espiritualizou o poder.

Gandhi continuará a ser um exemplo – o símbolo de uma grande esperança humana. Nada mais – e isso é muito. É preciso ver claro. Um homem mortal, mesmo tocado pela graça, não salvará o mundo. Nós outros não podemos ficar esperando a graça e o milagre.

Não podemos fiar-nos em surtos repentinos e passageiros de misticismo coletivo, cegamente cristalizados em torno de grandes personalidades, às vezes quase divinas, às vezes diabólicas. Temos de trabalhar no fundo escuro, numa lenta e incansável mineração do duro metal da realidade e na sua lenta e incansável purificação. A visão da montanha pode dar-nos novo alento, pode revigorar as nossas forças, intensificar a nossa esperança – nada mais.

10. JEAN-PAUL SARTRE: REFLEXÕES SOBRE A QUESTÃO JUDAICA*

Os Anti-semitas

O livro, com o título acima mencionado, em que J.-P. Sartre analisa com rara penetração o anti-semita, o "judeu envergonhado" e o "judeu brioso", foi escrito em 1944. É um dos mais profundos estudos do anti-semitismo e um dos mais tremendos libelos contra a mentalidade do anti-semita. Na ocasião em que Sartre escrevia essa obra, já era existencialista, mas com fortes pendores marxistas. Desde então, passou a combater o marxismo (ou os marxistas) e hoje parece tender para a direita,

* Artigo publicado no jornal *Crônica Israelita* em 31 de janeiro de 1949.

embora seja perfeitamente possível que, nessa sua deslocação política, pare em qualquer posição intermediária de tipo liberal.

Para estudarmos a questão judaica, afirma Sartre (o de 1944), devemos ocupar-nos em primeiro lugar com o anti-semita, não com o judeu, pois esse é só uma conseqüência daquele. Existe o problema dos anti-semitas, não dos judeus, como nos EUA exite o problema dos brancos, não dos negros. O anti-semitismo não é uma simples opinião, mas uma paixão que tende a tomar conta da pessoa que a alimenta. Essa paixão mórbida gera toda uma lógica peculiar, a lógica da idéia fixa. Geralmente o anti-semita não conhece os judeus por própria experiência. "Não é a experiência que cria o conceito de judeu, mas é o preconceito que falsifica a experiência." A idéia preconcebida do judeu, de maneira alguma derivada de fatos históricos ou reais, torna-se, todavia, um fator histórico de tal poder que os judeus finalmente tendem a comportar-se de acordo com a idéia que o anti-semita a respeito deles formou.

Não sendo o anti-semitismo inicialmente resultado de experiências reais, segue-se que ele é uma atitude escolhida pelo seu adepto, a qual passa a determinar todo o seu ser. Não é qualquer opinião que ele amanhã possa substituir por outra. Ao escolher o anti-semitismo, o verdadeiro adepto dessa atitude escolheu a si mesmo, seu caminho, sua cosmovisão: ele escolheu o caminho da paixão. Daqui em diante, tudo terá de enquadrar-se na "lógica" dessa paixão e dessa idéia fixa; tudo será determinado por essa paixão que não é a do amor, mas a do ódio. O anti-semita ama o ódio. E conseqüentemente desprezará a verdade, a lógica, a razão. Determinado pela paixão, amará todos os valores irracionais e odiará todos os valores racionais. Tudo o que é racional, é universal – é judaico. Tudo o que é irracional, é restrito aos magicamente iniciados, aos que participam dos valores irracionais por força da tradição, da raça, do sangue, do solo. O anti-semita não pretende ser inteligente, ele reconhece ser medíocre: mas é uma mediocridade toda peculiar que o judeu mais genial não pode adquirir. O anti-semitismo cria uma "elite dos medíocres" – a elite dos "legítimos" – legítimo francês, legítimo alemão: ele tem o instinto, o judeu tem apenas o intelecto. Todos os valores inefáveis e indefiníveis são monopolizados pelos "legítimos" que lhes conhecem o segredo. O judeu francês, mesmo sendo um Bergson, nunca entenderá Racine tão a fundo como o mais simples camponês de raça pura; e o judeu alemão, mesmo sendo um Gundolf, nunca poderá sentir a "alma" de Eichendorff tão bem como um loiro oficial da S.S. (Os exemplos são nossos.)

O anti-semita geralmente é pequeno-burguês, sem propriedade. Em compensação é legítimo proprietário de todos os valores legítimos, intransferíveis, inatos. O judeu é eventualmente rico, mas a sua riqueza pode ser adquirida por qualquer um. O pequeno-burguês, na medida em que se sente visceralmente medíocre, precisa com urgência de alguém a quem se possa sentir superior. E encontra o judeu que sempre é não-legítimo.

Mas há mais. O anti-semitismo é uma paixão que gera uma metafísica: a metafísica do maniqueísmo. Existem dois princípios metafísicos envolvidos numa luta mortal um com o outro: o princípio do bem e o princípio do mal. O princípio do mal encarna-se no judeu. O judeu é satanás ou Ahriman. Ele, o ariano, é Ormuzd. As próprias virtudes, quando qualidades de um judeu, tornam-se vícios. A coragem do judeu é selvageria, a sua inteligência esperteza, a sua bondade uma isca. Não é o mundo em si que é mau – tal opinião o anti-semita temeria porque no caso seria necessário agir para melhorá-lo. O mal básico do mundo é judeu. Elimine-se o judeu e todos os problemas se resolverão sozinhos. Não é preciso transformar o mundo ou tentar melhorá-lo. Liquidando os judeus, pode-se deixar tudo como está para ver como fica. Trata-se de uma guerra santa. O anti-semita é, portanto, conservador e sua metafísica funciona "como uma válvula de segurança para as classes abastadas que o encorajam, transformando assim o perigoso ódio contra um regime em ódio contra algumas pessoas".

No maniqueísmo dos anti-semitas esconde-se uma mórbida inclinação para o mal, uma curiosidade pelos judeus como representantes do mal. "A bela judia" tem para o anti-semita um significado peculiar de ordem sexual – ela atrai os instintos do sádico que dormem na alma de todo anti-semita. "A bela judia" é a moça "que os cossacos arrastam pela cabeleira através da aldeia incendiada".

Na essência é o anti-semita um criminoso com boa consciência – ele mata pela boa causa. Analisando bem, é ele o homem que tem medo de si mesmo, da sua própria mesquinhez, da sua solidão, do grande vácuo na sua alma. Sartre, porém, esquece que sadismo e masoquismo são fenômenos inseparáveis, dois lados do mesmo estado patológico: o sentimento esmagador de fraqueza e impotência freqüentemente intensificado por crises sociais. Masoquista, o anti-semita procura vencer a fraqueza entregando-se e submetendo-se a uma entidade mística – Partido, Raça, Estado – tida como todo-poderosa. Sádico, procura vencer a fraqueza pelo domínio de outros tidos como mais fracos. Assim, o judeu tem para ele uma função importante. Se ele não existisse, o anti-semita teria que inventá-lo. Horror dos horrores: sem o judeu, o anti-semita, incapaz de inventar uma nova metafísica para explicar os males do mundo, teria que inventar o chinês, o negro ou o homem de sotaque diferente.

Os Judeus

Quem defende os judeus contra o anti-semita é o democrata. Mas o verdadeiro democrata, fazendo uso do intelecto analítico contra a tremenda paixão do verdadeiro anti-semita, é um péssimo defensor. O judeu tem inimigos fanáticos e defensores mornos, pois a moderação é a profissão do democrata. O democrata, imbuído do espírito analítico da Ilustração, abstrai, ao examinar o francês, o judeu, o alemão, de todos os traços peculiares e nacionais, chegando à conclusão de que todos eles são no fundo homens, simplesmente. Daí segue que a sua defesa salva o judeu como homem, mas o destrói como judeu ao passo que o anti-semita o destrói como homem, deixando nada senão o pária, o judeu. Assim parece que ao judeu só resta a escolha de ficar cozinhado ou assado... Todavia, que é o judeu? Há duas espécies: o envergonhado e o altivo.

Existencialista, impregnado, portanto, de uma atitude antianalítica, intimamente ligada ao romantismo, profundamente influenciado pelas teorias da *Gestalt* de Kofka e Koehler, não acredita Sartre na realidade de um "homem" abstrato, de uma "natureza humana" idêntica em todos os homens. O homem forma com a sua "situação" biológica, econômica, política, cultural, uma totalidade, uma *Gestalt* sintética. Os homens diferenciam-se segundo a situação em que se encontram e segundo a maneira como reagem em face dessa situação. O judeu é uma síntese, uma totalidade concreta em que características morfológicas, religiosas, sociais e pessoais se entrelaçam intimamente, formando uma unidade total, sem que essa unidade seja hereditária. Não é a raça que o define, nem a religião que para o judeu moderno se diluiu, restando apenas uma relação de cortesia ritual com a fé dos ancestrais. Tampouco há uma comunidade histórica de judeus, pois uma diáspora que é uma longa passividade não é uma história. Na diáspora, os judeus foram objetos, não criadores de história. Não os unindo o passado, nem a fé, nem o território, nem a nacionalidade, nem os interesses econômicos, nem a cultura, resta apenas a "situação" que os liga. O judeu envergonhado é aquele que quer fugir dessa situação ou camuflá-la ou esquecê-la.

O judeu altivo é aquele que a reconhece como tal e a suporta conscientemente com espírito combativo.

Todos os judeus encontram-se na mesma situação, vivendo numa sociedade que os considera judeus. Mantendo-os, desde o início, desde a lenda do assassínio de Jesus pelos judeus sobre tremenda pressão, formaram os anti-semitas a situação do judeu e com isso o seu caráter. Sentindo-se apenas uma função e criação dos outros, vive o judeu avassalado pela desesperada obsessão de observar e analisar constantemente o reflexo da sua imagem espelhada nos olhos dos não-judeus, uma obsessão que produz a típica inquietude, *Unrast*, do judeu envergonhado. Por mais que suba na escala social, nunca deixa de ser um "marginal", repelido quando mais acredita ter-se integrado. Nunca possui nenhum dos "valores legítimos" visto esses não serem compráveis, mas pertencerem aos "legítimos" desde o berço. Mero resultado da opinião dos não-judeus, observa e fiscaliza cada judeu o outro com olhos de anti-semita, sentindo-se desnudado pelos gestos ou pelo comportamento dos irmãos. Desta situação nasce a violenta autocrítica que o fragmenta em dois seres – um juiz e um acusado. Escarniça-se na sua auto-ironia judaica, vacilando entre sentimentos de superioridade e inferioridade. Finalmente, cansado da luta, torna-se masoquista, satisfaz-se com ser tratado como objeto. Nasce o judeu resignado de olhos "cheios de dor". Entrega os pontos e confessa humildemente ser judeu, feliz por ser definitivamente marcado e, portanto, ser livre de toda a responsabilidade. Já não tem de lutar – como o aluno que deixa de lutar porque sabe que não vai passar pelos exames.

Uma das principais vias de fuga do judeu envergonhado é o racionalismo. Pois a razão pertence a todos, não conhece fronteiras e nacionalidades e é igual em todos. É a fuga para o universal, pois a melhor maneira de não se sentir judeu é a entrega à lógica pura, ao imperialismo da razão. Assim realizam num nível mais alto a união com a humanidade que se lhes quer recusar no nível social. É por isso que o judeu odeia todos os valores irracionais, "atmosféricos", o tato, as tradições, pois tais valores separam e diferenciam a humanidade.

Para o judeu, dentro da sua situação só há dois caminhos: a fuga do judeu envergonhado ou o martírio do judeu altivo. Com palavras enfáticas Sartre condena uma sociedade que colocou toda uma comunidade diante desse dilema: "Nós criamos essa espécie de gente proscrita [...] todos nós somos culpados, somos criminosos e o sangue que os nazis derramaram, nós mesmos o vertemos [...]"

Ser judeu altivo significa confessar-se judeu e suportar esse destino. Significa aceitar voluntariamente o papel do condenado. No seu isolamento espontâneo, renunciando ao racionalismo otimista, torna-se verdadeiramente homem: escolheu seu próprio destino. Todavia, tal atitude não é uma solução social. O sionismo seria, de acordo com Sartre, uma solução para uma parte dos judeus briosos, mas, para aquela parte que tem de ficar no país de origem, não representaria nenhuma solução. O judaísmo altivo é, portanto, uma solução moral, um apoio ético, mas não é, segundo Sartre, uma solução política.

Tudo em tudo: não é o judeu que cria o anti-semitismo, mas este que cria aquele. O fenômeno original é, portanto, o anti-semita. Como foi verificado no item anterior, é o anti-semitismo, segundo Sartre, uma interpretação *bourgeoise* e mística da luta de classes na sociedade feudal e capitalista; uma desesperada tentativa de realizar uma união nacional, uma *Volksgemeinschaft* contra a estratificação da sociedade em classes econômicas; uma tentativa de fazer esquecer a realidade econômica pela criação de uma antagonismo mítico e místico entre os "legítimos" e os judeus. A única solução é, portanto, a eliminação do anti-semitismo pela transformação das condições sociais que o possibilitam, isto é, segundo o então marxista Sartre, é preciso criar uma sociedade sem classes em que os meios de produção sejam nacionalizados. "O anti-semitismo é o nosso problema [...] Nós faremos a revolução também em benefício dos judeus."

Reflexões sobre as Reflexões e sobre o Existencialismo

Não sabemos qual seja a opinião atual de Sartre a respeito desse assunto. Sua recente polêmica contra os marxistas é conhecida. Tampouco sabemos se ele modificou a sua opinião sobre o sionismo que ele considera apenas uma solução parcial para uma parte dos "judeus altivos".

As idéias expostas por Sartre com grande brilho e penetração não são tão novas como parece pensar. Alguma coisa pertence ao "estoque" há muito tempo depositado nas prateleiras cerebrais de quem tenha refletido sobre esse assunto. Mas um novo acondicionamento muitas vezes dá um grande impulso à colocação do artigo e não faltam a Sartre calor e generosidade para com a situação judaica. Posto isso não será política errada aventurar algumas reflexões críticas sobre essas reflexões e as idéias gerais de um pensador que defende os judeus com paixão e ataca os anti-semitas com vigor. Sabemos que os nossos defensores democráticos são tão mornos que quase se aplica a eles a palavra de um grande profeta de ascendência judaica. Mas o nosso defensor existencialista, apesar do *"esprit* francês", quase lança fora a criança com a água do banho.

Inicialmente, é preciso reconhecer com Sartre que nunca encontramos o "homem abstrato", em si, mas sempre homens concretos, integrados na totalidade de uma situação em face da qual supomos haver uma certa possibilidade de "escolha livre". Não encontramos nunca "homens, mas alemães, católicos, operários, protestantes, franceses, comerciantes, índios etc., cada qual formando uma totalidade sintética com a sua situação cultural, econômica, nacional, biológica etc. Desse fato, Sartre tira a conclusão, ao nosso ver errada, de que não há uma essência hominal subjacente, uma "natureza humana" idêntica em todos os homens, a qual, apesar de todas as variações locais e históricas, garantisse a essencial igualdade do ser humano. Que não há uma essência humana que precedesse a sua existência é o princípio mais alto do existencialismo de Heidegger e de Sartre. Tal princípio – supõe Sartre – decorreria do ateísmo de ambos os pensadores; não havendo um deus que predeterminasse o conceito hominal antes de criar – segundo esse conceito – o homem, vê-se o homem lançado no mundo, inteiramente indeterminado, livre, apenas existindo dentro de uma dada situação e de uma dada "condição humana". Daí a completa liberdade na escolha do seu caminho, isto é, na escolha do seu "projeto" e da sua essência. Não havendo nenhuma essência hominal subjacente, não há, por conseguinte, também, nenhuma norma objetiva que ao indivíduo solitário indicasse um dever, um caminho certo a ser escolhido como sendo o único caminho moralmente válido. Não há compromissos *a priori*; não há cartazes preestabelecidos que indicassem a direção, visto não haver nenhuma estrutura humana fundamental que servisse de base a um sistema objetivo de valores e normas válidos. O homem está entregue, de modo radical, à sua própria subjetividade existencial: no entanto, tem de fazer uma escolha autônoma, pois, ninguém pode prescrever-lha; daí nasce a sua angústia, pois, ao escolher, ele escolhe a si mesmo e à sua própria autenticidade.

Esse subjetivismo foi também o de Kant. Também no caso do filósofo alemão, nenhum fim ou conteúdo ou valor especial e preestabelecido dá dignidade moral à ação. A vontade deve, na ação atual, cada vez de novo e de acordo com a situação, criar livremente os valores e conteúdos morais, tendo em cada caso a plena responsabilidade. Essa "subjetivação" kantiana da moral é até certo ponto existencialista. Mas, a exigência (*Forderung*) moral, no sistema de Kant, não definindo embora os conteúdos específicos que dão à ação valor moral, define, todavia, a ação específica que torna os conteúdos morais. Isto é: não são as normas e fins que dão valor à vontade, mas a vontade, sendo boa, que dá valor aos fins. Ora, a boa vontade é aquela que age, em cada caso concreto, movida por uma máxima subjetiva que possa tornar-se lei universal para todos os casos concretos idênticos e para todo o ser humano que se encontre em idêntica situação. A idéia de Sartre, nesse ponto, não parece ser muito distante da de Kant: "Quand nous dissons que l'homme se choisit nous entendons que chacun d'entre nous se choisit, mais parl la nous voulons dire aussi qu'en se choisissant il choisit tous les hommes". Sartre chega a fórmulas quase idênticas às de Kant: ao agir, ao escolher, "on doit toujours se demander: qu'arriverait-il si tout le monde en faisait?" Isso é a exata fórmula de Kant e de certos sábios judeus, chineses, indianos, egípcios, cristãos.

A diferença decisiva é que, no caso de Kant essa "lei", o imperativo categórico, encontra uma base na "razão prática" do homem (potencialmente idêntica em todos os homens); é por isso que "eu devo poder querer" que minha máxima subjetiva se torne uma lei universal, pois em caso contrário eu não poderia conceber nada como dever e obrigação que determinasse (autônoma e livremente) a minha vontade. No caso de Sartre, porém, não havendo nenhuma razão prática, nenhuma estrutura fundamental, nenhuma "essência" que "precedesse" a existência, não se entende por que um indivíduo, ao escolher, "deve poder querer" que a sua ação se torne "une image de l'homme tel que nous estimons qu'il doit être". Por que deve ser? De acordo com que razão prática, com que critério, com que norma "estimons" como dever ser a imagem do homem? É óbvio que, no caso de Kant, implicitamente se pressupõe uma estrutura potencial – não realizada, mas em princípio realizável – uma estrutura que a razão prática emancipada, através de múltiplos conflitos morais, tem de defender contra a "natureza animalesca" dos nossos instintos e impulsos contra a nossa vontade protestanticamente corrompida e "radicalmenta má". E essa "natureza humana", essa "alma superior", se encontra por sua vez integrada numa estrutura objetiva, universal, não provada, mas postulada; é exatamente aqui que começa a "fé": fé num sentido tão sóbrio e racional como a dos cientistas quando postulam os axiomas básicos do nosso pensamento, os quais não são logicamente comprováveis por formarem precisamente a base do próprio pensamento lógico.

É por causa do subjetivismo desesperado de Sartre que toda a sua argumentação em favor dos judeus, em si extremamente simpática e brilhantemente conduzida paira num completo vácuo, no vazio do niilismo moral, por mais que Sartre fale, em outras obras, de "boa-fé" e de "autenticidade". Tais termos são, na essência, termos morais derivados de um sistema de valores sub-repticiamente introduzido, pela porta traseira, no seu sistema assistemático. Da mera análise fenomenológica da existência, quando não se reconhece uma essência subjacente, não se pode derivar nenhum juízo moral de valores. É por isso que nunca ficamos sabendo no livro de Sartre por que se deve fazer justiça aos judeus, por que se deve modificar as condições da sociedade, por que se deve negar o anti-semitismo. Contra o anti-semitismo só se pode argumentar com razões válidas se se pressupõe uma natureza potencial, idêntica em todos os homens, uma "razão prática" que garanta uma igualdade potencial de todos os homens, ou, em termos teológicos, se se pressupõe que todos os homens sejam feitos, essencialmente, à semelhança de Deus. O pensamento de Sartre move-se num constante círculo. Negando no fundo a consciência moral, fala, no entanto, de "boa-fé", uma qualidade impossível sem uma consciência moral, isto é, sem uma suprema razão, normativa e objetiva, capaz de fazer juízos de valor que ultrapassam os relativos valores, convencionais e coletivos, estabelecidos por cada sociedade.

Por isso, a defesa sartriana dos judeus é fútil, tendo apenas um alto valor literário e humano. Segundo seu sistema, o homem pode escolher livremente, mas nunca pode saber o que *deve* escolher. O homem é livre, mas não sabe para que fim. Ele pode decidir-se espontaneamente, mas não sabe em que direção. "A filosofia existencial", disse Günther Anders, "decide-se com grave decisão por nada senão pela sua própria decisão". Por isso, se Sartre escolheu a defesa dos judeus, foi mero acaso. Amanhã talvez escolha outra coisa. Talvez o amoralismo de Nietzsche, que, já corroído pela doença, escolheu como "imagem" do homem a besta loira.

Não admitindo valores objetivos, Sartre não pode reconhecer nenhum valor objetivo no judaísmo – como de fato não os menciona em nenhuma linha das suas reflexões. Não vê que o judaísmo, na sua acepção verdadeira, é um sistema criador de altíssimos valores morais; que na linha profética se encontram indicados normas e fins – verdade, paz, justiça – e na linha da Torá os preceitos e métodos para alcançar tais fins. Isto é, há aqui – naturalmente formulado em termos de uma remota fase histórica – todo um sistema de verdadeira democracia, enfim, um cosmos racional e sensato de sentido universal. No entanto, para Sartre o "racionalismo" dos judeus é apenas uma "racionalização", uma fuga do judeu envergonhado. Um cosmos racional de sentido universal é inconcebível para Sartre, pois o seu existencialismo, como o de Heidegger, é a própria expressão do caos do nosso tempo.

11. O HOMEM E A TÉCNICA*

A Essência do Instrumento

Na acepção mais geral costuma-se definir "técnica" como o conhecimento e domínio de meios para atingir determinado fim, por exemplo, pintar um quadro ou jogar tênis de modo perfeito. Contudo, não falamos agora de técnica ou de uma técnica, mas *da* técnica. Neste sentido, talvez possamos definir a técnica, de forma lata, como o uso do existente para, por meio dele, transformar o existente e adaptá-lo aos desejos, necessidades e fins do ser que se serve dela. Usar determinada pedra para, por meio dela, transformar outra e por meio desta matar

---

* Publicado em separata no livro *Desenvolvimento Industrial e Tarefas do Pensamento*, editado pelo Serviço de Publicação da FIESP-CIESP.

um animal ou quebrar um galho que servirá para fins diversos significa que a primeira pedra, usada em estado ainda bruto, já serviu de instrumento. Parece que o uso do instrumento, neste sentido rudimentar, é um dos momentos que definem o homem como homem. Não há homem sem instrumento e não há instrumento sem homem. A mais tosca pedra de fogo e a energia atômica, ambas manipuladas pelo homem, têm isso em comum que tanto podem servir como armas mortais e como instrumentos úteis para adaptar o mundo às necessidades do homem. Desde o início a técnica é uma dádiva ambígua.

É provável que a técnica, nesta acepção fundamental, se ligue de forma indissolúvel a peculiaridades negativas e positivas do homem: negativas e positivas em comparação com os animais. Pobre de instintos, quase abandonado pela natureza neste particular; deficiente em órgãos especializados, de precário equipamento físico e por isso mal adaptados a qualquer ambiente natural, o homem surge no mundo como um "animal doente" e "atrasado", espécie de "diletante da vida", para usar a expressão de Max Scheler. Assim, a técnica se origina da própria deficiência orgânica do homem. É com o instrumento que o homem supre a falta de órgãos adequados ou aumenta a força daqueles que possui. Inadaptado, portanto, à natureza, o homem viu-se forçado a adaptar a natureza às suas necessidades e criar um mundo artificial em que pudesse viver.

As peculiaridades negativas do homem entrelaçam-se de modo inseparável com as positivas. O homem tinha que ser deficiente para ser eficiente. Não possuindo um equipamento de instintos que comandassem pela hereditariedade seu comportamento adequado, ele tinha que aferir, pelo êxito e malogro, a adequação do seu comportamento, aprendendo por tentativas e erros numa escala inconcebível no mundo dos animais. Também estes aprendem, mas geralmente em virtude dos seus êxitos. O homem é o único animal que aprende principalmente mercê dos seus malogros. Com efeito, o homem tinha de ser incapaz de *reagir* adequadamente como espécie para poder aprender a *agir* adequadamente como indivíduo. Com isso o homem se emancipa do circuito natural de estímulo e reações. O estímulo transforma-se em solicitação e a reação em resposta. Entre o estímulo e a reação surge um pequeno território de dúvidas, um hiato de hesitação, comparação e escolha: hiato certamente mortal em muitos casos em que o mesmo reflexo teria sido mais exato e mais seguro do que a reflexão. Mas é através desse hiato que o homem conquista o seu pequeno território de liberdade, isto é, de uma atuação não determinada por uma causalidade exterior a ele, mas oriunda dele mesmo. É nesse território especificamente humano que se origina a ação que não é mera reação e com isso o dom da técnica e da língua.

Não devemos confundir esse hiato entre a natureza e o homem, esse pequeno território essencialmente humano, com aquilo que se costuma chamar inteligência prática. Muitos animais superiores possuem em certo grau a capacidade de encontrar soluções suscitadas por situações concretas. A garça, ao apanhar um peixe, toma em conta a refração da luz na água, não por instinto, mas por aprendizagem prática. Mas essa capacidade não teria sido suficiente para criar o mais simples instrumento. Edison não se diferencia de um símio, em essência, pela sua inteligência prática e sim por este dom do *retrocesso teórico* que lhe proporciona um momento de dúvida e hesitação, e é nisso que o homem mais primitivo se distingue de todos os animais.

Comprova-se essa afirmação ao estudar o uso que os animais superiores fazem de objetos. Os símios mais inteligentes sem dúvida sabem empregá-los para atingir certos fins. Pegam, por exemplo, um galho para prolongar o braço e aproximar assim bananas que se encontram fora da jaula. Chegaram mesmo a enfiar uma vara em outra, oca, a fim de aumentar ainda mais o alcance do braço. Por vezes até adelgaçam a ponta da vara que em seguida enfiam na outra. São comportamentos inteligentes, sem dúvida, nascidos de uma inteligência prática que usa os objetos à mão para alcançar certos fins. Tratar-se-á, contudo, no caso dessas varas, de instrumentos? Temos razões para duvidar disso.

Com efeito, a vara do símio não se constitui como *este instrumento determinado* capaz de ser usado numa infinidade de situações diversas. Trata-se apenas de um recurso *ad hoc*, imediato, inspirado pela situação concreta. O uso da vara nasce como reação a um ambiente vital em que o símio se encontra indissoluvelmente inserido. É dentro desse campo concreto de tensões vitais que ele reage. Integrado neste campo vital, ele não conseguia colocar-se em face dele e objetivá-lo. É incapaz de interpor entre si e o campo vital aquele hiato, aquela distância que transforma o conjunto de estímulos em situação objetiva. Somente esta objetivação do ambiente dá àquele que objetiva a noção de ser um sujeito que enfrenta uma situação que lhe propõe tarefas. Assim, o animal eternamente só tem *ambiente* e nunca *mundo objetivo*, vivendo colado dentro de um circuito infinito de estímulos e reações. O homem, todavia, ao separar-se da situação vital, separa também a vara dos estímulos e reações imediatos. E é neste momento que ele a constitui cm instrumento, levando-a consigo para usá-la em outras situações semelhantes. Neste momento, a vara deixa de ser recurso *ad hoc* e casual, transformando-se de parte do ambiente em instrumento útil em todos os casos semelhantes. Por saber libertar-se da situação vital, o homem pode escolher e modificar seus pontos de vista e ter um conhecimento além da situação atual. Não é o mero uso de objetos que faz o instrumento, mas sua escolha para um emprego *possível*.

Essa capacidade de distanciamento do imediatamente vivido é idêntica à capacidade de usar símbolos e de representar através deles o mundo, coincidindo, portanto, com o dom da língua. Os animais reagem a sinais, mas não entendem símbolos. O sinal é referido diretamente à situação vital, ao passo que o símbolo apenas representa as coisas. Quando, por exemplo, digo a um cão o nome de seu dono, este nome funciona como sinal que suscita certas reações, como o abanar do rabo e o farejar do ambiente à procura do dono. O sinal refere-se ao ambiente vital como a vara usada pelo símio. Todos os reflexos condicionados examinados por Pavlov mantêm-se na esfera dos sinais. Todavia, o cão é incapaz de conceber o nome do seu dono como símbolo que apenas o representa, independentemente da sua presença no campo perceptivo. O sinal "presenta", o símbolo representa. O cão não entende que se pode falar sobre o dono ausente. Enquanto o nome, funcionando como sinal, se refere diretamente à situação e anuncia a presença do dono, o mesmo nome, funcionando como símbolo, se refere à *idéia* do dono e só indiretamente a este. Entre o nome e o objeto, entre o som da palavra e a situação interpõe-se a idéia ou representação deste objeto ou desta situação. A idéia interposta abre aquele hiato entre o homem e a natureza que permite ao homem emancipar-se do circuito imediato de estímulos e reações e de objetivá-los. A simbolização, portanto, leva à conquista de um território essencialmente humano. É por isso que o homem pode falar, ligando sons ou palavras não a objetos, mas a idéias de objetos. Em vez de reagir apenas à presença de objetos pode pensar sobre eles na sua ausência. É por isso que o homem pode criar instrumentos.

O instrumento, portanto, se define como tal porque é referido à idéia de certas situações e não a uma situação concreta. Ele se constitui como tal pelo seu emprego possível numa infinidade de situações, todas elas representadas abstratamente por este instrumento. Assim, o instrumento define o homem como ser capaz de viver no condicional; como ser capaz de arrancar-se do indicativo da atualidade e de viver na dimensão do tempo.

A origem do homem liga-se, pelo exposto, a um ato rebelde pelo qual ele se distanciou da natureza imediata. Esse ato rebelde caracteriza-se pela negação da vida imediata e pela conquista do mundo simbólico. O primeiro sorriso é a confirmação desse fato. Certos animais sabem casquinar como meninas adolescentes e outros animais sabem rir; nenhum, porém, chega à contensão do sorriso. A risada é mero reflexo. O sorriso é uma resposta. No sorriso respondo à situação e ao mesmo tempo distancio-me dela como alguém que compreende a situação. No sorriso nego o mero impulso. Da mesma forma a palavra nasceu no momento em que o homem soltou o grito da dor, sem senti-la; e o instrumento nasceu no instante em que o homem guardou o instrumento, sem usá-lo.

Do Instrumento ao Autômato

Trata-se, no exposto, naturalmente de um esquema que abstrai de inúmeros fatores importantes. A libertação da mão humana, por exemplo, deve-se à postura erguida do homem. Graças a esse fato, a mão transformou-se, no dizer de Kant, em "cérebro exterior" do homem. É assim que se desenvolve entre a mão e o instrumento uma amizade sem fim; o espírito plasma a mão e a mão plasma o espírito. Somente o homem pode "manipular" as coisas e a expressão alemã para agir e comerciar é *handeln*, isto é, fazer, atuar com a mão.

No entanto, o fato essencial que a reflexão anterior pretende realçar é o seguinte: a técnica não é, como geralmente se pensa, apenas um resultado da inteligência prática do homem, embora esta desempenhe papel importante no seu desenvolvimento. Ela se tornou possível somente mercê da capacidade do homem de pensar simbolicamente, tendo, pois, a mesma raiz como as artes, ciências e religiões. É um fato infinitamente paradoxo que somente ao retirar-se da realidade, embarcando na frágil escuna dos símbolos e idéias, o homem adquiriu a força para dominar a realidade. O poder que o homem exerce não reside na sua força superior. O homem é infinitamente mais fraco do que a natureza que o sustenta e cujo ser o determina largamente. Mas a partir do seu pequeno território espiritual, o homem é apto a aproveitar as forças, ele não pode modificar leis naturais. Contudo, ele as domina e atrela-as aos seus fins, usando-as como meios. Ele faz com que a natureza trabalhe para seus fins.

A criação do instrumento foi o primeiro passo de um desenvolvimento inconcebível. Na fase do instrumento, o trabalho dos órgãos humanos é apenas reforçado, facilitado e aperfeiçoado. A energia física e a orientação intelectual são fornecidas pelo homem que trabalha. Na segunda fase surge a máquina, mecanismo para produzir e transmitir forças que realizam trabalho útil por meio de outros engenhos. Graças à máquina, a energia física do homem se torna em larga medida supérflua, ela é tecnicamente objetivada. Ao homem restam as funções de controle e orientação. A terceira fase é a do autômato, isto é, de máquinas eletrônicas auto-reguladoras, graças às quais se torna dispensável o trabalho intelectual do homem. Através da automatização, a técnica atinge a sua perfeição metódica completa, objetivando também as atividades mentais do homem. Trata-se do remate de um desenvolvimento que se iniciou, ao que se supõe, há cerca de 600 000 anos. Teoricamente já se projetam autômatos capazes de se reproduzirem, isto é, de construírem automaticamente autômatos exatamente iguais a si mesmos.

Somente em alguns centros mais avançados, porém, inicia-se a automatização completa de algumas indústrias. A maior parte dos países tecnicamente desenvolvidos encontra-se ainda na segunda fase, enquanto vastas regiões do globo vivem por enquanto em plena fase dos instrumentos primitivos, idênticos aos que se usaram há três ou quatro mil anos. Mas essas regiões serão muito em breve atingidas pelo impulso da técnica. O espírito humano envolverá então o nosso planeta, objetivado numa gigantesca casca de aço e numa rede invisível de comunicações.

Encontramo-nos, portanto, numa época em que a máquina se impõe em escala planetária, enquanto nos países mais adiantados já se anunciam imensas transformações através da aplicação da energia atômica e da automatização. O surgir simultâneo de uma nova energia e de novas máquinas é o marco decisivo de uma nova revolução industrial que se aproxima e que intensificará ao extremo os efeitos psico-sociais e espirituais produzidos pelo dinamismo da técnica a partir da primeira revolução industrial. Esta, como se sabe, foi fruto do aproveitamento da energia do carvão mediante a máquina a vapor. Todavia, a técnica moderna somente se tornou a força revolucionária que é em virtude do concurso das ciências naturais, por sua vez incentivadas pelas invenções técnicas, e pelo sistema de produção capitalista. Trata-se de fatores interdependentes que se reforçam mutuamente. A invenção, ou melhor, o aperfeiçoamento da máquina a vapor por James Watt já foi financiada por um capitalista interessado no aproveitamento industrial do novo engenho. Foram de uma ou outra forma empreendedores industriais ou Estados empenhados em munir-se de armas mais perfeitas que proporcionaram aos técnicos os recursos para transformar descobertas científico-experimentais em aparelhos e máquinas, que, por sua vez, impuseram novos rumos às pesquisas e à atividade industrial.

As transformações que advieram e estão advindo do conjunto desses fatores, dentro das quais a técnica desempenha o papel mais dinâmico, são tão extraordinárias que somente podemos compará-las com as mudanças que ocorreram há cerca de 6 000 anos, no período neolítico, quando o caçador nômade se tornou pastor e agricultor. Naqueles séculos da revolução agrária, todas as estruturas sociais passaram por uma reviravolta completa. Todas as instituições, incluindo as da família e do parentesco, se alteraram profundamente. Surgiram diferenças de riqueza e de posição de domínio até então desconhecidas. Os demônios e ídolos animalescos transformaram-se em deuses de forma aproximadamente humana, radicados em templos, a mitologia se sobrepôs às práticas mágicas. Novas valorizações morais se impuseram ao lado de novas formas artísticas e, ao que tudo indica, mesmo as estruturas básicas da consciência variaram de modo acentuado, incluindo as concepções de espaço e tempo.

Referindo-se à nossa época, um pensador alemão, Arold Gehlen, declara que transformações semelhantes estão ocorrendo e ocorrerão na nossa época que se afigura como verdadeiro limiar cultural. "Nenhum setor da cultura", declara, "e nenhum nervo do homem deixarão de ser atingidos por essa transformação que pode durar ainda séculos, sendo impossível predizer o que neste fogo se queimará, o que será transfundido e o que se mostrará resistente".

Mundo em Mudança

É desnecessário falar das imensas transformações sociais decorrentes das revoluções industriais. Formas de vida inteiramente novas substituíram e estão substituindo aquelas que se originaram de sociedades essencialmente agrícolas. É redundante verificar que daí resultam modificações fundamentais no que se refere aos fenômenos demográficos, distribuição de populações e às instituições em geral – modificações que afetaram por exemplo a família até o âmago e atuaram intensamente sobre as relações humanas em geral.

Muitas dessas transformações são em si benéficas e em alto grau desejáveis, mas a rapidez com que se verificam causa graves perturbações e dificuldades de adaptação que só secundariamente se podem atribuir à técnica como tal, na medida em que ela é a causa principal do extremo aceleramento das mudanças sócio-culturais. À rapidez dessas mudanças deve-se atribuir, por exemplo, boa parte dos desentendimentos entre as gerações, visto que os filhos já vivem em condições diversas daquelas em que se educaram os pais. A experiência destes últimos muitas vezes não tem mais validade para os filhos, os quais por isso se revoltam contra a autoridade das gerações anteriores. Produz-se assim uma fluidificação das normas de conduta que já não se transmitem sem perturbações dos pais aos filhos e não se impõem com o mesmo prestígio na "cultura nova" dos jovens. Os pais mal preenchem a importante função de modelos – visto já pertencerem a um mundo superado – e mesmo se a preenchessem, raramente o fariam de forma satisfatória, uma vez que já passaram por um processo semelhante de desorganização normativa. Temos aí, sem dúvida, uma das causas do aumento da delinqüência juvenil.

Em sociedade muito instável e flutuante, torna-se extremamente difícil a socialização das novas gerações, devido à pluralidade de objetivos e orientações que se superpõem com grande rapidez e concorrem com aqueles que vão surgindo constantemente. Já não há representações coletivas, costumes, práticas de vida, hierarquias sociais e elites que gozem de reconhecimento geral e se imponham pela sua consagração absoluta, em virtude da sua longa permanência que os torna por assim dizer em leis naturais e emanações da vontade divina. Instituições estáveis são no fundo decisões que a sociedade tomou antecipadamente em lugar dos indivíduos e que se tornam hábitos sociais. A falta de instituições estáveis sobrecarrega a capacidade e a própria vontade de decisão do indivíduo, tornando-o vítima indefesa de todas as excitações casuais.

Das mudanças rápidas resultam·desequilíbrios e "assincronizações" entre as diversas esferas culturais e instituições sociais. Surgem máquinas ultramodernas ao lado de escolas de tipo semifeudal, com sistemas de peneiramento, modelos de pensamento, métodos de trabalho superados em relação aos progressos realizados em outras frentes. Os indivíduos vivem como que em vários mundos, orientando-se por múltiplos sistemas de referência. No que se refere às comodidades, são adeptos das últimas conquistas, nas artes preferem a antepenúltima moda e suas idéias políticas e econômicas são francamente do tempo da diligência. A disparidade descrita, no entanto, emana da própria cultura objetiva em que valores de várias camadas históricas formam um conglomerado incoerente. Mesmo as relações pessoais são dificultadas por esse fenômeno, particularmente nas metrópoles onde se ajuntam indivíduos das mais diversas regiões e por isso, por assim dizer, contemporâneos de várias épocas históricas. Alguns já vivem em plena época industrial e exigem com rigor explosivo pontualidade máxima de pessoas que ainda vivem no ritmo da vila ou aldeia e têm uma noção inteiramente diversa do tempo. Tais circunstâncias e muitas outras, que é impossível enumerar aqui, todas elas, no entanto, decorrentes das mudanças socioculturais extremamente rápidas, contribuem para aumentar a chamada angústia do nosso tempo, as dificuldades de adaptação, o sentimento de insegurança e frustração, o precário equilíbrio psíquico do cidadão contemporâneo e sua acentuada tendência para a neurose e para o enfarto do coração.

Se a rapidez das transformações tem, em geral, efeitos perniciosos, cabe ressaltar que as próprias transformações parecem ser ambíguas, apresentando tanto aspectos benéficos como nocivos. Elas envolvem tudo, desde as estruturas sociais até a maneira de uma moça sentar-se e sorrir. Verificam-se efeitos sutis e profundos que não se notam com facilidade, visto faltarem critérios de aferição àqueles que, deslocando-se rapidamente, não encontram um plano de fundo parado. É preciso pensar somente na vida das gigantescas metrópoles que parecem modificar não somente a sensibilidade e todas as atitudes, mas até a constituição física dos habitantes – pois a altura média dos metropolitanos tende a tornar-se muito mais elevada do que a dos habitantes rurais.

O homem, pelo menos o homem do nosso tempo, isto é, aquele que se encontra na vanguarda dos acontecimentos, está cercado de um mundo de aço e cimento armado e vive quase sem contato com a natureza. Os seus contatos com ela são artificiais, geralmente estéticos ou saudosistas, visando a fins de repouso ou a atividades esportivas, típicas, precisamente para o metropolitano. A nossa civilização tende em escala planetária a um estado em que somente 15% da população mundial estarão ligados à vida agrícola. Isso, aliás, é um processo considerado necessário por alguns especialistas. Para que as reservas alimentícias do globo possam ser mobilizadas de forma rápida e eficiente, diante de uma população mundial que dentro de quarenta anos atingirá cinco bilhões, esses especialistas julgam paradoxalmente impositivo diminuir em proporção a mão-de-obra agrícola e aumentar a da indústria, a fim de possibilitar a exploração racional da terra, com métodos químicos e mecânicos. Por volta de 1830, um camponês norte-americano alimentava quatro habitantes; em 1900, sete, e em 1930, dez. Atualmente, um agricultor norte-americano sustenta cerca de vinte, e em 2000 alimentará cerca de quarenta concidadãos. Hoje, cerca de oito milhões de trabalhadores agrícolas produzem os alimentos para cerca de 170 milhões de americanos, sobrando ainda bastante para amparar países necessitados. Supõe-se que no ano de 2000 cerca de cinco milhões de trabalhadores rurais possam

alimentar fartamente os 200 milhões de americanos que
então viverão. Tudo isso, naturalmente, se não houver
uma guerra atômica.

É evidente que, com a perda do contato natural e
permanente com a natureza, se perdem também as valorizações ligadas ao sentimento da profunda dependência
humana de um universo que transcende o homem. O
homem que vive entre arranha-céus e máquinas não pode sentir-se integrado no ritmo cósmico e nos ciclos naturais. O ocaso outonal e a ressurreição primaveril deixam de ser vivência profunda e com isso tendem a enfra-
quecer-se os laços vitais e o fervor que ligaram épocas
passadas às religiões baseadas no ciclo do ocaso e da ressurreição. Esses laços vitais talvez sejam substituídos por
relações mais abstratas e intelectuais. Não sentindo mais,
como antes, a poderosa influência das forças cósmicas,
de cuja benevolência dependiam todos os resultados do
seu labor, o homem já não valoriza como antigamente o
valor da humanidade. Embevecido pelas criações da sua
mão e do seu cérebro, inclina-se para uma espécie de au-
todeificação e desenvolve uma fé intensa na força reden-
tora da técnica.

Cessará quase por completo a relação do homem
com o mundo orgânico, característica da vida agrária.
Em lugar disso, o homem explora o mundo anorgânico,
prenhe de energias infinitas. Lidar com animais e plantas
suscita atitudes inteiramente diversas daquelas de quem
lida com máquinas e energias provenientes da matéria
inanimada. A criação e o cultivo de animais e plantas
consiste, em última análise, numa relação de serviços
mútuos. Os animais e plantas existem para o homem,
mas o homem existe também para eles. Em face da máquina, porém, a atitude é impessoal e objetiva. A frieza,
precisão e impassibilidade dos mecanismos exigem uma
conduta correspondente de homens que queiram atingir
o alto padrão de trabalho maquinal. Emoções e sentimentos perturbam o funcionamento dos homens que li-

dam com as máquinas e, em conseqüência, o funcionamento das próprias máquinas. Diante da elevadíssima perfeição dos aparelhos, o homem sente-se antiquado e procura alcançar, quase envergonhado, o alto nível do seu produto da eficiência – o homem deseja desesperadamente imitar a máquina para superar as falhas de construção do seu organismo deficiente, segundo se exprimiu Thomas Power, um dos chefes do comando de pesquisas aviatórias dos Estados Unidos.

Temos aqui, indubitavelmente, uma das raízes de um fenômeno que perturba tanto os sociólogos como os psicólogos: a forma cada vez mais impessoal e abstrata em que se manifestam as relações humanas. Há, naturalmente, muitas outras causas, a partir da destruição do patriarcalismo, da coisificação da pessoa que se transforma em mão-de-obra, em matéria-prima que se molda e plasma e aplica em peça que se encaixa e entrosa em outras peças maiores, em "material humano" etc., para não falar da inevitabilidade de relação cada vez mais abstrata e de contatos crescentemente indiretos num mundo de gigantescas engrenagens em que a pequena peça humana se sente solitária e perdida. Sabemos dos esforços que se realizam nos Estados Unidos para tornar mais cordiais e afetuosas as *human relations*. Ninguém desconhece os livros em que se aprende a manifestar de forma científica seu amor, sua amizade e simpatia pelo próximo. O fato de se venderem milhões de exemplares de obras semelhantes demonstra até que ponto se tornaram problemáticas as relações humanas.

Talvez seja conveniente ilustrar esse fato com um exemplo drástico e um pouco polêmico que realça a transformação que parece ter ocorrido no campo do encontro pessoal e do diálogo autêntico, através do qual se estabelece a comunhão íntima entre pessoas. Tão difícil parece o diálogo hoje que já se observam com certa freqüência casais de namorados que percorrem os jardins carregando seu rádio portátil, aparentemente para não ficarem sozinhos ou para encobrirem a sua incapacidade de um diálogo verdadeiro.

A Fonte e o Telefone

Goethe, que viveu de 1749 a 1832, já viu os inícios da Revolução Industrial e ocupou-se com espantosa previsão dos problemas com que a humanidade iria defrontar-se. Mesmo assim, sua vida decorreu num mundo em que certas situações correspondiam ainda a arquétipos da época bíblica. Certas personagens da sua obra têm seu encontro decisivo ao pé do poço ou da fonte perto da aldeia ou vila onde se reúnem as moças para buscar água e trocar idéias.

Na sua epopéia *Hermann e Dorotéia*, o destino dos dois protagonistas decide-se precisamente à beira da fonte:

> Assim falava [Dorotéia] e as largas escadas descia
> Tendo ao lado o companheiro. Sobre os bordos da fonte
> Sentaran-se os dois. Ela reclinava-se em busca de água,
> O Cântaro nas mãos, curvou-se o moço também.
> E viam imagem espelhada, oscilante,
> Contra o azul do céu, e acenavam-se, gentis, no espelho.
> Dá-me de beber, dizia o claro rapaz,
> E ela estendia-lhe o cântaro. Depois repousaram
> Os dois, quietos, contra os jarros. Ela, porém, diz ao amigo[1]:

E agora começa um diálogo autêntico de profunda beleza.

Vemos aqui a fonte clássica cantada em muitas canções. Ela já foi transformada pela intervenção do homem que a equipou de escadas e bordos; mas continua um pedaço da natureza com que o homem ainda vive em íntima comunhão.

---

1. A tradução é de Roberto Schwarz.

Natureza e civilização parecem interpenetrar-se harmoniosamente. O encontro casual dos dois jovens, quase estranhos, irá ser decisivo. Ambos inclinam-se sobre a água para encher os cântaros – um gesto multimilenar – e nesta ocasião vêem as suas faces refletidas no espelho da água. O aceno mútuo sela a união sob o puro azul do céu que se associa à sua imagem líquida. A cena, evidentemente inspirada pelo encontro bíblico de Isaac e Rebeca, é símbolo poético de uma unidade ainda íntegra que conclui o ser humano na vida universal. A fonte refrescante, doadora de vida, é a própria natureza criativa e fecundante; e do amor abençoado pelas águas da profundeza e pelos céus nas alturas nascerá vida nova. Silenciosos, os dois ouvem o murmurar da fonte, e o elemento líquido como que faz transbordar nos dois o desejo de comunicar-se, e assim começam o seu diálogo.

Embora ainda existam lugares onde se pode imaginar encontros semelhantes, reconhecemos que a cena tem sabor arcaico. Os que vivem em nosso tempo – e o aldeão vive na realidade em tempos idos – apreciarão esta cena com certo saudosismo. Mas precisamente esse saudosismo acentua a distância que nos separa de semelhante situação. Em compensação gozamos do benefício nada desprezível da água encanada, talvez não tão pura, mas certamente salubre e tratada segundo preceitos sanitários mais avançados.

À comunicação integral desses jovens opõe-se na nossa sociedade como situação dir-se-ia arquetípica a chamada pelo telefone, geralmente impessoal ao extremo. O telefone é um aparelho indispensável na sociedade industrial e sua eliminação representaria uma verdadeira catástrofe. As solicitações múltiplas num mundo de grande densidade demográfica permitem na maioria dos casos somente contatos breves e superficiais, sem grandes investimentos emocionais e sentimentais. A essa situação corresponde o telefone às mil maravilhas, já que torna desnecessário o verdadeiro encontro que é substituído pela ligação. Ligação através de um fio apenas, mas em compensação posso alcançar por este meio todo o mundo e posso ser alcançado por todo o mundo, sem que haja nunca um encontro. O colóquio telefônico não é um diálogo em que haja verdadeira comunicação entre duas pessoas, como à beira da fonte, na qual se encontram duas faces. Os parceiros adequados à ligação telefônica não são dois comerciantes que combinam um negócio. As pessoas estão ausentes, as suas faces muitas vezes anônimas ou, se conhecidas, encobertas pela distância. O que resta é a abstração da voz transmitida pelo fio. Utilíssimo como meio para breves informações ou para combinar encontros, o telefone torna-se falaz quando passa a substituir o verdadeiro diálogo. Este exige a presença do outro, exige a ressonância do parceiro que acompanha, através da sua expressão fisionômica e seus gestos, as palavras de quem fala. Não basta que ele se manifeste somente depois de o locutor ter terminado. O importante é a sua participação visível e simultânea. O próprio aparelho impõe-nos uma voz impessoal e objetiva e não nos permite todas as modulações vocais, as variações sonoras, os acentos rítmicos que somente têm sentido na presença psicofísica dos parceiros, parecendo quase grotescos quando nem sequer se sabe se o parceiro está prestando atenção. No telefone é impossível um dos momentos mais importantes do verdadeiro diálogo: o silêncio, a pausa, que recebe todo o seu sentido pela expressividade de um gesto, um olhar, um sorriso. É impossível deixar de falar ao telefone, a não ser que se desligue.

Assim, uma comunicação autêntica entre o Eu e o Tu é inviável através do telefone. Este, ao contrário, facilita, precisamente em se tratando de relações mais profundas, o mal-entendido e o desencontro. Símbolo das ligações rápidas e dos contatos passageiros, o telefone, ainda assim, facilmente se insinua como meio autêntico de comunicação, criando assim a ilusão do encontro, ao contrário da correspondência que é fortemente marcada pela sensação da ausência e pela saudade. Desta forma, a ligação telefônica tende a substituir o encontro que já não parece necessário. Não admira que Franz Kafka tenha usado o telefone na sua obra como símbolo da frustração e da incapacidade do homem moderno de pôr-se em comunicação autêntica com outrem. Com efeito, forçados a usarem com freqüência este aparelho útil, muitas pessoas desenvolvem uma mentalidade e uma fala telefônicas, mesmo quando não telefonam. Aos poucos, todas as suas relações reduzem-se a ligações telefônicas. Continuam telefonando, como de grande distância, mesmo quando os seus parceiros estão sentados diante deles.

Não se esqueça, de outro lado, da facilidade das ligações telefônicas. Sem essa facilidade a vida de muitas pessoas seria hoje uma tortura. Esse fato intervém profundamente no estabelecimento e na manutenção de relações leves e superficiais, que, multiplicadas através do telefone, embotam a sensibilidade pelo valor do verdadeiro encontro. Assim, o telefone atinge-nos no âmago da nossa vida moral. O fio dá-nos uma verdadeira ubiqüidade, uma mobilidade imensa que não pode ser controlada pela fiscalização normativa da vizinhança ou do parceiro matrimonial, cujas relações com o cônjuge de resto também se reduzem muitas vezes a chamadas telefônicas. Favorecido pela anonimidade da metrópole e pela rapidez do automóvel, o telefone contribui para abalar, senão princípios firmes, ao menos bons propósitos. O telefone estabelece ligações que não se realizariam através de encontros. Há uma espécie de irresponsabilidade e despudor telefônicos. Na escuridão e diante do telefone as faces não se ruborizam. Afinal, são somente as vozes que se comunicam e não as pessoas.

A Ambigüidade da Técnica

As análises foram propositalmente radicalizadas e

não devem ser entendidas ao pé da letra. Mas elas poderiam ser aplicadas a todos os aparelhos construídos pelo homem e mostrariam como os produtos do homem o transformam de modo sutil e imperceptível, recriando-o à sua imagem. Poder-se-ia mostrar como o espírito técnico-científico invadiu as artes e lhes deu caráter de pesquisa e experimento, levando-as a abstração, diferenciação, que dificultam sobremaneira a sua comunicação com o público, impedindo, por assim dizer, o diálogo entre o artista e o consumidor. Poder-se-ia mostrar como os processos da produção industrial para um mercado anônimo foram introduzidos também nas artes, de modo que o artista já não satisfaz uma encomenda concreta como antigamente; já não trabalha como o artesão que se comunicava com o cliente e procurava adaptar-se aos seus desejos. Hoje, passou a produzir como o industrial, para um mercado abstrato, fato que lhe proporciona muito maior liberdade, mas que de outro lado o impele a separar-se inteiramente do público ou a apresentar um produto estandardizado como o do industrial.

Todos esses processos parecem ser irreversíveis, embora talvez se possa amortecer alguns dos seus efeitos. É, todavia, impossível detê-los e seria absurdo querer detê-los. Pois as modificações sugeridas pelas análises (embora de forma muito fragmentária), longe de serem apenas nocivas, apresentam muitos aspectos positivos. Ambígua desde o início, ao ponto de a primeira pedra usada pelo homem ter sido tanto arma mortal como recurso útil, a técnica distingue-se pela peculiaridade de que a cada vantagem parece corresponder uma desvantagem e a cada aspecto pernicioso outro extremamente benéfico. Assim, o horário de trabalho foi diminuído pela técnica, mas os operários gastam muitas vezes horas a fio para chegarem ao lugar do trabalho e para voltarem a casa. Ainda assim, resta-lhes agora mais tempo para fins de recreação, mas esta, por sua vez, se tornou ambígua. O progresso técnico criou indústrias culturais e de di-

151

versão que fornecem às massas entretenimento em quantidade e por vezes também em qualidade inconcebíveis em tempos passados, mas o processo de fornecimento transformou os beneficiados em consumidores passivos, sem possibilidade de participação atuante. Um dos maiores benefícios justificaria a técnica, purificando-a de todos os pecados. Surgiram, todavia, outras servidões, embora mais abstratas e de mais difícil verificação. Por outro lado, o que se afigurou nas análises como tendência nociva a formas cada vez mais abstratas de comunicação humana, implica a imensa vantagem de à base dessas relações mais impessoais se estabelecerem relações mais justas; menos cordiais, é verdade, mas muitas vezes mais correspondentes à dignidade humana.

Contudo, a cada passo, com cada vitória surgem novos problemas. O conforto é distribuído atualmente em escala nunca antes sonhada, ao ponto de um operário poder viver hoje de forma mais sadia e cômoda do que um aristocrata medieval. Mas as diferenças sociais continuam relativamente as mesmas e o que importa não são os fatos absolutos, mas as posições relativas dentro do todo. Criando riquezas imensas, a técnica parece pôr ao alcance do homem um estado de eterna saturação. Mas ela transforma o êxito material em meta suprema de culturas inteiras, as quais não sabem ao mesmo tempo regular as vias de acesso a essas riquezas, não falando do fato de que neste campo há só vitórias parciais e muitas vezes amargas e nunca satisfação verdadeira.

Se, de um lado, graças à técnica, aumentou de forma antes inimaginável a segurança do homem em face das forças da natureza, cresceu concomitantemente a insegurança do homem em face do imenso poder que a técnica propiciou a homens muitas vezes irresponsáveis. A produção de meios tomou um vulto extraordinário, mas há o perigo de que a produção de meios se torne o fim supremo da vida. Assim, cada conquista parece exigir alto preço; a difusão democrática da cultura cobra o tributo do nivelamento e o avanço das pesquisas estéticas, científicas e filosóficas impõe a taxa da desumanização.

Ao que tudo indica, temos de prognosticar, ainda durante muito tempo, um progresso técnico ininterrupto e cumulativo, com todas as vantagens que daí decorrerão para as gerações futuras e com todas as dificuldades que resultarão principalmente da crescente instabilidade em culturas sujeitas a incessantes transformações.

A Técnica e o Valores

A técnica moderna, servindo-se das ciências naturais, desenvolveu-se, como vimos, em íntima interdependência com o sistema de produção capitalista. O enorme poder da técnica, sustentado por grandes capitais e aumentando por sua vez os capitais, reside na sua eficiência extraordinária em produzir bens materiais − utilidades essenciais à vida e ao conforto. Face a isso, a sua eficiência igualmente extraordinária, não em produzir, mas em multiplicar e difundir bens espirituais (livros, jornais, discos etc.), é relativamente secundária. No primeiro caso, a técnica transforma o mundo material de modo a torná-lo portador de valores elementares, tanto assim que neste campo a sua função é altamente criativa. Pois neste domínio o valor surge e se realiza somente pela transformação material. No segundo caso, a técnica, ao transformar o mundo material, não cria valores espirituais: apenas põe à sua disposição portadores materiais que facilitam a sua multiplicação e distribuição. Neste domínio, a técnica é apenas veículo.

Desde o início, a técnica se limita à manipulação do mundo material. Embora nascida de um ato espiritual, essa espiritualidade se manifesta apenas na sua capacidade formadora e transformadora dos elementos brutos da natureza. Todavia, impor determinada forma à matéria representa uma conquista substancial no mundo dos bens materiais. O martelo, a bicicleta, o automóvel, só surgem como utilidades graças à manipulação formal dos elementos naturais: neste domínio a forma é ao mesmo tempo substância. Na esfera dos bens espirituais, todavia, a técnica só pode ter a função secundária de, pela manipulação formal da matéria, servir de veículo a valores substanciais de origem puramente espiritual, conquanto por vezes condicionados e moldados pela inflüência da técnica.

Ao fato de a técnica alcançar a sua plena eficácia criativa somente no campo dos bens materiais acrescenta-se ainda outro, o de somente neste domínio ser fundamental a multiplicação, ou seja, a quantidade. O valor inere aí de tal forma ao seu portador material que não é possível separar um do outro. Na medida em que o artefato se gasta, diminui também o valor de utilidade inerente, até perder-se por completo. A quantidade, neste terreno, significa riqueza, a multiplicação multiplica os valores. No domínio dos bens espirituais, porém, o valor como tal é independente em alto grau do veículo técnico (não, evidentemente, do portador material trabalhado pela própria mão do artista, como no caso da escultura ou pintura); não é o valor que é multiplicado, mas apenas os seus portadores materiais. Dez martelos são realmente mais do que um único martelo e representam dez vezes mais em valores úteis. No entanto dez discos da 5ª Sinfonia de Beethoven aumentam em nada o valor estético desta sinfonia, embora contribuam para difundi-la em maior escala, democratizando assim valores espirituais; mas a multiplicação e mecanização da apreciação estética, embora tenham aspectos altamente positivos, são ao mesmo tempo causadoras de um consumo passivo e muitas vezes inadequado ao valor estético.

De tudo isso segue-se que a técnica, pela sua própria essência, é um poder de imensa criatividade no terreno dos bens materiais, exercendo função apenas secundária no dos bens espirituais. Inteiramente nula, porém, parece ser a sua contribuição no domínio dos valores morais, que, evidentemente, não se corporificam em bens, embora necessitem da sua existência para manifestar-se. Os valores morais inerem apenas a pessoas e se realizam somente através de intenções e atos humanos. Assim parecem escapar inteiramente à intervenção da técnica que não pode servir-lhes de veículo e muito menos criá-los.

O exposto explica o curioso fato de que precisamente os valores mais elementares e fundamentais e, como tais, os de apelo mais poderoso se podem socorrer de todas as virtualidades da técnica, embora precisamente esses valores, já em si e sem o poder da técnica, tendam a impor-se pela sua própria força. Antes de tudo, o homem precisa comer, vestir-se e morar; e quanto aos prazeres sensuais, tendem a sobrepujar facilmente as aspirações mais elevadas. Já os valores espirituais, mais elevados e por isso de apelo muito menos insistente, encontram na técnica nenhum amparo criativo, apenas um veículo multiplicador e divulgador. Necessitada de grandes capitais e transformada em indústria cultural, ela muitas vezes chega mesmo a degradar os valores espirituais, ao ponto de substituí-los por valores da esfera do agradável e do mero gozo sensual. No domínio dos valores morais, enfim, valores que, em virtude da mesma superioridade e conseqüente fraqueza, necessitam de apoio máximo, a técnica parece ser de eficácia inteiramente nula. A técnica, portanto, fortalece os valores mais baixos, dando-lhes uma supremacia imensa, tão imensa que os valores mais elevados são, por assim dizer, sufocados e não podem "competir em condição de igualdade".

Acresce que a técnica, nos moldes da industrialização crescente, não só produz bens para satisfazer necessidades, mas que, ao produzir e inventar constantemente novos bens, produz ao mesmo tempo novas necessidades, transformando o homem cada vez mais em função das indústrias. Surge então como problema essencial manter o homem insatisfeito a fim de que possa satisfazer as necessidades da indústria e da técnica.

Em termos abstratos, essa análise parece ser correta: a técnica é completamente inócua no domínio dos valores morais, já que ela atua somente no mundo material. Contudo, a conclusão de ela não exercer nenhum efeito nessa esfera seria absurda, como comprova toda a exposição anterior. Através da transformação do mundo material ela influi profundamente no comportamento humano e atinge mesmo o âmago da consciência moral. O simples fato de a técnica fomentar a supremacia dos valores mais elementares em face dos valores mais elevados tem repercussão moral: pois, em muitos casos de relevância ética, a moralidade consiste precisamente na preferência que se dá ao valor superior em detrimento do valor inferior. A imensa oferta de bens materiais parece condicionar a intensificação de desejos inferiores que se emaranham no círculo vicioso dos valores utilitários, de conforto, luxo e semelhantes, enfraquecendo o apelo dos valores ascéticos, ligados ao rigor da conduta. O prestígio do êxito material tornou-se meta suprema da nossa cultura e isso de tal forma que todos os meios parecem permitidos para alcançar este fim supremo.

Todavia, esta apreciação das relações existentes entre a técnica e os valores peca pela sua unilateralidade. É preciso reconhecer que a técnica, impulsionando transformações sociais e políticas imensas e difundindo em escala universal informações e esclarecimentos, criou situações inteiramente novas em que se tornaram possíveis reivindicações sociais de amplitude extraordinária: fato que teve e tem repercussões intensas no âmbito moral através da crescente sensibilização da consciência de imensas massas humanas no que se refere ao valor da justiça; valor moral mais elementar e muito inferior aos da generosidade, caridade, filantropia e do amor; mas, precisamente por isso, muito mais imperativo e muito mais fundamental: os valores inferiores – também na própria esfera moral – têm um impacto muito maior do que os elevados e exigem com muito mais poder a sua concretização universal. É possível que, numa organização social e econômica mais ajustada à hierarquia dos valores, a técnica possa tornar-se um fator moral de primeira grandeza, satisfazendo de tal forma as necessidades de penetração. E é possível que a própria técnica imponha, futuramente, tal sociedade.

Uma Técnica para Dominar a Técnica

Vimos, de início, que o homem – graças àquele pequeno hiato, graças àquela esfera de símbolos que ele interpôs entre si e a natureza – conseguiu adaptar a natureza às suas necessidades. No processo dessa adaptação, o homem criou um novo mundo que atua por sua vez profundamente sobre seu criador. Surgiu a paradoxa situação de que o mundo interposto pelo homem entre si e a natureza se transformou numa espécie de segunda natureza artificial, que ameaça impor-lhe condições semelhantes àquelas que determinam o comportamento dos animais na natureza primitiva. O homem vive hoje dentro do mundo artificial da sua técnica, quase como o animal dentro do seu ambiente natural, fechado no círculo de impulsos e reações. Com efeito, às vezes parece que o homem, ao se pronunciar o nome da Dona Técnica, só sabe abanar o rabo e farejar o ambiente. A vara do símio virou na mão do homem vara mágica, mas o homem parece ter perdido a faculdade de projetar-se além da situação atual e guardar a vara para um emprego *possível*. A técnica – formalmente uma objetivação do espírito humano – materializa no seu gigantesco aparelhamento cada vez mais as aspirações mais elementares do homem. Tornou-se imagem imensa da humanidade, imagem, porém, a que falta o coração e a centelha moral. Assim, a técnica tornou-se o símbolo máximo de todas as alienações, dominando o homem em vez de ser dominada por ele.

Todavia, o homem não deixará de lembrar-se da sua linhagem de rebelde. Ele saberá negar e superar o campo vital em que se encontra inserido, como o animal na natureza, e, deste modo, conseguirá objetivar a situação por ele mesmo criada. A dificuldade de distanciamento certamente é hoje muito maior, pois trata-se do seu próprio produto e é difícil fitar a obra das nossas mãos e do nosso cérebro com fria objetividade.

É, no entanto, só através desse distanciamento que o homem poderá reconquistar a liberdade que lhe possibilitará criar uma nova técnica para dominar e explorar a técnica, como antes dominou e explorou, através desta, a natureza.

Isso parece ser mera retórica, mas o homem já objetiva a sua situação, pelo menos parcialmente, através das ciências sociais e da crítica filosófica, isto é, através de sistemas de símbolos. Trata-se de um distanciamento teórico que, colocando o homem em face da sua situação, arranca-o da mera atualidade e lhe restitui a aptidão de viver no condicional das possibilidades.

É possível que daí nasçam "instrumentos" e toda uma técnica para facilitar as adaptações necessárias e para aproveitar as vantagens da técnica ultimamente desenvolvidas neste sentido correspondam à idéia exposta. Aquilo que nos Estados Unidos atualmente se pratica, com o título de "engenharia social ou humana", por exemplo, no terreno das relações humanas em empresas industriais, não inspira muita confiança. Trata-se em geral da vara do símio usada *ad hoc*, como reação imediata a circunstâncias vitais. Ainda assim, não se pode negar méritos a Elton Mayo e às suas pesquisas no campo das relações humanas nas empresas fabris. Pelo menos reconheceu ele claramente os problemas enfrentados pelas grandes indústrias. Em certa ocasião diz mais ou menos o seguinte: O mundo civilizado passa hoje por um progresso industrial, mecânico, físico e químico tão rápido que todos os sistemas históricos e de relações pessoais e sociais vêm sendo destruídos. Não temos tomado em consideração um fator humano determinante: abandonamos a sociedade estável dos nossos antepassados em favor de uma nova sociedade dinâmica, sem adquirirmos, porém, a faculdade de adaptação. Sob esse aspecto, prossegue, verificou-se a extrema importância das boas relações sociais dentro das grandes empresas fabris – importância que supera até a do nível dos salários. Pois o homem não pode viver sem sentir-se parte de uma comunidade. Tornou-se ponto pacífico que a empresa tem de fazer o possível para ajudar a criar comunidades coerentes dentro do quadro dos seus operários e empregados, para que seja evitado o erro funesto de que as indústrias, enquanto se tornam criaturas de riquezas, passam a ser ao mesmo tempo destruidoras de comunidades. Diríamos, nos termos desta exposição: o telefone é indispensável no nosso mundo; mas de igual importância é o encontro, ainda que não seja na fonte e sim na cantina da fábrica.

Todavia, também a nova técnica para dominar a técnica será profundamente ambígua se ela não se basear em concepções mais amplas, mercê das quais se atribua às atividades técnico-econômicas o lugar justo que lhes cabe, numa sociedade regida por uma verdadeira hierarquia de valores. A engenharia social, não satisfeita essa exigência primordial, poderia degenerar em mera manipulação do ser humano, mecanizando o homem ainda mais, em vez de humanizar os mecanismos. Ela se transformará em caricatura se ela criar boas relações humanas com o fito expresso ou não expresso de garantir o melhor funcionamento das empresas e, desta forma, lucros maiores. As boas relações e o respeito mútuo não podem ser meios para propósitos econômicos. Tal maneira de encarar o problema viciaria desde o início todas as tentativas de engenharia social e acentuaria a inversão dos valores que a técnica para dominar a técnica deveria precisamente combater.

Nenhuma técnica para dominar a técnica poderá ser aplicada com êxito num mundo em que reine tamanha desordem de valorizações (dizemos valorizações flutuantes dos homens e das culturas). Ela pode atingir seus fins somente dentro de uma concepção política, social e econômica que corresponda à verdadeira ordem dos valores. Concepção em que os bens materiais se subordinam ao homem em vez de este se subordinar a eles. Somente quando o homem integral, com todas as suas virtualidades, se tornar base e foco de todas as considerações, poderá a engenharia social cumprir as suas múltiplas tarefas, num mundo em rápida mudança e crescente tecnicamente: cuidando da comunidade dos homens, da sua recreação sadia e ativa, do planejamento urbanístico, da descentralização das indústrias e sua possível dispersão pelas regiões semi-rurais (pois a técnica atual não exige a maciça concentração em função da energia e da produção eficiente) e da elaboração e experimentação de sistemas de educação e instrução mais adaptados a um mundo flutuante e instável – para mencionar só algumas das suas tarefas.

Somente em uma sociedade organizada em termos de valorização que correspondam à totalidade do ser humano, respeitando segundo a sua premência, mas também segundo o seu nível, as necessidades físicas, psíquicas e espirituais do homem, bem como os imperativos morais, somente em tais circunstâncias a técnica para dominar a técnica poderá ser aplicada de forma a libertar todas as potencialidades benéficas desta última. Em semelhante sociedade – que não sabemos como será, mas que será diversa de todas as sociedades atuais – a abundância crescente de bens materiais, em vez de corromper o homem e sobrepor-se aos valores mais elevados, talvez se constitua em base elementar capaz de facilitar a realização dos valores supremos numa extensão nunca antes atingida.

Trata-se, no exposto, naturalmente de um modelo ideal de pensamento, em termos que abstraem de um sem-número de fatores concretos. A queda casual da menor bomba atômica pode desfazer todos os esquemas e prognósticos. A atuação irracional do homem dificilmente se enquadra em construções racionais. O pesado entrechoque dos fatores históricos, o dinamismo de ações políticas divergentes, criam um paralelograma de forças de direção imprevisível. Dir-se-ia com Hegel: tanto pior para os fatos se eles não corresponderem à teoria. Tanto pior para a humanidade se o seu produto aniquilar a humanidade.

Bibliografia

BUYTENDIJK, F. *Mensch und Tier*. Hamburgo, 1958.
KOEHLER, W. *The Mentality of Apes*. Pelican.
MERLEAU-PONTY, M. *La Structure du comportement*. Paris, 1942.
SCHELER, M. *Die Stellung des Menschen im Kosmos*. Darmstadt, 1930.
GEHLEN, Arnold. *Die Seele im technischen Zeitalter*. Hamburgo, 1957.
BRANDT, Leo. *Die zweite industrielle Revolution*. Munich, 1957.
JORDAN, Pascual. *Wie siet die Welt von morgen aus?*. Munich, 1958.
PLESSNER, Helmuth. *Zwischen Philosophie und Gesellschaft*. Berna, 1953.
RIESMAN, David. *The Lonely Crowd*. Nova York, 1953.
BRINKMAN, Donald. *El Hombre y la Técnica*. Buenos Aires, 1955.
CASSIRER, Ernest. *An Essay on Man*. New Haven, 1944.
SPENGLER, Oswaldo. *El Hombre y la Técnica*. Madrid, 1932.
BAADE, Fritz. *Weltenergiewirtschaft*. Hamburgo, 1958.
SCOTT, J. F. & LYNTON, R. P. *Le Progrès Technique et L'Intégration Sociale*. Paris, UNESCO, 1953.
LANGER, Susanne K. *Philosophy in a new Key*. Mentor Book.

JASPERS, Karl. *Vom Ursprung und Ziel der Geschichte*. Frankfurt, 1955.

HARTMANN, Nicolai. *Das Problem des geistigen Seins*. Berlim, 1949.

——————. *Ethik*. Berlim, 1949.

PARTE II:
PROBLEMAS POLÍTICOS E CULTURAIS

1. O SENTIDO DO RACISMO*

Quem, neste dia em que já se vislumbra a derrocada do nazismo, ainda escreve sobre a sua teoria parece dedicar-se ao ramo literário da necrologia. Isto, porém, é um erro. O nazismo é apenas a expressão política e militante de uma atitude espiritual que não se derrota nos campos de batalha. Não falaremos aqui em geral sobre o "irracionalismo filosófico" que tanto contribuiu para fornecer as bases "espirituais" deste monstro político. Ocupar-nos-emos apenas de uma seção da filosofia nazista, talvez a mais importante: o racismo.

A teoria racista do nazismo é fixada principalmente na obra de Alfred Rosenberg, *O Mito do Século XX*, cuja essência é uma filosofia da história, e na qual o autor

* Artigo publicado no jornal *Diário Paulista* em 12 de dezembro de 1943.

pretende provar que a evolução da história é efeito de uma luta entre as raças.

Baseando-se neste axioma, Rosenberg estabelece que "todos os estados do ocidente e a sua obra criadora forma produzidos pelos germanos". Esta obra criadora se compõe da cultura indiana, grega, romana, e da cultura germano-cristã propriamente dita.

A "prova fundamental" da superioridade das raças nórdicas é a seguinte. Depois de falar da larga difusão do mito solar, que encontrou eco em todos os povos da Antiguidade, Rosenberg afirma que este mito não teve origem nos diversos países separadamente nem se desenvolveu nos vários povos independentemente; ao contrário, "ele nasceu lá onde o aparecimento do Sol era uma experiência cósmica de intensidade máxima: no norte longínquo". Daí a conclusão de que, em tempos idos, de um centro nórdico, "hordas guerreiras se irradiaram como primeiras testemunhas da ânsia (nórdica) de horizontes distantes". A conclusão de que não só o mito solar, mas também todos os fenômenos elevados da cultura foram transmitidos pelos imigrantes nórdicos aos indígenas, segue com lógica irresistível. É esta uma lógica nórdica, considerando-se que, de acordo com a teoria nazista, cada povo tem a sua ciência, a sua moral e a sua lógica particular, para uso doméstico. De acordo com isto, poder-se-ia argumentar, por meio de uma lógica tropical, que a experiência cósmica do aparecimento do Sol é muito mais intensa nos trópicos, e que, por exemplo, os índios da América do Sul adoraram o deus Guaraci. Poder-se-ia dizer, pois, que toda a cultura se irradiou do Sul, alegando também que, por onde quer que os germanos tivessem aparecido, já encontraram culturas elevadas, que se tinham desenvolvido sem a colaboração e a nova ordem das "hordas guerreiras" nórdicas. Poder-se-ia demonstrar que na Idade Média uma das culturas mais elevadas era a dos árabes na Espanha, enquanto os povos mais puramente nórdicos, os da Escandinávia, ainda viviam em completa penumbra cultural.

Mas é mais interessante seguir os passos tontos do filósofo nórdico. Falando dos gregos, ele diz que Apolo foi chamado por Homero de "loiro" e Atenas, "a de olhos azuis", prova esta de que se trata de uma raça nórdica, que criou os deuses à sua semelhança e que protegeu "o sangue loiro" (sangue louro é sangue azul)... Rosenberg esquece, porém de citar o mesmo Homero quando chamava aos maiores deuses, Zeus e Hera, "os cabelos escuros", e designava Poseidon nas *Ilíadas* e *Odisséia* como "o de cachos pretos".

O conhecido antropólogo Dickson descobriu que os heróicos espartanos pertenceram à raça alpina, cuja qualidade principal, para Rosenberg, é uma nova e ébria revelação do sangue nórdico, e é indicada por Gobineau, o pai da teoria racista, como a vitória dos poderes antiteutônicos. Pitágoras, consoante a opinião de Rosenberg, é o profeta do mundo inferior afroasiático. Mas justamente este Pitágoras tornou-se, com a sua teoria dos algarismos, um dos primeiros fundadores da ciência que, de acordo com Rosenberg, é um "acontecimento nórdico"...

Poder-se-ia continuar na enumeração de semelhantes contradições e absurdos por muitas linhas. Não se deve esquecer, entretanto, a tendência escondida sob as palavras ocas. Vejamos bem o que ele diz. Falando da Roma antiga, Rosenberg descreve a decadência da democracia romana. Nos meados do século V a.C. (assim ele se exprime), "foi dado o primeiro passo para o caos, permitindo-se o matrimônio entre patrícios e plebeus, apesar de serem os primeiros de raça nórdica e estes de raça inferior". "O resultado desta 'bartardização' foi o proletariado."

Estas frases contêm toda a essência da teoria racista do nazismo. Examinemos um período que Hitler pronunciou num discurso proferido no "Dia do Partido Nazista", em Nurenberg, em 1933:

167

A igualdade é o maior empecilho de toda ordem social, pois entre iguais não há subordinação. Os dois conceitos "mandar" e "obedecer" recebem, um do outro, exato sentido no momento em que homens de valor diferente se encontram. A raça superior triunfa sobre uma raça inferior e estabelece então uma relação que liga raças de valores desiguais.

O único meio que, de acordo com o nazismo, existe para provar qual é a raça superior é o poder, a força e o domínio. O povo que domina é de raça superior. Ou falando em termos de política interior: a classe que domina é de raça superior. A teoria racista do nazismo não é outra coisa que a justificação da classe dominante (neste caso as classes feudais e industriais da Prússia) pela mitologia, dando a ela uma boa consciência. É a expressão mitológica da vontade de conservar o estado social das coisas com o auxílio de uma nova teoria de valores em sentido nietzschiano. É a tentativa de formar um monopólio de classe, uma aristocracia de poder – tentativa esta que, longe de ser apenas uma expressão do nazifascismo, no fundo se assenta na base de um capitalismo degenerado, que se esqueceu das raízes liberais e sãs das quais ele mesmo nasceu. Assim, não é de admirar que este mesmo capitalismo degenerado houvesse financiado Hitler.

Vejamos em torno de nós. Em cada esquina há racistas ardentes. O racismo é o modo melhor de um querer ser melhor do que o outro – sem a necessidade de esforço próprio. O racismo é a expressão de todas as forças antidemocráticas, que se baseiam no privilégio do "bem nascido" e da herança, seja biologicamente ou economicamente falando. Pertencer a uma "família tradicional" não dá direitos, mas apenas obrigações – pelo menos assim devia ser. Não só o "ariano" quer ser melhor que o "judeu", mas também o "branco" quer ser melhor que o "preto". E os próprios judeus, tão perseguidos pelos arianos ainda têm preconceitos raciais e se gabam de pertencer ao "povo eleito"...

Naturalmente, sempre há de haver uns que dêem ordens, e outros que obedeceṁ. Até aqui, Hitler tem razão. Mas o critério para esta superioridade não é, como ele diz, o da raça, ou seja, o poder dos que dominam e formam uma casta eternamente privilegiada, impermeável, impedindo o intercâmbio entre as classes e raças. O critério deve ser o da inteligência, o valor intrínseco, a qualidade criadora de cada indivíduo, formado e educado em igualdade de condições e possibilidades, independentemente de classe e raça na base de uma democracia que torna acessível o aperfeiçoamento destas qualidades individuais a todos, sejam eles pretos ou brancos, pobres ou ricos.

2. AS CAUSAS PSICOLÓGICAS DO NAZISMO*

I

Com o fim da guerra na Europa e a derrota da Alemanha, passou o nazismo a pertencer à História e ao passado. Todos os esforços puramente políticos, porém, com o fito de impedir que movimentos semelhantes, seja na Alemanha ou em outras partes do mundo, surjam de novo, serão vãos, a não ser que as lições econômico-sociais e psicológicas e o ambiente espiritual se modifiquem. Ninguém discute que um dos motores principais de ascensão do nazismo na Alemanha foi o fator econômico. No entanto, este fator encontrou e criou uma situação psicológica especial, situação esta que não desapareceu com o extermínio do nazismo e continua pre-

* Artigo publicado no *Jornal de São Paulo* em 19 de setembro de 1945.

dominante em vastas camadas das populações, não só da Alemanha, mas de grande parte do mundo. Eis por que um rápido exame das bases psicológicas do nazismo não parece ocioso. É supérfluo examinar deste ponto de vista os fatores econômicos e políticos universais que contribuíram para a ascensão do hitlerismo. Dentro da Alemanha ele serviu aos interesses de um capitalismo degenerado e de Junkers semifeudais endividados que, com verdadeiro pânico, se viram forçados a enfrentar um parlamento composto quase pela metade de comunistas e socialistas. No entanto, a fim de que a propaganda financiada por aqueles grupos produzisse efeito, precisava ela encontrar condições piscológicas especiais nas massas. A ideologia doentia de um neurótico para vingar no espírito do povo, ou de certas classes deste povo, necessita encontrar um ambiente receptivo ao menos em parte igualmente doentio e neurótico. É fato reconhecido que o nazismo foi a "revolução da pequena burguesia". Esta classe, abrangendo o artesanato, pequenos funcionários, comerciantes e lojistas modestos, empregados chamados "proletários de colarinho duro" (*Stehkragenproletariat, whitecollar workers*) e os intelectuais proletarizados formaram a base do nazismo, a massa de adeptos que o seguiu como fanatismo de crentes. As classes proletárias e a grande burguesia, os católicos em parte, os industriais e Junkers, nunca eram nazistas no sentido genuíno. Os últimos se aproveitaram dele e o incentivaram para fins próprios, e os primeiros o acompanharam sem grande entusiasmo ou se assimilaram superficialmente, demonstrando, todavia, uma resistência surpreendentemente pequena e uma fraqueza íntima que ninguém teria esperado. Os católicos não receberam, logo de começo, diretrizes claras e unívocas e a uma grande parte deles faltava o espírito verdadeiramente evangélico. Os legítimos católicos dificilmente se tornaram nazistas. Os operários estavam divididos pela luta entre comunistas e sociais-democratas – luta trágica que solapou a consciência de classe e a força de resistência contra o fascismo. Além disto, a classe operária, embora demonstrando otimismo depois da derrota, seguida da fuga do *Kaiser*, e sentindo-se animada pelas perspectivas de um regime social-democrática, via com amargura a lenta corrupção de todos os impulsos e iniciativas nobres, golpeada como ela era pelos vencedores da guerra, golpeada pelos reacionários dentro da Alemanha, estimulados pelos reacionários fora da Alemanha e golpeada finalmente pelos próprios chefes, figurões medíocres ou "novos-paxás" ambiciosos, joguetes nas mãos do capital. Este processo tornou os operários descrentes e derrotistas, profundamente desanimados e psicologicamente desarmados para enfrentar a revolução da pequena burguesia.

Foi, pois, esta classe que respondeu positivamente ao apelo emotivo dos primeiros nazistas e que não só se entregou passivamente, mas colaborou com determinação e paixão. O efeito formidável da propaganda de Hitler, levada adiante com habilidade diabólica, só se pode explicar por uma estrutura caracterológica peculiar a esta classe, da qual o próprio Hitler saía. Esta estrutura, de certo modo típica para a pequena burguesia de todo o mundo, sofreu dentro da Alemanha uma deformação patológica que a impregnou com traços de extrema virulência, devido às condições gerais e à história do seu povo. Erich Fromm, no seu magnífico livro *Escape from Freedom* (Nova York, 1941), classifica este tipo de *authoritarian character*, ou seja, *caráter autoritário*, querendo designar assim o homem em quem os instintos sadomasoquistas predominam em maior ou menor grau. Desde as pesquisas de Freud, supõe-se que o sadismo e o masoquismo aparecem separados, mas sempre ligados. O próprio Freud, que inicialmente deu ao fenômeno do sadomasoquismo uma interpretação puramente sexual, corrigiu mais tarde sua teoria, reconhecendo nele dois instintos fundamentais: o "instinto da vida", mais ou menos igual à libido sexual, e o "instinto da morte" ou da destruição. A pura destrutividade deste último instinto costumaria amalagamar-se com a libido sexual e tomaria então a forma do masoquismo, se dirigida contra a própria pessoa, e de sadismo, se dirigida contra outras pessoas. Esta teoria tem méritos, mas parece um pouco hipotética. Seja como for, todas as pessoas revelam traços de sadomasoquismo, fato este facilmente verificável em cada família onde, por exemplo, o pai, depois de humilhado no escritório, vem descarregar seu sadismo contra a esposa e as crianças, justificando seu procedimento com a necessidade da educação ou repreensão... Nos demais casos este sadomasoquismo não é, porém, a força dinâmica que constitui toda a estrutura caracterológica do homem. Só quando isto se dá, podemos falar do *authoritarian character*.

Neste caso o sadomasoquismo moral se traduz num vontade doentia de poder e dominação, ligada a uma ânsia, igualmente doentia, de submissão e autodiminuição. É exatamente o caráter que Heinrich Mann descreveu na sua novela *O Súdito* (*Der Untertan*) – aquele tipo que, em face do poder superior, se humilha e ajoelha, mas que, ao mais fraco, mostra com brutalidade sua superioridade material. O sadomasoquista moral só se sente bem dentro de uma hierarquia rigorosa, em que sempre há alguém por cima e alguém por baixo dele – posição exata da pequena e da média burguesia. Dentro do sistema nazista o cume da pirâmide hierárquica era representado pelo Estado e pelo *führer*, um pequeno burguês em quem o sadismo chegou a extremos patológicos. É conhecido seu desprezo pelas massas às quais se dirigiu. O reverso desse tipo, o masoquismo, se externava amiúde quando ele se referia à sua submissão cega à "natureza", às "leis eternas", aos "poderes sobrenaturais" ao *fatum*, à "marcha férrea da história" – potências das quais se chamava humilde instrumento. Em altura média da pirâmide figuravam os crentes nazistas; e como, devido à *Volksgemeinschaft* (comunidade do povo), o operário parecia desertar da sua posição supostamente inferior para equiparar-se, pelo menos aparentemente, às pequena e média burguesias e às outras camadas sociais, criaram-se as raças inferiores, os judeus e os povos a serem submetidos numa guerra imperialista, os quais serviriam como base da pirâmide.

No caso da pequena burguesia alemã, o "caráter autoritário" tomou feições perigosas devido à sua situação desesperada. Pela inflação empobrecida, pela ascensão dos operários "inferiorizada", pela pressão do grande capital monopolista proletarizada, esta classe se viu colocada como que entre as garras de um alicate enorme. A destruição do império do *Kaiser* a destituíra da sua almejada submissão a um poder glorioso. O afrouxamento dos laços familiares, depois da Primeira Guerra, deixara seus elementos confusos e desamparados. Por todos estes motivos, a pequena burguesia alemã se entregou de corpo e alma a um partido que lhe prometia o restabelecimento da hierarquia resplandescente, na qual poderia tomar lugar por cima das raças inferiores e por baixo do "Estado Forte" entidade mística, divina. Os traços patológicos deste tipo foram imensamente intensificados pelo contágio das massas, pela indução mútua, pelo efeito esteto-simbólico de uniformes – fenômenos conhecidos a todos que estudam a psicologica das multidões, nas quais tantos os bons quanto os maus instintos aparecem geometricamente aumentados.

II

Já Hobbes acreditou encontrar no instinto do poder a força motriz de todas as nossas ações. Nietzsche glorificou o desejo do poder, essência da vida. Correspondentemente, "descobriu" Vierkandt um instinto de submissão. Somente Freud tentou dar uma interpretação destes instintos, derivando-os dos dois já indicados impulsos inerentes a toda a escala dos fenômenos biológicos. A teoria freudiana, extremamente fatalista por ancorar o sadomasoquismo de modo imutável em leis biológicas, não consegue, porém, explicar a variação na intensidade desta estrutura caracterológica. A classe operária e a grande burguesia, por exemplo, demonstram ter, como se verificou por *tests*, traços menos fortes do sadomasoquismo moral. Parece-nos que o primeiro a elaborar uma teoria adequada a respeito daquele tipo é Erich Fromm, que interpreta seu comportamento como a evasão inconsciente do estado de liberdade social e espiritual alcançado pela humanidade em grau sempre crescente depois da Idade Média.

De um modo geral, a evolução da humanidade tem sido uma luta constante por maior liberdade individual. Aos poucos o indivíduo humano vai "emergindo" da união original com a natureza e a tribo, como analogamente a crença vai se libertando dos laços que a prendem à família. Esta "emergência" (para usar o termo de Fromm) tomou um aspecto mais radical na Renascença. Durante a Idade Média o homem vivia relativamente preso dentro da ordem social e tinha "pouca possibilidade de se mover de uma classe para outra..." Mesmo geograficamente estava fixado de modo quase incondicional: "O artífice tinha que vender a um preço fixo e o camponês no lugar fixo, o mercado da cidade [...] A vida pessoal, econômica e social dominada por regras às quais praticamente todos os ramos da atividade eram submetidos". Da mesma maneira que a vida material, era também a vida espiritual bem regulamentada. A tudo a igreja respondeu com segurança. O homem estava tão certo da sua "localização" no universo espiritual quanto no mundo geográfico. Contudo, o homem anônimo da Idade Média não sentiu esta sua situação como "prisão", pois não tinha ainda adquirido a perfeita consciência da sua individualidade. Só era capaz de pensar por meio de categorias gerais, como sejam raça, povo, família, corporação. Estes laços primários, genuínos, uma vez cortados, não podem mais ser consertados. Não há possibilidade de voltar para trás de modo legítimo. Qualquer desejo de "volta", uma vez adquirida a consciência clara da individualidade livre, seria *ersatz* e pura evasão, com graves conseqüências para a saúde psíquica da humanidade.

Desde a Renascença a emergência do indivíduo começou a acentuar-se, apesar de todas as hesitações e retrocessos. As expressões mais nítidas deste fenômeno na política e economia são o liberalismo e o capitalismo, na religião o protestantismo e suas seitas diversificadas, que isolaram o indivíduo em face de Deus, enfraquecendo o papel da igreja como intermediária. Já em plena Idade Média a própria escolástica, particularmente na Inglaterra, havia dado o primeiro passo com o nominalismo, que reconheceu somente a realidade "individual", e combatia o "realismo" asseverador da realidade das idéias abstratas, das chamadas universálias. Esta tendência radicalizou-se com Locke, Hume, Berkeley e, metafisicamente, com a monadologia de Leibniz.

Assim a humanidade foi conquistando, numa luta tenaz, sua liberdade, mas não aprendeu concomitantemente o que devia fazer com ela. O indivíduo se viu de repente sem proteção. O mundo não era mais o da Bíblia, tendo a Terra com centro. Bruscamente o universo se agigantara e parecia infinito, com milhões de sistemas de sóis... A própria Terra tornara-se globo, novos continentes surgiram. O indivíduo glorificava sua maioridade recém-conquistada, rejubilava-se da sua independência, mas ao mesmo tempo sentiu sua insignificância total, sua nulidade no cosmos que, de súbito, pareceu transformar-se num caos. Os protestantes haviam-se libertado da tutela de Roma, mas agora tinham que enfrentar sozinhos um Deus terrível, vingativo e irracional, um Deus que, por motivos insondáveis, distinguia uns, predestinando-os para o céu, e outros para o inferno, sem que soubessem por que eram eleitos ou condenados.

A situação da humanidade se assemelhava à dos escravos das Américas, que, repentinamente libertos, não preparados para enfrentar um mundo desconhecido, desejavam muitas vezes voltar à escravidão. Já havia possibilidade de subir socialmente, de ganhar dinheiro, de pensar livremente; não havia mais corporações para as profissões nem leis que restringissem a concorrência e a luta econômica. Não obstante, se o indivíduo conquistara a liberdade, perdera simultaneamente a proteção. Tudo tornou-se incerto; inesperadamente o homem livre se viu envolvido numa luta atroz de todos contra todos, num mundo em que só os fortes e decididos venciam e onde o sucesso parecia ser sinal de graça divina. Mas a mentalidade do homem não se tinha desenvolvido com a mesma rapidez. Ele tinha conquistado a "liberdade de", mas não a "liberdade para". O indivíduo não aprendera a ser autônomo; nem as condições gerais da sociedade lhe permitiram sê-lo.

Assim, o homem moderno se vê exposto a uma solidão angustiosa, num mundo em que o capitalismo monopolista toma feições de um terrível poder que aniquila na sua engrenagem o pequeno indivíduo desamparado. Potências gigantescas, obedecendo a leis misteriosas, descarregam sua ira sobre o Mickey Mouse, sobre o Carlitos que retrata o indivíduo solitário, perdido na imensidão de um mundo desenfreado e que só se salva por milagres. (Sua bengalazinha é o símbolo do último resto de elegância e dignidade que ficou ao pequeno burguês proletarizado.) As crises e as guerras se sucedem e a situação é de preocupação e de medo constantes – um estado ao qual filósofos como Kierkegaard, Heidegger ("Sorge") e Jaspers deram expressão eloqüente. Uma grande literatura se originou desta situação, logo interpretando-a com realismo, logo traduzindo a procura da evasão. O movimento romântico era a expressão de um "sentimento de vida", de triunfo e ao mesmo tempo de anseio, nostalgia e saudade, às vezes da Idade Média, às vezes de países remotos, às vezes da natureza, do popular, do primitivo onde havia "alma do povo", não indivíduos isolados. O individualista romântico, erguendo ainda em triunfo a bandeira da Revolução Francesa, como no quadro de Delacroix, chamaloteava como o da Renascença e dos humanistas entre entusiasmo juvenil e o desespero do *Weltschmerz*, entre excessiva sociabilidade e fuga do mundo; sente-se invadido por uma instabilidade e irrequietude extremas, é logo gênio divino, logo aniquilado pelo infinito. Suas obras são muitas vezes fragmentárias, sua vida marginal e dispersa, todo o movimento é uma fuga da realidade insuportável. Em nossos dias, a expressão mais poderosa da impotência do indivíduo esmagado por poderes insondáveis é a obra do genial Franz Kafka. Outros, de maneira diversa, são Julian Green, Thomas Wolfe (que melhor descreveu a solidão em todas as suas fases); Jean Giono (evasão para a natureza e para a ideologia fascista); Hermann Hesse (solidão do burguês intelectual); Knut Hamsun (volta à "terra"; contra o "homem que arrasta as raízes atrás de si", que não é radicado, que é livre; conseqüentemente, tornou-se nazista, apesar de ser norueguês); Aldous Huxley (preocupação com o problema da liberdade; evasão para a mística). Em Thomas Mann, decerto o maior romancista contemporâneo, o problema da "emergência" do indivíduo se liga ao do espírito que se distancia da vida. Seus "artistas", príncipes de existência estética, burgueses doentios ou decadentes, seu Josef bíblico, simbolizam o homem ameaçado, o *Sorgenkind des Lebens*, o filho mais aflitivo que a vida produziu. Particularmente na sua última obra, o monumental ciclo bíblico cuja figura principal é Josef, o tema da emergência é central.

III

Nesta situação sente o indivíduo sua independência como um pesado fardo e apela pela libertação da liberdade insuportável. Entre os múltiplos caminhos de evasão do isolamento e da liberdade oferece-se o do sadomasoquismo como meio de fuga inconsciente para as massas. O sadismo é a tentativa inconsciente do indivíduo de sobrepor-se à solidão e ao sentimento da sua extrema pequenez pelo engrandecimento da própria pessoa a tal ponto que domina e, por assim dizer, engole um ou outros indivíduos. Desta maneira, incorporando outros, ele se sente, inconscientemente, valorizado e fortificado. O impulso masoquístico, ao contrário, é a expressão inconsciente de uma tentativa de aniquilação do próprio "eu", que, assim, pela sujeição a um poder superior, espera libertar-se do isolamento doloroso. Os dois fenômenos são sintomas de um só estado de fraqueza e insegurança. O sadista, embora parecendo "homem forte", é no íntimo um fraco, pois sua vontade de poder é um sinal da sua essencial dependência daqueles que domina. Longe de ser autônomo, capaz de realizações positivas, é ele, ao contrário, nas suas formas excessivas, uma pessoa mórbida, escravizada, apta apenas para ações destrutivas. Esta fraqueza ressalta pelo fato de ele ser igualmente dominado por instintos de submissão.

Às formas extremas deste tipo alia-se, ou nelas predomina, o instinto de destruição, o que não se dá em casos moderados, aliás muito comuns. Nestes encontramos traços amenos, temperados pelo amor. Os amantes, no jogo amoroso, a miúde tornam-se um tanto violentos, ferem-se mutuamente, com o desejo íntimo de maior união: são casos "normais". O sadomasoquismo torna-se, porém, patológico quando o instinto de destruição aumenta além dos limites em virtude de recalques e ressentimentos, de uma vida oprimida, surdamente truncada, não vivida. A vida tem a tendência natural de crescer, de se expandir, de se expressar, de se realizar – isto não só sexualmente, mas de um modo geral. Quando esta tendência é reprimida além das possibilidades de sublimação, passa a energia dirigida para a vida por um processo de decomposição e se transforma em energia dirigida para a destruição e a morte (Fromm). Isto é um fato corriqueiro e é fácil prová-lo pelas estatísticas de suicídios e assassínios cujos motivos exteriores e visíveis parecem ser quase sempre irrisórios.

Eis a situação da pequena e mesmo da média burguesia na nossa época, particularmente na Alemanha. Neste país o sadomasoquismo se revestiu de formas patológicas em conseqüência de fatores econômicos e espirituais e de outros motivos já mencionados. A pequena burguesia alemã (e em grau menor também a de outros países) é a classe por excelência brecada nos seus impulsos, cercada por tabus e hipocrisias. É uma classe que tem qualidades extraordinárias de heroísmo, auto-sacrifício, renúncia, ambição e que, com sua meticulosidade, pedantaria, tenacidade, força de trabalho, sentido de ordem e disciplina, contribuiu imensamente para o patrimônio da cultura alemã. Sua tragédia essencial foi, possivelmente pela primeira vez, o tema de uma peça teatral na *Maria Madalena* de Friedrich Hebbel, neste sentido precursor de Henrik Ibsen. O drama descreve a tragédia de uma moça que trai a espontaneidade dos seus impulsos para obedecer aos "costumes" e no fim não obedece nem àqueles nem a estes. Sternheim traçou em contos magistrais a caracterologia negativa do pequeno burguês alemão. O homem típico desta classe, que na estratificação social toma uma posição que se assemelha à do mulato dentro da estratificação racial, é aquele que nunca quer parecer o que realmente é. Sem base econômica sólida, estrangulado entre o proletariado e o capital, quase um proletário ele mesmo, pretende, entretanto, ter a ideologia de um grande burguês. Sacrificando o essencial, dá um valor exagerado às aparências. Odeia as classes "superiores" e inveja-as; querendo imitá-las, abusa de cerimônias já antiquadas e quase esquecidas na *upper middle class*; move-se cheio de mesura e dignidade para compensar o que lhe falta em base econômica e autonomia de gosto, de educação e consciência moral. O pequeno burguês é o homem que vive de dentes apertados, esporcado incessantemente pela ideologia da ascensão social. A honra – valor aristocrático primordial – adquire no contato com ele feições extravagantes, que acentuam nela apenas o lado exterior: é fiscalizado pelo vizinho e pela opinião de um ambiente estreito e puritano para o qual todas as belas coisas da vida se tornam uvas azedas. A moral verdadeira da consciência autônoma tem a tendência de se tornar superficial, apenas costume ou legalidade, quando submetidos inteiramente ao critério anônimo da opinião pública ou do senso comum – tiranos terríveis que sufocam toda espontaneidade e sinceridade da vida, das ações, dos sentimentos, das emoções e até dos reflexos e dos sonhos. Em outros casos os costumes se entranham no indivíduo, sobrepondo-se à consciência moral e formando uma segunda, uma consciência-morcego que aniquila aquela. A tirania do mexerico leva à hipocrisia, à dupla moral e a uma sutil decomposição de toda a vida natural. O indivíduo se esforça de tal maneira para ser o que os outros esperam que ele seja, que, finalmente, deixa de ser por completo. Estrangulando inteiramente seu "eu", torna-se mera sombra, reflexo apenas do que Heidegger chamava o *man*, reflexo da multidão indeterminada e anônima. Toda a sua gravitação é deslocada para a periferia, ele não gira em torno do próprio centro; assim, pela força centrífuga da sua rotação, suas entranhas espirituais são, por assim dizer, projetadas para fora de uma autópsia psíquica que revelaria um fenômeno interessante: ele é um homem-cebola: não se encontra caroço, há só cascas. O complemento disto é uma labilidade, falta de autonomia, insegurança íntima e um pudor espiritual excessivos, fatos que contribuem para o isolamento do indivíduo e que trava seus impulsos de comunicação e de sociabilidade, que só se expandem sob a pressão vaporosa de muita cerveja ou no estado de inconsciência de que ele é presa quando seguro no aconchego de massas delirantes que se entregam voluptuosamente ao apelo crítico de um *fürhrer*.

Todos estes fatores não se acentuam com tanta força na classe operária e na grande burguesia. Aquela vive ainda numa comunhão mais íntima, mais ligada pelos laços originais e está longe de dar o mesmo valor às aparências. Ela é mais espontânea, nos seus impulsos mais generosa, não tem ideologia ascética que faz com que o pequeno burguês se mortifique pela ascensão social. D. H. Lawrence, ele mesmo filho de um mineiro, viu isto com muita clareza. O operário alemão geralmente gastou o que ganhou, sem se preocupar com o futuro. De um certo modo, agiu como Jesus ensinou falando dos lírios do campo e recomendando não pensar no dia de amanhã. Além disso, a vida nos grandes centros industriais não admite fiscalização e coação sociais tão rigorosas como nas cidades médias e pequenas, nas quais se desenvolveu principalmente o caráter do pequeno burguês.

A grande burguesia, embora possessa pela mentalidade do poder e da propriedade, dando mais valor ao termo "ter" do que ao termo "ser", leva uma vida mais autônoma e pode-se expressar com certa espontaneidade. Sua ideologia, embora deplorável, está em harmonia com sua base econômica.

Nesta conexão seria interessante um estudo sobre o papel da mulher na ascensão do nazismo. A população feminina concorreu com altíssima porcentagem de votos para a vitória de Hitler, movida particularmente pelo seu *sex appeal* e pelo desejo de submissão. Não é possível porém, nos limites deste artigo, entrar em pormenores a respeito da posição complicada da mulher na nossa sociedade.

IV

Estas considerações tentaram explicar por que principalmente a pequena e parcialmente a média burguesias, incluindo numerosos pequenos camponeses, contribuíram para a formação das hordas mais fanáticas do nazismo. A ideologia patológica deste bárbaro movimento correspondeu intimamente o testado patológico da alma das classes mencionadas. A "nova ordem", com sua hierarquia rígida de raças superiores e inferiores, colocou o alemão pequeno numa posição aparentemente privilegiada, facilitou sua evasão da liberdade e da solidão dentro do poder esmagador do Estado Divino ao qual ele se entregou, aniquilando a individualidade minúscula e automatizada que ele experimentou como um peso insuportável. Ao mesmo tempo o nazismo colocou à disposição dos seus instintos sádicos e destruidores as raças chamadas inferiores. Estes instintos, acumulados durante épocas, constituíram uma carga formidável. A bestialidade com que os nazis se comportaram durante esta guerra é prova. A mesma ferocidade que vitimou milhões de judeus, que sacrificou e mutilou mulheres e crianças dos povos vencidos, dirigiu-se finalmente, numa descarga de masoquismo e suicídio, contra o próprio povo e a própria terra, deixando-nos entrever o abismo da alma humana nos traços mais sinistros e horrorosos.

Não se deve esquecer o fator religioso que emprestou feições especiais à atitude dos crentes hitleristas. O povo alemão sempre teve em alto grau o que William James chamou *religious appetites*. O sentimento religioso, da mesma maneira que o sentimento amoroso, existe nos indivíduos assim inclinados de modo difuso, por assim dizer livremente pairando até condensar e cristalizar-se em redor de um objeto. Embora o objeto adequado do sentimento religioso seja o transcendente e absoluto, parece que grande parte do povo alemão tinha, em conseqüência da sua evolução religiosa específica, perdido o contato com Deus, e a carga de sentimento religioso assim liberta encontrou no *führer* um novo objeto ao qual o crente podia dedicar toda sua "fé". É sabido que a fé não depende de provas a respeito da dignidade ou mesmo da realidade do seu objeto. A fé aceita justamente sem ou contra provas racionais ou empíricas, experimentando o impacto de realidades superiores por intermédio de uma emocionalidade *sui generis*, "Credibile est, quia ineptum est... certum est, quia impossibile est..." A fé desviada não só aceita objetos inadequados, mas cria seus próprios ídolos. O *führer*, até um certo ponto, é uma criação religiosa do povo alemão. Este fator contribuiu para o extremo fanatismo com o qual uma parte do povo alemão se submeteu ao seu deus secularizado.

Não é preciso dizer que o alemão, no entanto, não é um ser especial. Se ele se comportou como aconteceu, foi devido às condições descritas, que parcialmente preponderam também em outras partes do mundo.

De um modo geral, o homem da nossa época não pode voltar para estados anteriores. A liberdade individual, supremo bem conseguido depois de tantas lutas heróicas, deve perder seu caráter negativo de "liberdade de" para tornar-se liberdade positiva, "liberdade para". As massas estão fartas da liberdade de ter fome. O futuro da democracia, sistema dentro do qual a liberdade poder-se-á realizar relativamente de maneira melhor, depende da sua capacidade de criar condições econômico-sociais e o ambiente espiritual que possibilitem a educação de indivíduos relativamente autônomos, seguros de si mesmos num estado de segurança geral em que não podem desenvolver-se o medo, a angústia, a preocupação constante, a solidão insuportável para o espírito médio; a futura democracia depende da sua capacidade de criar condição nas quais possam desenvolver-se indivíduos que não sejam autômatos que sucumbam a qualquer campanha de propaganda, mas que saibam raciocinar com discernimento; que sintam seus próprios sentimentos e não os que poderes anônimos sugerem; que tenham emoções genuínas e não as que convêm a patriotas espertos; que ajam de acordo com seus próprios desejos humanos, dentro dos limites sociais e não obedecendo a desejos de alguns que puxam as cordas. Se Sócrates disse "Conhece-te a ti mesmo!", devemos dizer hoje: "Seja você mesmo! Não seja o que outros querem que você seja!".

O problema essencial da humanidade, que é o de conseguir uma relação sã entre sociedade e indivíduo, entre a totalidade e suas partes, que, por sua vez, pretendem com razão ser também totalidades livres; o problema da integração sadia destas totalidades menores dentro da totalidade geral, sem que uma prejudique a outra e assim que as duas se completem; este problema só pode ser resolvido, em aproximação, dentro da democracia verdadeira. É claro que não se trata de uma emancipação anárquica do indivíduo. Uma certa coação social sempre se fará sentir, mas dentro de limites moderados ela só pode ter conseqüências benéficas, forçando o indivíduo a certas sublimações. O perigo da coação é de crescer além dos limites da capacidade sublimativa, provocando então repressões e recalques.

Particularmente no terreno econômico, a liberdade tem que ser restrita. O espírito de concorrência e a fria glorificação do egoísmo levam de um lado à formação de *trusts* com a subseqüente aniquilação da própria idéia liberal, e, de outro lado, justamente à formação deste espírito que, nas suas formas viruletas, impede a emancipação do indivíduo, pois causa constantemente novas divisões do trabalho e assim provoca, ao contrário do que geralmente se pensa, uma progressiva mutilação da totalidade do indivíduo. A evolução do indivíduo e da sua liberdade positiva é, pois, possível só numa democracia em que o Estado intervém nas relações econômicas por paradoxo que isto possa parecer. Um pensador como J. Stuart Mill, que de modo tão extremo pugnou pela individualidade livre, chegou exatamente a esta conclusão.

Assim, a democracia tornar-se-ia a forma político-econômico-social, dentro da qual o indivíduo responsável e autônomo chegaria à realização e expressão de si mesmo, à rendição e salvação do âmago do seu ser único e original pelo seu desdobramento e desenvolvimento. Para todos há lugar na casa de Deus – esta idéia, expressa por Isaías e depois nos Evangelhos, acentua a igualdade de todos, uma igualdade cujo complemento natural é a infinita diversidade e diferenciação de todos, pois cada um deve aproveitar e aperfeiçoar seus dons particulares e cada indivíduo, realizando-se de acordo com a sua própria idéia profunda, é igual em valor essencial a todos, provoca evasões inconscientes da mesma maneira. Um "espírito amoroso" que ligue e integre os indivíduos totais dentro da totalidade das sociedades nacionais que se realizam e expressam, nacional e individualmente, dentro da sociedade humana geral, um espírito de fraternidade universal, deve crescer e empolgar as almas. Este "espírito amoroso" só se pode desenvolver sob condições econômicas bem diversas das de hoje; mas simultaneamente estas condições só se podem modificar sob o impulso deste mesmo espírito amoroso. Este é o problema das elites, que, nas democracias ocidentais, tão lamentavelmente fracassaram. Sob estas condições, remotas que sejam, poderá ser extirpada uma situação psicológica mórbida que provoca evasão inconsciente de massas barbarizadas e novas guerras.

"É isto utópico?", perguntou Oscar Wilde em circunstâncias semelhantes. E respondemos com ele: "Um mapa do mundo que não inclui Utopia nem é digno de ser examinado, pois falta nele aquele país onde a humanidade sempre desembarca [...]".

Todas as teorias científicas, disse Vaihinger, são no fundo nada mais que hipóteses de trabalho, meras ficções. Agimos como se valessem para a realidade. Milagrosamente, a realidade obedece às teorias. Mesmo que achássemos nossa utopia democrática irrealizável, teríamos que agir como se ela estivesse no alcance do nosso braço. Então ela se realizará.

3. ARTE E FASCISMO*

I

Um dos fenômenos mais perturbadores destes tempos é existirem escritores e poetas de valor favoráveis ao fascismo. Para não falar da atitude ambígua de alguns franceses como Jean Giono (autor do livro do qual foi extraído o filme *A Mulher do Padeiro*), La Fonchardière, F. Céline, Pierre Hamp, basta mencionar o nome de um grande artista como o é indubitavelmente o norueguês Knut Hamsun, que se colocou com decisão e paixão no lado do nazismo e colaborou ativamente com o partido de Quisling, traindo, pois, não só a sua pátria, mas o

* Artigo publicado no *Jornal de São Paulo*, em 21 de fevereiro de 1947.

próprio espírito. Este fenômeno é de alguma maneira completamente estranhável. É comum que grandes artistas são conservadores. Mas confunde que homens de extraordinário destaque artístico se tornem representantes de um espírito essencialmente ilegítimo – no sentido de traírem as idéias mais caras à humanidade, de solaparem a consciência de uma certa direção no dinamismo do processo histórico e de não reconhecerem ao menos a validade de um ideal humano, por mais geral que seja.

Semelhante atitude não ofende no mesmo grau em se tratando de cientistas especializados. O humano não entra com a mesma intensidade e totalidade no trabalho destes últimos. A personalidade integral não se expande na sua especialidade; ao contrário, quanto mais ela se apaga, tanto melhor. É perfeitamente possível que alguém seja um físico competente e ao mesmo tempo um homem desprezível, embora possa parecer que o labor exaustivo em prol da verdade estabeleça uma severa seleção. Mas o objeto do cientista se dirige a uma parcela especialmente treinada do mesmo, com exigências específicas, às quais ele é obrigado a subordinar-se. A ciência é o reino do legítimo, no qual há, segundo critério indeturpável, uma constante eliminação do cientificamente ilegítimo, ou seja, do errado. Por mais mesquinho que seja o cientista como homem, ele não pode falsear experiências, cálculos ou fatos que outros com relativa facilidade podem repetir ou observar.

No caso da arte, a questão é muito mais complexa. Na obra de arte é a totalidade do artista como homem que entra em jogo, a obra emana da sua personalidade integral, da sua vida intelectual, afetiva e inconsciente, e é uma criação até um certo ponto espontânea, de maneira alguma sujeita às exigências daquilo que é "dado" como objeto para o trabalho científico. Justamente por isto parece chocante verificar que artistas, cuja personalidade se ligou intimamente ao ilegítimo e amoral, possam criar obras de real valor. Como é isto possível? Existe na ordem estética uma força que elimina ou transforma aquilo que nós consideramos ilegítimo? Naturalmente pode-se objetar que o esteticamente perfeito não tem nenhuma relação com aquilo que nós chamamos legítimo na história político-social. O assunto ou conteúdo ideológico da obra de arte é em si esteticamente indiferente, é um elemento não-estético. A arte tem a sua autonomia particular e não pode receber ordens de outras camadas do "espírito objetivo". O artista, como personalidade total, pode perfeitamente pôr-se ao lado do que nós consideramos ilegítimo na dinâmica do processo histórico, pode defender idéias vergonhosas e retrógradas e glorificá-las na sua obra; e contudo pode realizar o ideal estético, criando produtos perfeitos.

Este argumento não satisfaz, porém, inteiramente. O ideal estético coincide de maneiera extraordinária com o ideal humano. O homem como ente anfíbio, de dupla essência, composto de natureza e espírito, como ponto de contato de duas determinações opostas – isto é, da liberdade (pois também esta é determinação) e da necessidade –, tem como verdadeiro ideal, apesar de todas as variações, o equilíbrio e a harmonização destes dois elementos contrários. Justamente isso é também (assim nos parece) o ideal da arte. Na bela expressão de Schelling aparece só no produto da arte, criado pelo entusiasmo consciente-inconsciente do grande artista, o que a realidade em vão procura realizar; é nele que se estabelece o equilíbrio de uma oposição infinita; é o artista que cria a beleza, este milagre inefável por meio do qual a idéia se torna matéria e a liberdade natureza. A própria mediação entre essas duas determinações é espírito – um espírito que se transformou em imagem e vida. A arte é, pois, um símbolo da perfeição humana, de um estado de graça em que instinto e imperativo, ser e dever, se equilibram e interpenetram. Mesmo a deformação e a desarmonia na arte são elementos formais de uma síntese mais ampla, de uma harmonia mais rica e diferenciada.

E embora o homem continue a ser um ente em eterno conflito consigo mesmo, é a arte a expressão de uma imensa esperança, do anseio de uma infinita aproximação. Entende-se, pois, que a arte é essencialmente adversa a qualquer movimento político que se empenha numa direção oposta a esse ideal.

Que o nazifascismo é a expressão de uma concepção assim aviltante, não padece a menor dúvida.

Socialmente propõe-se a destruir os delicados brotos de autonomia individual já desenvolvidos através de séculos de luta, timbrando em fazer voltar o indivíduo a estados anteriores em que vivia totalmente absorvido pela tribo, pelo clã, pela casta, pela natureza ou por organizações supraindividuais. Econômica e politicamente é a expressão de um capitalismo degenerado, a emancipação dos impulsos mais baixos, camuflados de heróicos e aureolados por mitos irracionais, é a glorificação dum imperialismo brutal; é, finalmente, para a grande massa, a transformação da pessoa humana em mero objeto e instrumento, significando a divinização do poder tirânico e a aniquilação da legalidade e da justiça, mesmo como mera idéia a ser visada. Filosoficamente é o triunfo do irracional sobre o racional e submissão consciente da consciência moral a categorias biológicas como é a raça que determinaria completamente o espiritual, em flagrante contradição a todas as pesquisas científicas segundo as quais se verificou que o espiritual é "condicionado", mas não determinado pelos fatores biológicos. O marxismo, comparado com isto, é um idealismo sonhador, pois supondo embora que a infra-estrutura econômica condicione as esferas espirituais, acentua contudo com toda a ênfase o movimento e a evolução dialética, profetizando a redenção e libertação do verdadeiro homem. Ao contrário prende o racismo o indivíduo inexoravelmente à sua descendência biológica e divide a humanidade definitivamente em raças inferiores e superiores, estabelecendo, pois, uma hierarquia de escravos e senhores, de acordo com uma seleção irracional, e pregando uma sociedade de castas impermeáveis.

É óbvio, por conseguinte, que arte e fascismo se encontram em campos opostos, como duas intenções hostis, como expressão aquela do legítimo e estes do ilegítimo no espírito vivo da humanidade. Como existem, entretanto, verdaderias obras de arte criadas por adeptos do fascismo, devemos concluir que haja uma profunda divergência entre a obra e o seu criador, embora aquela emane da totalidade deste, como personalidade integral e não só como especialista, artífice, artesão e obreiro cuidadoso.

II

A vida, no seu fluxo ininterrupto, tem o anseio de transcender-se a si mesma e de fixar-se em objetivações espirituais. O artista, graças à sua posição intermediária entre a vida e o espírito, é o mais poderoso agente para a fixação espiritual da vida.

A obra de arte, de modalidade ôntica totalmente diversa da do seu criador, que é uma pessoa psicofísica em situação social, ao passo que aquela é uma objetivação espiritual sem "existência", substituindo, apenas no seu substrato material, e ao mesmo tempo mais e menos do que o seu autor. É menos, pois não tem existência psíquica, é apenas uma objeção que depende, para viver, dos atos psíquicos do público que a compreende. É mais por ter as suas leis próprias, não podendo ser deduzida inteiramente de atos psíquicos. A beleza, por exemplo, não está no ato da criação nem no prazer do "consumidor"; mas somente na obra (Nicolai Hartmann). É mais, pois a obra de arte fala por meio de símbolos, é, ela mesma, um símbolo prenhe de sugestões, que, em épocas diferentes, séculos depois da morte do criador, pode, em renascenças sucessivas, revelar novos sentidos e novos valores desconhecidos ao próprio criador. A obra de arte tem a sua própria autonomia e uma "vida" diferente daquela do seu autor. Ela não participa das contingências da vida psicofísica. Chamar uma obra de arte imoral seria tão ridículo como chamar um triângulo injusto. A obra artística pode expressar o imoral, mas não pode ser imoral.

Psicologicamente, o grande artista é geralmente uma pessoa em que o conflito entre o intelecto e a emotividade, entre o "espírito" e a "natureza" chega a extremos devido ao extraordinário desenvolvimento desses elementos opostos. Justamente essa oposição imensa é fecunda e gera o *eros* criador. Instintos violentos em oposição a uma inteligência poderosa criam a tensão, por assim dizer, elétrica que possibilita a descarga da obra.

É corriqueira a noção de que a força criadora se encontra quase sempre ligada a estruturas psíquicas patológicas, sem que se deva estabelecer uma causalidade muito direta. A teoria do gênio mórbido não é um mito, como assegurou recentemnte um sociológico francês, afirmando que o artista, mesmo sadio, se vê forçado a tomar atitudes doentias para satisfazer um público acostumado a considerar o gênio um ente meio anormal. Não foi Lombroso quem inventou a teoria do gênio doente; já antes Moreau tratou desse tema com mais discernimento. Lamartine falou de "cette maladie mentale qu'on apele génie..." e na Antiguidade essa opinião era um lugar-comum (Sêneca: "Non est magnum ingenium sine mixtura dementiae...". Cícero, citando Demócrito: "Negat enim sine furore Democritus quamquam poetam magnum esse posse"). A opinião de Platão e Aristóteles é conhecida. Em tempos recentes tratou deste tema com lucidez Ernst Krestschmeer, que estabelece que uma mentalidade sadia se encontra em homens de estabilidade emocional bem equilibrada, cheios de uma sensação de bem-estar constante. "Paz de espírito e emoções tranqüilas nunca foram, entretanto, as molas para grandes feitos." Numa das obras-primas sobre este objeto, *Gênio, Loucura, Glória*, de Wilhelm Lange-Eichbaum, encontramos uma relação quase completa de artistas doentes, neuróticos e em geral "bionegativos", termo que abrange tudo que é desfavorável às funções vitais de um indivíduo. Encontramos neste livro numerosas breves "patografias". Para citar algumas: Holberg, Andersen, Kierkegaard, Jacobsen, Wilde; homossexuais; Dante: mania erótica, sadismo vingativo sublimado no "Inferno". Temperamente devasso. Dostoiévski: epiléptico ou histérico. Flaubert: epiléptico ou histérico; disposição sexual extrema. Goethe: irascível, desarmônico, hipocondríaco, lábil, excitável ao extremo. Thomas Mann acentua a respeito de Goethe a curiosa combinação do "demoníaco" e "urbano". A atitude de dignidade sóbria e olímpica, finalmente conseguida pelo grande poeta alemão, era resultado de um constante e exaustivo esforço. Goethe representava o que não possuía: harmonia e equilíbrio. A sua aversão ao romantismo alemão, que ele chamou de "doentio", era violenta demais para ser a de um homem intimamente alheio a esse movimento. Maupassant: lues. Heine, Hölderlin, Kleist, Lenau: o *dégénerés superieurs*, *morbidezza* ou franca loucura. Nietzsche: *idem*. Mozart: infantil, melancólico, anseio louco de diversão. A narcofilia e narcomania é comum entre os grandes artistas: Musset, Poe, Baudelaire, Rembrandt, Burns, Gluck (que morreu em *delirium tremens*), Schubert, Schiller. O número dos neuróticos é enorme. A neurose é, de um modo geral, o sintoma de uma tensão, de um conflito entre o "eu" e o ambiente, de uma desarmonia profunda de pessoas mal adaptadas, "marginais", seja por motivos biológicos ou seja por motivos sociais ou culturais.

III

A não-identificação do artista com o ambiente, a

época, a cultura, a sua diferenciação, faz com que ele consiga a distância, a "perspectiva", necessárias à visão artística e à criação original. A tensão neurótica é, sob o ponto de vista artístico, sumamente fecunda. A sensação da própria insuficiência e impotência tende a estimular compensações e se descarrega – quando há talento – na obra. Muito bem expressou isto Wagner numa carta a Liszt: "Não compreendo como um homem verdadeiramente feliz possa lembrar-se de fazer arte [...] Arte é só uma confissão de impotência [...] Ela é desejo [...] É, como champanha, um meio de alguém livrar-se de si mesmo".

Referimo-nos a toda essa complexa questão para demonstrar que a relação entre a obra e o seu criador, embora muito íntima, não é simples e direta, mas contraditória e ambígua. É ingênuo supor que um produto de valor deva ter um autor biologicamente "normal" ou social, moral ou espiritualmente "satisfatório". A relação dúbia entre obra e autor é comprovada pelo simples fato de que é impossível restabelecer, mesmo aproximadamente, a personalidade de um artista quando desconhecido, por meio da sua obra. Já o contrário é possível: quando conhecemos a biografia do autor, encontramo-lo, descobrimo-lo inteiramente na sua obra, verificando, porém, que os elementos psíquicos sofreram na passagem para o ontos estético uma transformação extraordinária. Em inúmeros casos a obra é uma sublimação, é expressão de saudades e anseios, de sonhos e divagações. Encontramos, às vezes, na obra justamente o que falta ao seu criador... e o que fata a ele é determinante da sua estrutura psíquica, por exemplo: harmonia, equilíbrio. E mesmo quando a disposição melancólica, os conflitos, as tensões e o patológico se exprimem na obra, dá-se isto de uma maneira articulada ou esteticamente organizada, interferindo um processo de imensa sublimação, graças à faculdade do artista de oscilar entre o irracional e o racional, entre o sonho e a realidade – seja no próprio momento da criação ou seja num labor sucessivo de autocrítica, decantação e destilação. Mesmo na representação do sofrimento, da paixão cega, do conflito moral, da perdição, do pecado e dos abismos tenebrosos da alma humana, subjugada por uma fatalidade inexorável, significa a arte uma libertação triunfal pela expressão da tragédia, pela sua objetivação que, na essência, é dominação e vitória. O verbo ardente ou irônico eleva a dor e a causalidade muda da natureza às alturas do espírito. "De um escravo da natureza, enquanto a sente – disse Schiller – torna-se o homem o seu legislador, logo que a pensa." Logo que a exprime, acrescentamos.

Temos que reconhecer, pois, que, dentro da ordem estética, não pode sobreviver o anti-humano, a não ser como representação justamente do retrógrado e desprezível. A própria tentativa de glorificação de idéias fascistas forçaria o artista a transformá-las, a torná-las simpática e humanas, a cercá-las de graça e beleza, a elevá-las de tal forma que se tornariam a sua própria contradição. Muito bem expressou isto Fidelino de Figueiredo: "Se a servidão pudesse criar uma poesia sua, vibrante daquela força ascensional que é alma da arte, neste mesmo instante se transformava em liberdade, o que é contra a sua natureza e é um absurdo impensável".

Eis a razão por que Knut Hamsun podia ser um traidor, sem que na sua obra se percebesse a decadência moral do seu criador. Os únicos elementos na sua obra que nos indicam a aberração do homem, são aqueles humaníssimos e gerais que representam uma crítica a uma organização decadente, elementos esses que fizeram com que milhões de seres humanos desamparados, desesperados e solitários, chicoteados por uma angústia imensa, se lançassem nos braços de uma ideologia criminosa, que prometeu demagogicamente amparo e proteção. Thomas Mann tem razão quando diz que o escritor que trai o espírito "e se recusa a decidir o problema humano, posto como é hoje politicamente, é um homem perdido". Não tem razão, porém, quando afirma que "mesmo a sua primeira obra, criada antes que ele se tornasse assim culpado, embora anteriormente perfeita e viva, deixa de ser tal, ficando desfeita perante os olhos dos homens". Não tem razão, pois a obra de arte tem uma essência que independe das contingências biográficas do seu criador. É trágico verificar este fato: Knut Hamsun é um homem perdido. Mas a sua obra continua viva e perfeita.

Este ponto de vista foi expresso, de maneira justa, numa antologia de poetas norte-americanos, editada por "The Modern Library". O diretor desta empresa, Benet Cerf, não queria admitir a publicação de poemas de Ezra Pound, poeta norte-americano e fascista, que, durante a guerra, se rebaixou a transmitir pelo rádio de Roma propaganda italiana contra a sua pátria. A intensão de eliminar os seus poemas da antologia provocou uma vasta polêmica na imprensa. Um oficial que perdera uma perna na guerra, escreveu a Cerf: "Perdi a minha perna [...] mas não é claro que o sujeito, que colocou a mina por cima da qual passei, podia possivelmente escrever poemas melhores do que eu? Não comprarei a antologia se Pound for excluído dela [...]" Finalmente viu-se Cerf obrigado a ceder: "Reimprimimos os seus poemas, a fim de que seja afastada qualquer suspeita e porque concordamos que talvez estejamos enganados confundindo Pound, o poeta, com Pound o homem. Aquele é tido como digno de aparecer neste volume [...] Eis porque publicamos poemas seus. Pound, o homem, consideramo-lo, contudo, um desprezível traidor da pátria". Poderíamos acrescentar: Pound, o poeta, é Pound, o homem. Eles são inseparáveis. Mas a sua obra, sendo uma obra de arte, agiu como um filtro e transformador. Dentro da ordem estética apareceu purificada a miséria moral que desonrou o homem. A arte realiza milagres. No seu reino, até o lodo reflete as estrelas.

4. O PROCESSO HISTÓRICO E A ENERGIA ATÔMICA

Faz dois anos que a libertação da energia atômica foi, pela primeira vez, utilizada para fins de destruição. Desde aquele tempo pouco se ouviu do emprego dessa enorme força para fins pacíficos e para a criação de riquezas; muito, porém, se ouviu do seu aproveitamento para fins bélicos e para a criação de pobreza, de ruína e desolação. É um espetáculo curioso ver-se como as inteligências mais lúcidas da humanidade estão sendo empregadas a serviço da estupidez e do caos. A dificuldade de aplicar a nova descoberta para fins construtivos era, aliás, de se prever, não por motivos técnicos (há dois anos declarou o sr. Pregel, presidente da Canadian Radium Uranium Corp., que a aplicação "da energia atômica à vida civil era possível, iminente e, mesmo, inevitável"), mas, devido a uma regra, por assim dizer, sociológica. Era natural que a realização das experiências atômicas se desse num dos países técnica e industrialmente mais adiantados. E era, ao mesmo tempo, natural que justamente nesse país – e precisamente em virtude do seu adiantamento material – a utilização da nova energia na indústria encontrasse os maiores obstáculos. Exatamente por ter chegado esse país a um nível extraordinário da sua indústria e do aproveitamento das suas fontes de energia, numa dada direção (carvão, petróleo, eletricidade), e por ter assim cristalizado o seu enorme potencial numa dada estrutura já tradicional, exatamente por isso tornar-se-ia uma repentina transformação sumamente perigosa, podendo provocar conseqüências imprevisíveis.

A paradoxal hipótese sociológica de que falamos – o progresso técnico como causa da estagnação técnica – foi, ao nosso ver, pela primeira vez, há uns dez anos cuidadosamente elaborada pelo holandês Jan Romein, conquanto o fundamento dela se encontre na concepção dialética de Hegel. Uns exemplos, a maior parte do próprio Romein, servirão para ilustrar a sua tese. Romein procura demonstrar que uma alta forma de organização técnica, econômica, militar etc., sob certas circusntâncias, pode tornar-se causa de decadência pelo fato de ter perdido a capacidade de transformação rápida e de não conseguir, portanto, adaptar-se facilmente a novas condições, capacidade que precisamente organizações mais atrasadas costumam ter. Um exemplo típico é o malogro dos exércitos franceses medievais formados por cavaleiros contra a infantaria relativamente primitiva dos ingleses, compostas de arqueiros na batalha de Crécy (1346). O fato é que o rei francês conhecia muito bem o valor dos arqueiros. Mas, a organização do seu exército de cavaleiros pesadamente armados era tão perfeita que um rápido ajustamento à nova técnica militar se tornou impossível. Naquela batalha perderam a vida 1 500 cavaleiros, a nata do exército francês, contra apenas três do lado de Eduardo III, além de quarenta arqueiros. Verifica-se nesse exemplo o fracasso de uma organização mais alta contra uma estrutura muito mais primitiva. O mesmo se dera, muito antes, com as legiões romanas ao enfretarem os exércitos dos bárbaros. Contudo, o exemplo dos arqueiros é só parcialmente exato. Realmente, conseguiram os exércitos franceses adaptar-se paulatinamente às novas condições, vencendo finalmente, na guerra dos cem anos, os ingleses (1337-1453). A derrota definitiva dos cavaleiros, então já reorganizados de acordo com o exemplo dos exércitos ingleses, deu-se depois ao lutarem os borgonheses sob o comando de Carlos, o Temerário, contra uma formação militar muito mais primitiva – a dos suíços, agrupados no chamado "quadrado" (o antiqüíssimo *Schweinskopf* germânico) e armados de arcaicas alabardas. Na segunda metade do século XV, batalhas de Granson e Morat, onde os nobres borgonheses, soldados profissionais, foram fragorosamente derrotados pelos camponeses e burgueses suícos. Semelhante fato verificou-se com a derrota dos exércitos prussianos altamente organizados contra Napoleão (1806) que comandava tropas de estrutura bem mais primitiva. Não se pode dizer que o exército prussiano, naquela ocasião, estava em decadência, como se poderia alegar no caso das legiões romanas. Ao contrário, a sua organização era excelente, tendo sido ainda aperfeiçoada depois da morte de Frederico, o Grande. Trata-se de um fenômeno legítimo de ruína em virtude da perfeição atingida que paralisou a sua capacidade de evoluir em outra direção. Na última guerra mundial foi o exército francês o mais bem organizado e perfeito do mundo, rapidamente derrotado pelo exército alemão recentemente formado, visto que o tratado de paz proibira à Alemanha a constituição de um grande aparelho militar. Destarte, a Alemanha pôde organizar com relativa facilidade um novo exército sobre bases diferentes e mais modernas.

O mesmo fenômeno verifica-se na história técnico-econômica. Na exploração do carvão, por exemplo, estão na dianteira, considerando-se a produção por homem e por poço, precisamente os países que começaram a mineração mais tarde, isto é, logo de uma maneira mais racional (Alemanha, Holanda, Polônia, Estados Unidos), ao passo que os países com mineração tradicional (Bélgica, França, Inglaterra) ficaram mais atrasados. Da mesma forma encontra a racionalização e mecanização nos países de indústria recente um campo muito mais adequado do que nos países de indústria já perfeitamente organizada. Assim, por exemplo, atrasou-se a indústria têxtil inglesa consideravelmente comparada com a indústria nova do Japão. De acordo com estatístcas, existiam na Inglaterra, pouco antes da guerra, 207 empreendimentos têxteis com 650 000 teares, dos quais apenas 30 000 automáticos. No Japão, porém existindo somente 71 fábricas do mesmo ramo, com 300 000 teares, funcionavam 150 000 teares automáticos.

Um exemplo interessante extraído da história mais remota, é a vitória econômica da Inglaterra sobre a Holanda, cujo capitalismo mercantil, mais fixado na sua organização específica, não conseguiu aproveitar na mesma medida a revolução industrial. Tratando-se em ambos os casos de países calvinistas, não pode ser aduzida a teoria de Max Weber. Tal fenômeno no âmbito técnico-industrial, deu-se em escala mais ampla com os povos latinos, que, justamente devido à sua organização mais alta e mais estruturada, se viram materialmente superados pelos povos anglo-saxônicos. É verdade que nesse caso se pode recorrer ao argumento religioso de Max Weber, mas, queremos salientar, hipoteticamente, o fator em questão como um dos múltiplos (e em história sempre se trata de múltiplos fatores) que provavelmente contribuíram para estabelecer a supremacia natural das nações de língua inglesa. De maneira geral, pode-se dizer, portanto, por estranho que pareça, que novas formas de produção, mesmo quando descobertas em países de evolução adiantada, encontram mais facilmente um campo adequado em países atrasados. Romein chega a falar até de um "prêmio para o atraso". É por esse motivo que a evolução costuma dar pulos curiosos de um país para outro, uma dialética, por assim dizer, geográfica, transposição do progresso de países adiantados para países mais atrasados, que, aperfeiçoando paulatinamente a sua organização, se vêem logo, por sua vez, superados por outro país mais primitivo, devido à maior capacidade deste de ajustar-se às novas invenções entrementes surgidas. Tal fenômeno, ainda em tempos recentes, parece realizar-se no caso da Rússia, há pouco um dos países mais atrasados e que precisamente por isso demonstra ter uma estrutura mais maleável e mais aberta ao progresso técnico.

Esses exemplos representam um grande estímulo para países econômica e tecnicamente mais rudimentares e ao mesmo tempo uma grave advertência aos países mais adiantados. Não se brinca impunemente com a história. Há nos seus processos uma inexorabilidade férrea, conquanto não se possa prever exatamente o caminho dos acontecimentos. O progresso (técnico) não se liquida com guerras, por atraente que pareça tal recurso aos fabricantes de armamentos. Não é provável que haja "leis" históricas, mas, há certas regras que imprimem à evolução, em certos dos seus aspectos formais, um caráter determinado. A fissão nuclear é uma destas descobertas destinadas a dar à história uma nova direção. É possível que ela favoreça principalmente os países até hoje economicamente menos evoluídos, capazes de utilizar a nova energia para fins pacíficos, já que os países dominantes não parecem ter a faculdade ou a intenção de transformar a sua organização já cristalizada em estruturas determinadas.

É um lugar-comum dizer-se que a história não pára, que ela é um constante modificar-se e superar-se, que no mundo heraclitiano dos fenômenos temporais nenhuma coisa, nenhuma organização, perdura sem transformar-se. Todavia, às vezes convém repetir lugares-comuns. O fato é que a organização atual do mundo é uma ficção gigantesca sem a mínima parcela de realidade, assentada como está sobre alicerces que deixaram de existir. O universo dos nossos célebres "realistas" é uma construção fantasmagórica que paira nas nuvens como o castelo utópico daqueles filmes em série de Flash Gordon, apresentados em cinemas de terceira categoria. É graças aos esforços mediúnicos de alugns senhores em estado de profundo transe que o cadáver putrefato dessa organização fictícia se mantém ainda suspenso no ar – fenômeno de levitação bem conhecido aos espiritistas (perdoem os espiritistas a comparação com tais tipos). "Evitemos a claridade!", gritam os realistas. "Poderíamos, por desgraça, despertar os nosso amigos, os médiuns, do seu estado sonâmbulo!" Um pouco de luz e, cessado o transe, rui por terra toda a fantasmagoria. Que essa luz, de que tão amargamente necessitamos, seja fornecida por um amanhecer suave e delicioso e não pelo clarão da bomba atômica!

5. A CRISE DA DEMOCRACIA

Ao observador atento não escapará o fato de que, apesar da vitória das Nações Unidas chamadas democráticas sobre o fascismo, a crise da democracia continua tomando feições de uma verdadeira deterioração. Trata-se de processos profundos que é preciso analisar com sinceridade, sem ilusões e sem a leviandade dos democratas "jurídicos". A democracia periga quando está sendo negligenciado o seu princípio essencial: o predomínio do bem comum sobre os interesses de indivíduos ou de grupos particulares. Igualdade de todos perante a lei, liberdade de opinião, de confissão e reunião, predomínio da lei sobre a arbitrariedade, eleições livres e controle público do governo – todos esses princípios tornam-se mera fumaça e forma oca quando aquela causa final, da qual são ao mesmo tempo base e conseqüência, não é mais a força diretriz ou ao menos a tendência constante da vida pública. Mas essa decomposição começou muito antes da última guerra: foi ela que possibilitou e estimulou o aparecimento do fascismo. Por mais excelente que tenha sido a constituição de Weimar, ela não impediu na Alemanha a terrível barbárie do nazismo. E em condições semelhantes não impedirão, nem a excelente constituição norte-americana nem o democratismo profundo desse povo, que fenômeno semelhante se repita naquela grande república. As instituições democráticas necessitam de radicais transformações. "É preciso exigir e procurar o perfeito, porque do contrário nem alcançaremos o imperfeito."

Essa palavras foram proferidas por Erich Kahler, um dos mais destacados pensadores políticos do nosso tempo. Suas análises e críticas acerbas da democracia atual nasceram do seu profundo amor à democracia. Tão importantes parecem-nos as suas considerações em torno desse assunto vital que é dever divulgar alguns dos seus pensamentos publicados em vários números das *Hojas Alemanas*, da *Neue Rundschau* e no livro *Man the Measure*.

Kahler diferencia duas espécies de democracia: a "ativa", da Antiguidade, isto é, a democracia ateniense, em que havia uma participação constante de todos os cidadãos nos negócios públicos, esfera na qual reinava plena autonomia, ao passo que nas relações particulares o indivíduo era "privado" da maior parte das suas liberdades (*privatus*, em latim, *idiotes*, em grego, são termos que indicam o valor inferior que se atribuía ao indivíduo particular, alheio ao coletivo e essencial); e a democracia liberal da época moderna que, ao contrário, acentua os privilégios do indivíduo particular, negligenciando as obrigações do cidadão. A liberdade não é mais liberdade "para" a participação máxima nos negócios públicos, mas liberdade "de", liberdade "da" intervenção do Estado considerado um mal necessário e cuja atividade deveria ser limitada ao "indispensável". Governar o menos possível é o ideal dessa democracia. O povo realmente não governa mais, apenas controla e tende a entregar mesmo essa função, em grau crescente, aos seus representantes. A estrutura dessa democracia "defensiva" provém da sua origem econômica. O que se queria libertar na Revolução Francesa era o movimento econômico; liberdade "de" impostos, "de" regras de corporações, "de" privilégios feudais, "de" limitações da posse etc. E toda essa luta pelos direitos políticos era, na sua essência, um meio para conseguir certos fins econômicos. Sintoma disso é a luta da burguesia por leis eleitorais que a protegessem ao mesmo tempo contra os governos monárquicos e contra o proletariado em formação, classe que só em 1918 conseguiu na Inglaterra a introdução do direito igual de voto. (Ligava-se esse direito, em muitos países, ao pagamento de impostos, à posse de bens, à faculdade de ler e escrever etc.) Os próprios operários reivindicaram no princípio apenas direitos políticos, supondo poder resolver assim os seus problemas econômicos. E de fato, essa democracia liberal podia funcionar nas fases primitivas do capitalismo, isto é, enquanto ainda havia espaços nacionais, depois internacionais e finalmente espaços verticais de intensificação devido ao progresso técnico e à criação de novas necessidades psicológicas para servirem à expansão econômica de espíritos empreendedores. Havia, desarte, no início uma situação de "chance" relativamente igual para todos. A ideologia do "caminho livre para o forte" ainda possuía base real, embora na Europa, por ocasião da Revolução Francesa, as posições econômicas principais já tivessem sido ocupadas pela burguesia ascendente, estabelecendo-se assim no velho continente logo bases para novas desigualdades.

Essa desigualdade inicial não existia no caso dos Estados Unidos e por isso é aquele país um exemplo puro do processo de deterioração das instituições liberal-democráticas. Na América do Norte não havia, por ocasião da sua constituição como Estado, nenhuma estratificação não democrática de épocas anteriores, à semelhança da Europa. Desde o começo era uma democracia, com uma constituição exemplar, cuidadosamente elaborada e pela qual era assegurada a igualdade de todos, a soberania do povo, a proteção contra arbitrariedades, a separação dos três poderes. Infelizmente trata-se de uma constituição feita para um povo de nem quatro milhões de habitantes, preponderantemente de agricultores em condições econômicas quase iguais, agrupados em pequenos núcleos, onde cada cidadão conhecia não só os seus representantes e as suas funções, mas tinha também uma visão correta das questões públicas importantes. Desde aquela época, porém, cresceu a população imensamente. Havia imigrações de gente etnicamente diferenciada, formaram-se enormes cidades industriais, os escravos foram libertados, concentrações gigantescas de capitais começaram a exercer a sua pressão. Houve, em suma, uma infinita complicação dos problemas. Ao mesmo tempo criou, no campo internacional, a expansão crescente de todos os países industriais, um entrelaçamento técnico-econômico tão denso, um emaranhado tão estreito de todas as relações e uma dependência mútua tão grande, que deixou de existir a possibilidade de novas expansões relativamente pacíficas. Fechou-se o espaço de empreendimentos para o indivíduo isolado. Cartéis internacionais, trustes horizontais e verticais se formaram, a vida se complicou e o indivíduo impotente, já sem aquela "chance" inicial, vê-se envolvido numa terrível luta pela vida contra forças econômicas que se tornaram independentes e cuja direção escapa às mãos dos homens. O indivíduo perdeu a esperança de progredir num mundo onde todas as posições econômicas já estão tomadas, e as exigências inadiáveis da vida particular não lhe deixam mais tempo para dedicar-se à vida pública, cada vez mais confusa e caótica. O indivíduo tornou-se *privatus, idiotes*.

II

Esses fatores tornam necessárias uma simplificação, esquematização e sistematização das questões principais, um processo de que se encarregaram os diferentes partidos políticos. Essas organizações, indispensáveis para o funcionar da democracia moderna, estão transformando-se, no entanto, no seu maior inimigo. As freqüentes eleições levam à criação de grêmios eleitorais que se cristalizam nas conhecidas máquinas partidárias, as quais acumulam uma força enorme pela faculadade de poder distribuir posições e favores, de exercer pressão, de entrar em conchavos secretos etc. E esses funcionários dos partidos e seus candidatos, eles mesmos, começaram a sofrer a coação anônima de grupos capitalistas, dos *pressures groups*, cujos representantes, os *lobbies*, se tornaram uma verdadeira instituição em Washington e contra cuja constante presença e pressão junto aos congressistas as missivas, os pedidos, as exigências dos eleitores, espalhados pelo vasto país, têm um aspecto perfeitamente quixotesco. Dessa maneira concentra-se o poder real cada vez mais em instâncias ilegítimas e às vezes ilegais. Ao mesmo tempo, desloca-se a gravitação dos negócios públicos definitivamente, passando da esfera política à esfera econômica. Os partidos se apoderam das funções governamentais e anônimos grupos econômicos se apoderam dos partidos.

É óbvio que, nessas condições, a democracia forçosamente tem de fracassar. Não existe mais nenhuma ponte entre governo e povo. Forças particulares, chamadas por ninguém e completamente irresponsáveis, infiltram-se nos negócios públicos, interpondo-se entre governo e povo, usurpando os direitos deste e o poder daquele. É um estado de fascismo latente e Kahler afima que é exatamente essa a situação dos Estados Unidos, (Kahler, nascido em Praga, naturalizou-se norte-americano e vive agora naquele país), pois, o fascismo nada mais é que a monopolização do poder por um grupo particular, uma monopolização legítima por nenhuma aprovação popular nem por uma longa evolução tradicional e que se utiliza dos mecanismos da democracia moderna, da propaganda etc., a fim de fortificar o seu poder particular e de levar adiante os seus intuitos particulares.

E o sistema do fascismo é, ao invés de solucionar os problemas sociais e econômicos, desviá-los para o terreno exterior, politizando-os por meio de lutas de raça, roubos e guerras, simplificando-os e personificando-os pela polarização primitiva e emocional em amigos e inimigos, nações superiores e inferiores etc. A atração enorme que o fascismo exerce provém em parte justamente dessa simplificação de problemas complicadíssimos que escaparam inteiramente à ordem humana e, já há muito, seguem os seus próprios caminhos, incompreensíveis ao homem comum e até aos chefes dos Estados. Em virtude dessa simplificação, tomando-se uma parcela dos acontecimentos como o todo e personificando-a irracionalmente, dá-se ao indivíduo confuso e angustiado um aparente amparo e conforto intelectual e emocional. Tais sintomas de uma fascismo latente encontram-se facilmente na América do Norte, não mencionando outros países. Enormes *pressure groups*, alarmados pelo medo da Rússia, no Exterior, pelo medo das "Uniões" e de reformas sociais, interiormente, ocupam sub-repticiamente as suas posições: isolacionismo, imperialismo, anti-semitismo, antinegrismo, antiestrangeirismo, identificação de liberdade com *free enterprise*, apelo às emoções, proscrições de todas as forças progressistas como não-americanas, "exóticas" ou "comunistas", influência do rádio, do cinema e da imprensa, difamação do executivo e da "burocracia", finalmente as ligações transversais, formadas em silêncio, com as organizações militantes e emocionais, muitas vezes com colorido religioso, de pequenos burgueses – tudo isso nada mais é do que a preparação surda do fascismo, faltando apenas uma pequena pressão no gatilho dessa gigantesca arma dirigida contra a democracia: a crise econômica.

Todos esses fatores contribuem para afastar o povo cada vez mais do governo real, justamente numa época em que é preciso governar cada vez mais. Pois a história provou que o liberalismo só é eficiente em fases primitivas do capitalismo. Hoje, os governos querem salvar o liberalismo pela intervenção contra os trustes e monopólios, isto é, para salvar o liberalismo é preciso intervir no jogo livre das forças, logicamente um perfeito absurdo. Enquanto, pois, o povo deveria, de maneira crescente, interferir nos negócios públicos, dá-se justamente o contrário: o povo não só é eliminado por maquinações sutilíssimas, que desvalorizam o seu voto, mas além disso, nem é mais capaz de compreender esses negócios públicos.

E isso "não só por causa da complicação das relações hoje planetárias, mas devido à decomposição da própria substância do povo, do indivíduo, do homem, do caráter – e é esse o ponto onde a crise se torna geral e alcança as bases não só de uma instituição política, mas da própria humanidade ocidental, pois, o povo deixou de ser povo no sentido legítimo, isto é, uma totalidade estruturada, portadora de um espírito geral, objetivo (para usar o termo de Hegel), do qual todas as totalidades individuais até certo ponto participam, uma comunidade composta de pessoas com experiências semelhantes às dos concidadãos, com vidas relativamente paralelas, com opiniões relativamente autônomas, lentamente adquiridas e individualmente formadas, pessoas, em suma, que eram plenamente capazes de controlar os seus representantes. A pessoa humana nesse sentido deixou de existir, esmagada pela imensa pressão das coisas, do capital, da produção pela produção, da especialização profissional, da imensa oferta de sugestão. E deixando de existir, tornou-se o povo "público", "freguês", ou seja, massa amorfa que se agrega num instante para desagregar-se um momento mais tarde. As relações tornam-se abstratas, ligando não indivíduo com indivíduo, mas coletivos com coletivos. Rigorosamente especializado nas suas concepções derivadas da sua profissão e classe, é o indivíduo ao mesmo tempo rigorosamente perficialmente enxertados, opiniões e sentimentos que têm a cor perfialcente enxertados, opiniões e sentimentos que têm a cor daquele xarope sintético, de péssima qualidade, fornecido pelo aparelho gigantesco que fabrica tais elementos psicológicos da mesma forma como, se fosse necessário, fabricaria chapéus. Esse formidável aparelho de influência das massas, cujo aproveitamento no futuro precisará ser colocado em bases solidamente planejadas, ao invés de educá-las para ver a realidade e para entendê-la, tornou-se uma indústria de evasão para baixo de sonhos baratos e adocicados que nem ao menos divertem, afrouxando a tensão da vida, mas que, ao contrário, excitam, deixando o indivíduo imprestável para enfrentar a realidade, para raciocinar e para sentir sadiamente. A constante inundação das consciências com "atualidade" priva o homem moderno de toda memória e conseqüentemente de todo verdadeiro juízo.

Fragmentado por interesses particulares e opiniões e sentimentos estandartizados e artificiais, por *slogans* desencontrados, por condensações superficiais, tornou-se o indivíduo um verdadeiro caos de várias personalidades divergentes e contraditórias; e um povo, conglomerado de indivíduos assim perturbados e atomizados, não é mais povo, é um *neutrum*, vago, atual, em suma público, aquilo que Heidegger chamou *man*, o *on* francês, aquele abstrato e pálido tudo e nada que se diz gente.

III

Esse público, essa massa incidental, sem lugar no mundo, sem passado, sem futuro, sem destino, aniquilada no giantesco aparelho social, com reações irracionais e momentâneas, só conhece perguntas e respostas a prazo curto, é nada mais que freguês, comprador de divertimento, instrução, leitura e demagogia baratas e superficiais, é tirânica e facilmetne satisfeita, histérica, vítima de pânicos, tremendamente desconfiada e facilmente enganada, aberta a todas as sugestões, apenas um parceiro no jogo de procura e oferta. Há um abismo entre o bem do povo e a procura do público. Isso se vê no nível do rádio, do cinema, dos *best-sellers*, da instrução que se tornou preparação rápida e "eficiente" para a profissão. Da mesma forma tem, no mercado político, o deputado, para ser reeleito, de corresponder à procura do público, particularmente quando se trata da procura divergente, mas maciça, dos *pressure groups*. O próprio Executivo, colocado no foco das contradições entre público e povo, entre procura momentânea e necessidade substancial, precisa servir, para assegurar a sua popularidade e existência, aos interesse momentâneos do público e das forças anônimas, sendo simultaneamente forçado, para obedecer ao apelo do foro invisível do futuro e do bem verdadeiro do povo, a manejar esse público e esses *pressure groups* (nisso estava a grande habilidade de Roosevelt), enganando-os pela propaganda, fazendo compromissos ou simplesmente não dando ouvidos às suas exigências. E nesse constante jogo é inevitável que o Executivo quase sempre erre.

Bem se vê que na base dessa desorganização e deterioração, dessa imensa balbúrdia e confusão, está a desumanização do mundo, o predomínio das coisas, do aparelho, de uma economia que escapou à gravitação humana, enquanto o homem como o aprendiz de feiticeiro de Goethe, procura em vão relembrar-se da palavra mágica para chamar à ordem a sua criação enlouquecida. É ridículo supor que nesse mundo o indivíduo tenha algum valor. É pura demagogia querer conservar esse estado de coisas para conservar uma liberade que há muito não mais existe. Os próprios representantes do capitalismo liberal e do chamado individualismo econômico deixaram de ser indivíduos autônomos, tendo se tornado escravos de empresas, de "coletivos particulares", cujos interesses desumanizados se chocam com os interesses dos "coletivos gerais", dos povos e do mundo. No futuro, a coletivização crescente será inevitável. Ela é uma conseqüência irrevogável da técnica e do entrelaçamento universal das relações econômicas, causadas pelo próprio liberalismo. Para que nesse processo de coletivização não prepondere o irracional, a ambição e a vontade de poder dos coletivos particulares, para que o homem de hoje, sem carne e caroço e raiz, totalmente dissolvido em função e atividade vazia e impessoal, se torne novamente senhor da coisas e a técnica sirva ao bem comum, aos coletivos gerais, é indispensável um planejamento central. Terminou a época que considerou o Estado uma espécie de guarda-noturno, que de quando em vez apita nas esquinas e de resto lava as mãos. Os governos precisarão governar cada vez mais e, a fim de que nessa situação sobreviva a democracia, será necessária uma participação infinitamente maior e mais intensa dos povos. Eis porque a democracia puramente formal e política se tornou obsoleta, fachada oca. Os fatores organizados e ao mesmo tempo anônimos da economia adquiriram no mercado político um poder muito superior ao da massa difusa dos eleitores. "Os processos essenciais, os acontecimentos vitais, a norma verdadeira da liberdade e escravidão são hoje de natureza econômica e não política, são de alcance universal e não mais de alcance nacional."

As propostas positivas que Erich Kahler contrapõe, em esboço, a essa análise negativa infelizmente não convencem da mesma forma como a sua crítica. Além de não oferecerem propriamente novidades, ressentem-se elas, a nosso ver, de um oscilar indeciso entre o futuro e o passado, sendo em alguns pontos duvidosas e de difícil realização sem transformações radicais, que Kahler parece querer evitar. Assim mesmo vale a pena enumerá-las, acentuando-se que se trata de um "programa mínimo".

De acordo com Kahler, são três os pontos essenciais:

a democracia deve ser: 1º economizada; 2º dinamizada; 3º universalizada.

1º Representação razoável dos operários e empregados na liderança das fábricas e empresas, e participação nas decisões em que os seus próprios interesses são envolvidos.

b. Criação de um parlamento complementar de ordem econômica. Os *pressure groups*, que hoje exercem uma influência ilegítima e anônima, ficariam destarte organizados, tornar-se-iam públicos e integrariam o governo legítimo, assumindo assim publicamente a plena responsabilidade pelos seus atos. Esse parlamento econômico dependeria de uma lei eleitoral específica, possibilitando uma seleção ascendente e um escalonamento, cuja base seria a empresa ou uma seção dela, onde os homens ainda se conheçam mutuamente. Assim, conseguir-se-ia um ascender sistemático de homens do trabalho ao governo e periodicamente um retorno ao lugar do trabalho, havendo por isso um intercâmbio e contato fecundo entre a massa e o governo.

2º A dinamização tentaria criar esses contatos de outra maneira: pela interrupção sistemática e profunda, por discussões, pela educação, pela colaboração constante no governo. Criação de homens relativamente autônomos capazes de controlar verdadeiramente os negócios públicos.

3º Universalização. Codificação dos direitos do homem, incorporada no direito de todos os Estados e cuja rigorosa execução seria controlada por uma liga das nações, reduzindo-se ao mesmo tempo a soberania dos Estados e sufocando-se qualquer tendência antidemocrática no germe. "A democracia, não sendo universal, não é segura em parte alguma."

Os "realistas" naturalmente dirão que se trata da utopia de um bobo alegre, se não perigoso. Vivemos, porém, numa época em que a técnica, repentinamente, adquiriu um *patos* moral. A imensa materialização e tecnificação da nossa vida transformou-se, dialeticamente, na sua própria oposição e tornou-se um valor espiritual, um constante apelo ao juízo que ainda resta à humanidade. A questão é hoje: Ser ou Não-ser. Na época da bomba atômica (que perdeu a sua atualidade, mas não o seu poder) é "a utopia – a república universal – a única coisa real; e tudo que até hoje foi considerado 'prático' e 'realístico' – soberania nacional, política de potência e o impulso desenfreado dos interesses econômicos – tudo isso se tornou hoje franca loucura".

6. O PROBLEMA DAS *GANGS**

Os Estados Unidos certamente são um dos países mais atingidos pelo aumento da delinqüência juvenil (termo, aliás, que cobre imensa variedade de comportamentos "aberrantes"). Não surpreende, por isso, o grande número de publicações populares e científicas dedicadas a este problema. O autor de uma das mais impressionantes reportagens sobre o "terror dos adolescentes" verifica que 42% de todos os presos por crimes maiores (assassínios, raptos, assaltos à mão armada) contam atualmente menos de 18 anos. Afirma que a delinqüência juvenil é "uma doença contagiosa [...] [que] se alastra dos bairros pobres aos elegantes [...] penetrando todas as camadas econômicas da nossa comunidade [...]". E isso

* Artigo publicado no Suplemento Literário, *O Estado de S. Paulo*, em 20 de dezembro de 1958.

"com mais rapidez nas cidades menores e nas zonas rurais do que nas metrópoles"[1].

Cerca de 50 000 bandos juvenis (mais ou menos 10 000 de moças), muitas vezes compreendendo elementos das classes média e superior, são conhecidos das autoridades. Muitas *gangs* reúnem várias dezenas de elementos, de preferência de origem comum (italianos, irlandeses, mexicanos, "nativos" de cor ou brancos etc.). Um bando masculino que se preza costuma ter um bom "curral de mocinhas" (a partir de 12 a 13 anos), cuja atividade principal, além de sexual, geralmente promíscua, é a de servirem de isca para atrair otários. Por vezes incentivam os rapazes nos seus combates contra outros bandos. Não sendo permitido o exame das moças pelos policiais, costumam carregar as armas dos companheiros: revólveres, canivetes, punhais, "socos ingleses", correntes de bicicletas etc.

O círculo vicioso da delinqüência inicia-se geralmente com o hábito de gazetear as aulas, ligado ao ingresso na *gang* ou aos passeios motorizados da "turma". A facilitação social no bando conduz ao consumo de entorpecentes (cerca de 80% dos delitos juvenis relacionam-se nos Estados Unidos com o consumo principalmente de maconha e heroína). O vício aumenta os gastos que chegam não raro a cerca de 50 dólares por dia para a aquisição do "material", importância que só pode ser obtida por meio de atividades criminosas.

São várias as razões aduzidas pelos jovens para entrar numa *gang*: a proteção contra outras *gangs*; o sentimento de estarem, de outro modo, "perdidos"; o desejo de fazer parte de um grupo tido como poderoso; o anseio de aventuras, de uma vida mais intensa, mais perigosa; o desejo de ser "importante", de solidarizar-se; a falta de atividades que lhes ocupem as horas vagas e lhes satisfaçam os interesses. "Como matar o tempo?" é uma das

---

1. Wenzell Brown, *Teen-Age Terror*, Gold Medal Books, 1958.

explicações freqüentes. "Fuma-se um cigarro de maconha e bumba! já passaram duas ou três horas, sem que a gente o perceba." As moças querem "farra", desejam "gozar as delícias da vida". A pequena que não "faz parte", fica à margem. "Um jovem só não vale nada" (o atual termo alemão para os jovens "transviados" – *Halbstarke* ou seja "semifortes" – caracteriza muito bem esse sentimento de fraqueza e impotência que se transforma em agressividade).

A *gang* estabelece sua própria escala de valores, selecionando entre os do mundo adulto os mais arcaicos, geralmente preservados numa esfera lúdica de fantasias e mitos: código de libertinagem, promiscuidade sexual, heroísmo rude e solidariedade exclusiva para com os companheiros do bando. A indução mútua dentro do grupo, intensificada pela presença de moças, o receio tipicamente norte-americano de revelar tendências homoeróticas, sem dúvida acentuadas nas *gangs*, a necessidade de provar aos outros e a si mesmo a masculinidade, numa subcultura de jovens em que parecer "macho" significa tanto – tudo isso muitas vezes sob a liderança de psicopatas –, estimulam práticas de extrema crueldade, que parecem demonstrar a ausência total dos freios normativos impostos pela sociedade adulta. Quando se trata de crimes "normais", com fins determinados (roubo etc.) a violência ultrapassa de longe os limites inevitáveis; mas a violência parece ser, freqüentemente, o único móvel. Cometem-se atrocidades aparentemente gratuitas, por mera "farra": espancam-se nos parques casais de namorados com cintos ou correntes de bicicletas até perderem a consciência; ou incendeiam-se as roupas de desabrigados deitados nos bancos etc. No desejo de não serem considerados *chickens* (inexperientes, covardes) e demonstrarem a sua bravura viril, organizam *chickie runs*, corridas automobilísticas (com freqüência em meio ao tráfego intenso, com conseqüências funestas para terceiros), semelhantes àquelas mostradas na famosa fita

Rebel without a Cause (James Dean). Em outros casos, aposta-se simplesmente quem terá a coragem de matar gratuitamente uma pessoa desconhecida. O automóvel, a lambreta, a motocicleta desempenham papel relevante nestas atividades: a velocidade e o domínio da máquina dão aos jovens uma sensação de poder e servem – segundo alguns psiquiatras – como substituto para o ato sexual. Além disso facilitam a evasão da vizinhança, com seu controle normativo, e criam um estado de euforia semelhante à embriaguez.

Acresce-se a tudo isso a tendência da atual juventude americana (e da de outros países) de acomodar-se sem discussão aos padrões estabelecidos pela *gang* – tendência nascida do desejo quase obsessivo de ser popular, de sentir-se amado e aceito pelo grupo, de não estar nunca só. Para agradar à maioria, tudo se faz. Verificou-se que o desejo de ser aceito pela *gang* é uma causa importante da delinqüência juvenil (também entre as turmas dos *playboys*): muito menino decente torna-se *bad boy* (mau rapaz) para parecer um *good guy* (sujeito bamba) aos olhos dos companheiros, principalmente do líder que impõe o "código de aceitação" (e que com freqüência é um psicopata)[2].

Em parte, os fenômenos descritos não são tão novos quanto parece. Nas sociedades ocidentais, o comportamento de muitos adolescentes – também e de preferência das classes abastadas – apresenta, há cerca de dois séculos, traços de agressividade e rudeza, tendo cada país e cada classe sua própria tradição neste campo. Os trotes de adolescentes, suas zombarias, troças, estroinices, muitas vezes de conseqüências imprevisíveis – são conhecidos de todos, ao ponto de em muitas línguas haver nomes especiais para a "idade das diabruras". Tratava-se de fenômenos sem relação, a não ser casual, com a de-

---

2. H. H. Remmers e D. H. Radler, "Teenage Attitudes", *Scientific American*, junho, 1958. Tal fato é também destacado por David Riesman e colaboradores na famosa obra *The Lonely Crowd*.

linqüência juvenil. Atualmente, contudo, tal comportamento parece ter tomado feições de uma violência antes desconhecida e caracterizar proporção muito maior de adolescentes. Pode-se falar de um novo padrão que constitui um tipo peculiar de delinqüência.

São indubitavelmente fatores sócio-culturais que favorecem nos diversos países – de um modo diferente e originando pressões variáveis – a precipitação de tal conduta numa proporção e violência inauditas, conquanto dificilmente em termos tão drásticos como nos Estados Unidos, que por isso serviram de exemplo mais cabal.

Os fatores a serem apresentados – aliás lugares-comuns das ciência sociais – são muito gerais para explicar as peculiaridades dos fenômenos, visto poderem condicionar uma extrema variedade de comportamentos, de acordo com a história e tradição de cada país, classe e ambiente em que ocorrem e de acordo com a personalidade biopsíquica de cada jovem. Certamente, porém, definem o clima social em que tal conduta se propaga com facilidade extrema.

Antes de expô-los, contudo, convém ressaltar que a própria adolescência encarada como fase crítica, muito mais do que um fenômeno biopsíquico universal, é um tipo de marginalidade e desajustamento peculiar às nossas sociedades em que ela constitui uma idade indefinida, situada entre a infância e a maturidade e tendendo a abranger um período cada vez maior, principalmente nas classes abastadas.

Enquanto nas culturas chamadas primitivas há um treino contínuo para as crianças, dos comportamentos que deverá apresentar na vida adulta, verifica-se em nossa cultura descontinuidade entre o mundo da idade infantil e adulta, "tanto nos comportamentos (que são opostos), quanto na seqüência, pois há um vácuo a separá-los". Nas culturas primitivas "em que não se observa a descontinuidade, a adolescência não constitui uma fase difícil". Atravessando as provas de iniciação, a criança ingressa automaticamente no mundo dos adultos.

> Na cultura ocidental, ao contrário, a fase pode-se prolongar por vários anos; o indivíduo se sente repelido pelo mundo a que estava habituado e a que deixou de pertencer devido ao desenvolvimento físico; e pelo mundo em que deve ingressar, mas cuja porta lhe está trancada porque é ainda considerado um irresponsável. Sem saber que comportamento seguir, poderá apresentar um quadro de dúvidas e de angústias semelhantes ao de outros indivíduos marginais, que chegará por vezes até a neurose[3].

Essa situação de o adolescente viver sem papel definido acentua-se particularmente nas classes médias e superior e em sociedades em que o tempo de lazer apresenta formas de recreação passiva, reduzida ao mero consumo. Não surpreende que os jovens queiram fazer parte de grupos em que possuam papéis definidos e possam mostrar-se ativos, qualquer que seja a forma dessa atividade.

Entre os fatores sócio-culturais que acentuam as dificuldades da adolescência destacam-se os que tendem a abalar a autoridade dos pais, além de gerarem estados de desorientação, frustração e tensão. A diminuição da autoridade dos pais e, por conseguinte, das normas de conduta estabelecidas pela sociedade parece decorrer, antes de tudo, do enorme aceleramento das mudanças sócioculturais. Desde há cerca de duzentos anos, desde o início da Revolução Industrial, portanto, a nossa civilização é sujeita a transformações radicais que atualmente, na fase da "segunda" revolução industrial, se acentuam sobremaneira, sob a influência avassaladora da técnica. Segundo alguns, a fase atual da história da humanidade representa uma cesura tão decisiva que encontra apenas um símile na época neolítica, quando se verificou a transição da cultura nômade dos caçadores à cultura se-

---

3. Maria Isaura Pereira de Queiroz, *Personalidade e Sociedade* (manuscrito).

dentária dos camponeses. Não se pode falar simplesmente do "ocaso" de uma cultura ou de um ciclo cultural, mas, sobretudo, do surgir de uma época tão inconcebivelmente diversa que todos os ciclos culturais de Spengler, por diversos que sejam, se apresentam em comparação como homogêneos, meras variações de um tema fundamental.

A velocidade dessas mudanças quase que interrompe a continuidade cultural. Os filhos por vezes já parecem viver numa cultura diversa daquela dos pais. A experiência acumulada pelos mais velhos, que em culturas mais estáveis dá aos anciãos prestígio extraordinário, visto ela continuar depois da passagem de algumas décadas tão válida como antes, envelhece hoje rapidamente e torna-se inútil. Daí se valorizar ao extremo a flexibilidade da juventude, tida como mais capaz de adaptar-se a novas condições do que os "velhos". Produz-se assim uma fluidificação das normas de conduta que já não se transmitem sem perturbações dos pais aos filhos e não se impõem com a mesma validade na "cultura nova" destes últimos. Os pais mal preenchem a importante função de modelos – visto pertencerem a um mundo superado – e mesmo se a preenchessem, raramente o fariam de forma satisfatória, uma vez que já passaram por um processo semelhante de desorganização normativa.

7. CULTURA E *GANGS**

Se as rápidas mudanças culturais, abrindo distâncias cada vez maiores entre as gerações, dificultam o entendimento e as relações entre pais e filhos, o despretígio da autoridade dos pais (e com isso das normas de conduta) se torna ainda maior em países de imigração. Nestes, particularmente o pai, visto da perspectiva dos filhos, costuma ser uma figura pouco exemplar: moldado por uma cultura diversa, representa para estes, já mais integrados no novo ambiente, tudo aquilo que desejam superar. Em terras de prolongada imigração, tal atitude tende a tornar-se um padrão mesmo entre os "nativos". Nos filhos acentuam-se por vezes certos fenômenos críticos: repelindo os valores dos pais, mas ainda assim sujeitos à

* Artigo publicado no Suplemento Literário, *O Estado de S. Paulo*, em 7 de fevereiro de 1959.

225

sua influência, não conseguem de outro lado absorver sempre de forma satisfatória os do ambiente. Permanecem então numa "terra de ninguém" cultural, o que não lhes facilita atingir estabilidade psíquica. Ansiosos por convencer os companheiros "nativos" da sua igualdade, manifestam, não raro, atitudes muito mais radicais de nacionalismo, masculinidade e agressividade do que os outros. Ao mesmo tempo, os pais, nem sempre bem-sucedidos, investem neles toda a sua esperança de ascensão social, colocando-os sob tremenda pressão, daí resultando ambições desmedidas e frustrações, causas freqüentes de comportamentos aberrantes. Se, afinal, os filhos conseguem "subir" na escala social, tornam-se imigrantes "verticais" nas camadas invadidas, lutando mais uma vez com dificuldades de adaptação e passando a ser, por sua vez, figuras de pouco prestígio para os filhos[1].

Esses exemplos são drásticos; representam, todavia, uma imagem concreta dos processos que ocorrem em todas as sociedades em que haja extrema mobilidade social, associada a intensas migrações internas, ao ponto de uma família raramente permanecer durante tempo apreciável na mesma cidade ou no mesmo bairro. Por vezes basta a mudança de um bairro a outro (ou de uma escola a outra) para exigir ajustamentos difíceis e provocar nos filhos comportamentos não aprovados.

Em sociedades flutuantes, diferenciadas e individualistas, torna-se difícil a "socialização" das novas gerações, devido à pluralidade de objetivos e orientações. Hoje, já não há representações coletivas, costumes, práticas de vida, hierarquias sociais e elites que gozem de reconhecimento geral e se imponham pela sua consagração absoluta. À desintegração dos vários setores culturais e à compartimentação da consciência social numa multiplicidade de esferas (técnica, direito, ciência, estado, reli-

---

[1]. Ver "O Problema das *Gangs*", artigo do mesmo autor, publicado no número 112 (20 de dezembro de 1958) do Suplemento Literário (cf. p. 217 deste livro).

gião etc.) corresponde a desintegração da família (com relação ao todo de que ela, por assim dizer, se segrega) e a sua desorganização interna, produzida pelos desenvolvimentos da vida econômica e profissional, bem como pelo influxo de instituições estatais e extra-estatais, que se encarregam de boa parte das funções antigamente exercidas pela grande família patriarcal, sem que por ora aquelas consigam substituir esta em todos os campos de forma satisfatória. Surge o tipo da família estreita – casal e filho – excessivamente móvel e nômade, capaz mesmo de renunciar ao lar e transformar-se em "família de hotel" que já não proporciona ao filho aquele "calor de ninho", tão importante para o desenvolvimento da estrutura da personalidade humana. Contudo, não se pode de antemão condenar todas as formas familiais modernas. Estas, geralmente, são mais adaptadas à vida urbana e industrializada. O perigo reside no próprio processo de transição que produz um estado de desnorteamento e insegurança. Instituições estáveis, como se sabe, nada são no fundo senão decisões que a sociedade tomou antecipadamente em lugar dos indivíduos e que se tornam hábitos sociais. A falta de instituições estáveis sobrecarrega a capacidade e a própria vontade de decisão do indivíduo, tornando-o vítima indefesa e passiva de todas as excitações casuais. Típico é o modo confuso de as mães educarem os filhos. Não se fiando na educação tradicional – aliás já inexistente em círculos em que pais e avós da jovem mãe se tornaram remotos –, sujeita-se aos estímulos casuais de métodos "científicos" que costumam variar segundo o último *best-seller* do último psicólogo em moda, fato não muito propício à estabilidade psíquica da criança.

Das mudanças rápidas resultam acentuados desequilíbrios e "assincronizações" entre as diversas esferas culturais e instituições sociais. Este *cultural lag* verifica-se, por exemplo, quando há máquinas e indústrias ultramodernas e escolas de tipo semifeudal, com sistemas de peneiramento inadequados, modelos de pensamento, métodos de trabalho ultrapassados e estruturas sem a elasticidade necessária para adaptar os jovens a condições flutuantes. Mesmo num só setor – o das artes, por exemplo –, observa-se este fenômeno: em São Paulo, a vida teatral está plenamente integrada no século XX, enquanto a vida musical teima em manter-se arraigada no século XIX. Há pessoas que fazem questão de possuir carros e casas do "último tipo"; suas leituras, porém, são do início deste século, seus quadros dos meados, suas predileções musicais do início do século passado; sua filosofia econômica e política provém do século XVIII e suas concepções de honra, de épocas quase pré-históricas. Vivem, pois, em vários mundos, orientando-se por múltiplos sistemas de referência; agem de um modo e pensam de outro. E como essa disparidade emana da própria cultura objetiva em que se misturam caoticamente valores de "fronteira" e *far west* com os valores competitivos da sociedade capitalista e, ainda, com os da religião cristã, vive o indivíduo sob o imperativo de ser ao mesmo tempo humilde e agressivo, abnegado e egoísta, cordato e duro, como a doce Shen-Te da peça de Brecht. A esse caos de valores corresponde uma "cultura de algibeira", com testes de televisão e programas escolares que aferem o nível intelectual de uma pessoa pela massa de conhecimentos desconexos: incentivando, pois, um tipo de "inteligência" que os psiquiatras atribuem precisamente à personalidade psicopática, distinguida, entre outras coisas, pelo lastro espantosamente excessivo de informações desordenadas e inúteis.

Do mesmo quadro faz parte a "anomia", expressa muitas vezes no choque entre as metas supremas propostas pela cultura e os meios aprovados para atingi-las. Nas sociedades ocidentais conta-se entre os fins mais caros o prestígio conquistado pela acumulação de riquezas materiais. Infelizmente, porém, as vias de acesso a essas riquezas há muito deixaram de ser tão amplas como na época das "possibilidades ilimitadas". Um dos recursos para enfrentar esse estado de coisas é a violação das normas de conduta aprovadas. Não é um demagogo, mas um conhecido sociólogo que se refere à "admiração relutante" pelos "homens astutos, espertos e bem-sucedidos, produtos de uma estrutura cultural em que a meta sacrossanta (o sucesso) virtualmente consagra os meios", verificando a incrível difusão do "crime de colarinho branco" (quer dizer, entre os elementos das classes média e superior). Parte enorme dos cidadãos respeitáveis (nos Estados Unidos) deu pelo menos uma vez na vida um "jeito" punível com uma sentença máxima de não menos de um ano de cadeia[2]. É evidente que aos filhos não escapa a desorientação dos pais, nem essa anomia, este relaxamento das normas que lhes é transmitido pela osmose familial e pelos mil canais do ambiente.

Assim se apresenta a situação em sociedades sujeitas a mudanças violentas e profundas. Não admira o surto de seitas, que reduzem um mundo de crescente complexidade a um esquema de simplificações ingênuas, ou de bandos que se refugiam numa subcultura de valores coerentes, conquanto primitivos, e normas de conduta, arcaicas embora, mas ajustadas à concretização desses valores. O desajustamento pessoal, enfim, nada é com freqüência senão um tipo peculiar de ajustamento a seitas, bandos ou turmas desajustados. De certa forma, nas *gangs* juvenis adota-se a mesma meta da sociedade adulta – o prestígio – mas definida em termos de virilidade, heroísmo e aventura. A conduta adequada, coerente com tal aspiração, consiste nas molecagens mais rudes e nas façanhas que mais diretamente ferem as normas desprestigiadas da "grande" sociedade, com a vantagem de que esta conduta é imediatamente premiada por um rendimento fabuloso em nimbo entre os rapazes e adoração

---

2. Robert K. Merton, *Social Theory and Social Structure*, Glencoe, 1957.

entre as moças, dando ao "herói" uma importância que o mundo adulto lhe nega.

A atrocidade que por vezes se manifesta em tais estroinices, já em si estimulada pela desinibição coletiva, é de certa forma "normal", já que decorre das próprias normas do bando. Acrescente-se a influência embrutecedora da guerra e de uma cultura de relações cada vez mais abstratas e impessoais, em que o homem se transforma em peça de máquina, "material" e coisa. Tampouco se deve esquecer que as normas da *gang* muitas vezes são impostas por psicopatas, indivíduos que se definem pelo mau ajustamento a determinada cultura, em conseqüência de causas hereditárias ou remotas experiências familiares, mas cujo número, periculosidade e influência, entre os membros das *gangs*, parece aumentar sobremaneira nas circunstâncias sócio-culturais apontadas.

É somente nas circunstâncias gerais de um mundo desorganizado que se deve, finalmente, atribuir certa influência intensificadora às indústrias culturais (rádio, televisão, gibis etc.). Essas influências são de duas ordens: formais, isto é, decorrentes da própria estrutura técnica e industrial desses veículos (que, como toda indústria moderna, produzem com a mercadoria ao mesmo tempo o desejo impositivo de consumi-la); e materiais, isto é, decorrentes dos temas maciçamente distribuídos.

O impacto "formal" talvez seja mais importante do que o material: o consumo em massa tende a tornar a recreação passiva, estandardizada, aumentando a tendência ao conformismo dentro da *gang*; desvaloriza valores (estéticos) supremos; ouve-se Beethoven enquanto se joga pif-paf ou se descascam batatas; impõe uma seqüência incoerente e atomizada de estímulos estéticos vários e de nível desigual, de mistura com anúncios apresentados com ênfase extrema, tudo isso regando incessantemente olhos e ouvidos (fator importante na desorganização da sensibilidade para valores). A televisão, de que inicialmente se pensava que beneficiaria a família por prendê-la no lar, tende a ter efeito contrário por transformar a família em público: esta, em vez de agrupar-se em torno da mesa tradicional, em comunicação dialógica, enfileira-se como no cinema, lado a lado ou dando-se as costas. Assim os membros da família ajuntam-se, não convivem.

Todavia, não se deve desprezar as influências exercidas pelo conteúdo. Certamente se exagera o efeito direto dos enredos quando se pensa que os crimes e matanças apresentados possam provocar comportamentos semelhantes em consumidores equilibrados. Os efeitos não costumam ser tão imediatos, embora se deva talvez reconhecer que o consumo prolongado de brutalidades pode embotar a sensibilidade pelo valor da vida humana, em culturas que já em si se distinguem pela incoerência dos valores e pelo relaxamento das normas. Mas os efeitos principais exercem-se pela modificação sub-reptícia, nos países consumidores, de certos comportamentos e atitudes exteriores, em conseqüência da imitação dos respectivos padrões apresentados, principalmente nos filmes, pelos países produtores. Atuando de fora para dentro, tais modificações aparentemente superficiais (trajes, costumes de namoro, significado do beijo, hábitos de beber etc.) podem estimular conflitos com normas tradicionais e acelerar mudanças em si perfeitamente desejáveis, mas que pela velocidade criam novas tensões entre adolescentes e adultos. Particularmente o cinema parece acentuar o *cultural lag* e a anomia, incitando em países pobres aspirações que não podem ser satisfeitas nos moldes aprovados.

O quadro exposto parece inspirar ou ser inspirado por concepções extremamente pessimistas, tanto mais que os fenômenos descritos são irreversíveis e tendem a aumentar, pelo efeito cumulativo da técnica, a rapidez das mudanças. Mas seria ridículo falar de "ocaso" ou "decadência" da cultura, à maneira de Spengler, visto vivermos em meio de um processo que possivelmente envolverá a própria estrutura da nossa consciência, incluindo as valorizações subjacentes a esta exposição. Bem entendido, os valores permanecem; o que muda, é a capacidade de apreendê-los, a maneira de valorizá-los. Há talvez valores que nós nem sequer descobrimos e a cujo apelo, no futuro, se abrirão todos os corações.

PARTE III:
REFLEXÕES ESTÉTICAS

1. ESTÉTICA

I

Podemos conceber o mundo como composto de camadas, das quais a mais alta seria a espiritual. Esta é sustentada pela camada psíquica, que, por sua vez, tem como suporte a camada orgânica dos seres vivos. A base que tudo sustenta é constituída pela camada anorgânica dos seres inanimados (pedras, terra, água etc.). Teríamos, então, a partir da camada mais primitiva, a física-material, a orgânica, a psíquica e a espiritual. Nenhuma das camadas superiores pode existir sem as inferiores, sendo a base de todas a camada material, anorgânica. A espiritual apóia-se em todas as inferiores. Não há – de modo cientificamente observável – vida espiritual sem vida psíquica, nem esta sem vida orgânica, nem esta sem a base material. Mas a vida espiritual ultrapassa a psíquica mercê de vários momentos, entre os quais se distingue o da capacidade de símbolo. A capacidade do símbolo é reservada ao homem, nenhum outro animal parece possuí-la.

O símbolo é um sinal peculiar; é um sinal que, em vez de assinalar apenas determinada situação concreta, momentânea, vital, individual, ultrapassa essa situação singular e única para designar a essência de todas as situações semelhantes, fora do contexto momentâneo e vital. Estas nuvens, que agora escurecem o céu, indicam a chuva que virá agora; temos aí um entre vários outros sinais que também advertem os animais, que logo buscarão abrigo. Esta fumaça (e outros sinais) indicam um incêndio na floresta; também os animais entendem esses sinais e fugirão.

Para o homem, no entanto, estes sinais podem transformar-se em símbolos; qualquer nuvem negra (e não só estas agora) pode tornar-se, então, não só sinal de temporal próximo. Pode tornar-se, além disso, em imagem que suscita a *idéia geral* do temporal e mesmo do perigo e da calamidade em geral, sem qualquer relação com a situação momentânea, vital (que forçaria a buscar abrigo).

Determinado som é um sinal, quando, indicando a proximidade da distribuição de comida, provoca o reflexo salivar dos ouvintes; mas é símbolo quando apenas significa a idéia da comida (e não a própria comida), sem provocar o reflexo mencionado, sem portanto inserir-se num contexto vital de situação concreta e reação imediata.

O animal emite o grito de dor quando sente a dor; esta dor, neste momento; trata-se da expressão imediata da dor, expressão que é o *sinal* da dor atual, real. O homem, no entanto, pode emitir esse grito sem sentir realmente a dor. Neste caso, o grito não é um sinal, mas o *símbolo* da dor em geral. E os outros homens sabem perfeitamente distinguir entre o grito que é sinal e o grito que é símbolo – embora às vezes não seja fácil, particularmente quando se trata de um bom ator ou de uma mulher histérica (esta é capaz até de sentir a dor só porque grita). Se o bom ator gritasse o seu grito em plena rua nós talvez o confundiríamos com um sinal, indo em seu socorro. Mas quando grita no palco, deixamo-lo em paz. Ninguém vai em seu socorro. Todo mundo sabe que o grito é apenas um símbolo – com exceção dos seus parceiros no palco, que, não como atores, mas como personagens, tomam o grito por sinal, levando-o *a sério*.

Os animais podem comunicar-se em determinada situação vital, presente: podem emitir gritos de advertência, que, para os outros animais, são sinais de perigo; mas esses sinais não se emancipam do contexto vital da situação concreta. Assim, não podem usar o grito de advertência numa ocasião em que não haja perigo, apenas para "representar" ou simbolizar o perigo possível, o perigo em geral.

A língua humana é, toda ela, um sistema de símbolos. É só graças a ela, graças à capacidade do símbolo, que o homem pode transmitir aos seus semelhantes – através das gerações – a experiência acumulada das gerações anteriores. É, portanto, só graças à capacidade do símbolo que os homens vivem em sociedades, as quais, diversamente de certas sociedades de animais (como as das formigas e abelhas) não são sistemas rígidos, invariáveis, regidos por instintos imutáveis, mas que desenvolvem *culturas variáveis*, cumulativas, graças à aprendizagem, culturas em constante transformação.

É, portanto, mercê dessa capacidade que o homem desenvolve a cultura – termo que designa a soma total de fenômenos que resultam do esforço do homem de ajustar-se ao mundo-ambiente e melhorar as suas condições de vida. Neste sentido, a cultura é a totalidade complexa que inclui conhecimentos, crenças, artes, moral, lei, costumes e quaisquer capacidades e hábitos adquiridos pelo homem como membro de uma sociedade; inclui, naturalmente, também as criações materiais, como instrumentos, vestuários, receptáculos, armas, moradias etc. O mais simples instrumento é impossível sem a capacidade do símbolo, pois cada instrumento contém em si a *idéia abstrata e geral* de um sem-número de situações em que poderá ser usado. É por isso que mesmo o mono mais inteligente não chega ao instrumento, por mais que use certos objetos para determinados fins; ele não *guarda* tais objetos, por mais adaptados que sejam a estes fins, para outras ocasiões em que poderia usá-los. No entanto, o objeto torna-se instrumento não pelo fato de eu usá-lo neste momento, mas pelo fato de eu, mesmo não o usando agora, guardá-lo, para dele fazer uso em ocasiões propícias. Portanto, mesmo o que se chama *cultura material* é criação espiritual do homem, baseada na sua capacidade do símbolo. Toda a cultura é uma objetivação das virtualidades espirituais do homem. Estas dependem, como vimos, do substrato psíquico (de emoções, desejos, impulsos, reflexos etc.), este do substrato orgânico (do nosso corpo), e este do substrato físico-material (das leis físicas, químicas, da matéria anorgânica). Assim, a cultura, situada no topo de uma série de camadas superpostas, é o espírito objetivo ou objetivado de uma sociedade, espírito que se desenvolve e se transforma através do tempo, quer lenta, quer rapidamente.

II

Não há ser humano que não viva dentro de uma sociedade e cultura; só dentro delas atinge o *status* de ser humano. Todos os seus comportamentos, atividades, desejos, emoções, se definem dentro de determinada cultura e são regidos em alto grau por convenções, costumes, regras e leis determinados por esta mesma cultura. O nosso comportamento responde e corresponde a certos valores básicos – valores de utilidade, vitais, estéticos, religiosos etc., valores esses que se definem mais de perto através das valorizações específicas de determinada cultura.

O valor tem tudo a que satisfaz uma necessidade, suscita prazer, aprovação ou aplauso, preferência, interesse e, em geral, uma reação positiva. No pólo oposto encontram-se os "desvalores", os valores negativos correspondentes, que suscitam rejeição, repugnância, indignação, aborrecimento e, em geral, reações negativas. Também os animais reagem, preferem, rejeitam, mas isso sempre em determinada situação vital, sem que cheguem a objetivar valores, a referir-se a um *mundo de valores*. Este só se define em determinada cultura, através das valorizações variadas de variadas sociedades (o que varia são as valorizações, não os valores).

Não vivemos num mundo apenas constituído de "fatos", situações, acontecimentos e pessoas neutros e indiferentes, mas num mundo que constantemente suscita as mais variadas reações, que nos impressiona favorável ou desfavoravelmente, apela à nossa vontade ou aos nossos desejos ou à nossa apreciação positiva ou negativa. Ao longo de toda a nossa vida realizamos atos de valorização positiva ou negativa, atos que são determinados em alto grau pela nossa cultura (apesar de todas as variações individuais: também estas são previstas e toleradas pela cultura). O valorizar impregna nossa vida até o âmago. O próprio conteúdo da nossa consciência, aquilo que a nossa consciência retém, graças a atos de atenção e concentração, já é de certa forma determinado por atos de valorização prévios, já que não costumamos reter o que nos deixa totalmente indiferentes. Os inúmeros valores podem ser classificados, de um modo geral, em: de utilidade, hedonísticos, vitais, científicos, estéticos, morais, religiosos.

Quando, por exemplo, adquiro um aquecedor elétrico, colocando-o no meu quarto e ligando-o à corrente elétrica, posso diante dele fazer uma série de valorizações. Inicialmente adquiro-o como *utilidade* (valor de utilidade), como bem que é meio para proporcionar-me *valores hedonísticos*, o prazer de sentir calor e bem-estar num dia frio. Além disso, é meio para proporcionar-me valores *vitais* (manter minha saúde no inverno). A técnica interveio, junto com a indústria, para criar este valor útil, apoiada na *ciência* orientada pelo valor da verdade científica. Posso, ao fitar o clarão vermelho do aparelho, clarão que brilha na armação niquelada e ilumina fracamente o crepúsculo do quarto, apreciar o aparelho como objeto bonito, bem acabado, de formas elegantes. São *valores estéticos*. Penso entristecido naqueles que não podem comprar tal aquecedor e que, nesta hora, tremem de frio: penso e sinto em termos de valores *morais e sociais*. Ao imaginar a energia que proporciona o calor, sinto-me relacionado, possivelmente, com um poder *sagrado*, cósmico, criativo, do qual, em última análise, dependo e em que deposito confiança. Valorizo em termos *religiosos*.

Este exemplo mostra que vivemos inseridos num denso tecido de valorizações. De fato, nem sequer percebemos bem o que não nos interessa, ou seja, o que não é por nós focalizado na perspectiva de determinado valor. Não "vejo" o calçamento, a não ser que seja muito perfeito ou muito deficiente (isto é, a não ser que o veja pelo prisma valorizador) ou a não ser que eu faça profissionalmente parte do departamento municipal que se destina a cuidar desse aspecto urbano. Isto quer dizer que não só a cultura em geral, mas também minha posição dentro desta cultura determina em alto grau minha visão das coisas.

Um índio, percorrendo a mata virgem, verá coisas bem diversas daquelas que chamam a atenção de um homem oriundo do mundo urbano da civilização ocidental, porque ambos se orientam por valorizações diferentes. Mas, mesmo entre os expoentes dessa civilização urbana, haverá grandes diferenças na apreciação da floresta, em virtude da sua posição dentro da cultura ou mesmo da finalidade da sua passagem pela floresta. O botânico terá outra visão da floresta que o negociante de madeira, e este outra que o engenheiro enviado para projetar uma estrada de ferro. Diversa será ainda a experiência do citadino comum, em excursão de recreio ou a do místico ou homem religioso. A diversidade dessas apreciações decorre do fato de que estas pessoas experimentam a realidade orientadas, preponderantemente, por um ou outro valor; o que, naturalmente, não quer dizer que, abandonando a sua atitude valorizadora costumeira, sejam incapazes de apreciar a realidade circundante, em determinados momentos, conforme outro valor. Embora o negociante de madeiras dificilmente chegue a ver a floresta à maneira do botânico, e este à maneira do negociante, ambos podem decerto apreciá-la, em certa ocasião, como o excursionista que se sente deliciado pela beleza da mata, pelas delicadas cores de uma flor, pela graça de um animalzinho ou pelo majestoso silêncio da paisagem.

III

Foram mencionados, na classificação sumária acima apresentada, os valores utilitários, hedonísticos, vitais, científicos, morais (e sociais) e religiosos.

a. Os valores de *utilidade* – fundamentais em toda cultura e dominadores na vida econômica – distinguem-se pelo fato de servirem apenas de meios para a realização de outros valores. O seu valor consiste em serem meios, não em ter valor próprio (a não ser em situações anormais). Os outros valores, podendo ser em alguns casos igualmente meios, geralmente têm ainda valor próprio. Os valores utilitários são em alto grau quantificáveis. Aumentam e diminuem com a quantidade maior ou menor dos bens e com o número maior ou menor de pessoas que, desta forma, pode participar deste valor útil. Três litros de leite têm mais valor útil do que um litro, dez automóveis mais do que dois, e sete martelos mais do que três. No entanto, o valor da verdade encerrado numa fórmula matemática não aumenta pela sua divulgação quantitativa. O valor estético de um poema não aumenta pelo fato de ser lançado numa tiragem de dez mil exemplares. Em termos estéticos, o poema manuscrito, encerrado na gaveta e nunca publicado, tem o mesmo valor. Dez facas têm dez vezes mais valor (útil) do que uma, mas dez discos da Quinta Sinfonia de Beethoven aumentam em nada o valor estético dela. O valor moral de um ato filantrópico é incomensurável em termos quantitativos. Um gesto terno, na face de uma pessoa que sofre, pode valer *moralmente* mais que um milhão de cruzeiros contribuídos por um milionário para uma boa causa, ainda que a *utilidade* dessa contribuição certamente seja maior do que a daquele gesto.

b. Os valores *hedonísticos*, ou seja, o prazer que sentimos ao apreciar um bom prato, um bom vinho ou uma situação agradável – por exemplo, o prazer que um aquecedor me proporciona num dia de frio intenso –, são referidos intimamente ao sujeito que os experimenta. O que importa é o prazer que eu sinto, não o objeto que é a causa deste prazer. Não é sempre fácil diferenciar e separar por inteiro o prazer hedonístico do prazer estético. Mas é evidente que no prazer estético dirijo-me, antes de tudo, para o objeto e só em grau muito menor aprecio o meu estado subjetivo. Viso, antes de tudo, ao objeto. O peso da apreciação estética refere-se ao lado objetivo da relação objeto-sujeito, ao passo que, no prazer hedonístico, ele se concentra principalmente no lado subjetivo, no gozo voluptuoso a que me entrego. Mas, nesta relação estética do sujeito com o objeto, embora este prepondere, aquele não se apaga por completo. Por mais que possa esquecer-se, confundido com o objeto estético, conserva certa distância e sente como sendo dele, sujeito, o arrebatamento. Inteiramente diversa é a relação do cientista para com seu objeto. Plenamente consciente de si, apaga, contudo, metódica e friamente, a sua subjetividade para que prevaleça, por inteiro, o objeto. A sua atitude é de observação impassível, não de apreciação prazerosa ou arrebatada.

No gozo hedonístico, portanto, prevalece por inteiro o sujeito. Mesmo quando digo que o *bolo* (objeto) é saboroso, atribuindo um valor ao objeto, penso muito mais no bolo como *causa* do *meu prazer* do que no próprio bolo como tal. No entanto, um bolo de aniversário pode também ter certo valor estético, quando se trata de uma daquelas obras magistrais da confeitaria. Este valor se manifestará como essencialmente objetivo. Aprecio-os de forma contemplativa (os sentidos estéticos são quase exclusivamente o visual e o auditivo, raramente também o tátil, ao passo que os hedonísticos são, antes de tudo, o paladar e o olfato, o epidérmico da temperatura, não se excluindo o visual e o auditivo). É uma contemplação desinteressada, desligada de interesses e desejos vitais, utilitários, hedonísticos. A valorização hedonística, em particular, provocando *desejos* que me impelem a agir sobre o objeto, sempre exige a *existência* dele para que sejam satisfeitos, ao passo que a contemplação estética se desinteressa da existência real do objeto, satisfazendo-se com sua organização formal. No caso do bolo surge mesmo um conflito entre a valorização estética e a hedonística: para obter o prazer hedonístico tenho de negar o prazer estético, destruindo o bolo, e é geralmente só depois de um leve hesitar que se inicia a destruição da *forma* para chegar à posse da *matéria*. É evidente que o valor estético, neste caso, é subordinado ao valor hedonístico; sua função é realçar e intensificar este último. Da mesma forma o valor estético é muitas vezes associado aos valores utilitários, para torná-los mais atraentes. Um automóvel, um cinzeiro, uma cesta de papéis e mesmo uma lata de lixo, cujo valor é essencialmente de ordem utilitária, aumentam suas possibilidades no mercado, mercê dos valores estéticos associados, isto é, mercê da execução esmerada, elegância das linhas, boa combinação de cores etc. A presença de valores estéticos na nossa cultura certamente é menor do que na Grécia antiga; ainda assim, encontramo-los em muitos dos objetos simples que nos cercam, embora geralmente prestemos pouca atenção a eles.

c. *Valores vitais*, como os da saúde, força, do viço, vigor e juventude, parecem por vezes quase confundir-se com os estéticos, quando se os contempla como qualidades de seres humanos ou outros organismos. Muitos autores, entres eles Darwin e Schopenhauer, supunham que certos valores estéticos se ligassem aos valores vitais graças à *manha* da *natureza*. Desta forma os indivíduos mais adaptados se atrairiam, garantindo a sobrevivência dos mais aptos e assim, da espécie. Sem dúvida, o impulso sexual se socorre de elementos estéticos, não só na natureza, mas também no mundo cultural. Penteados, batons etc., servem para, através da acentuação estética e artificial, aumentar a atração sexual. A moda – particularmente a feminina – embora em larga medida manipulada por interesses econômicos e conquanto uma das suas funções seja a de simbolizar o *status* social de quem recorre aos seus produtos mais refinados, encerra em si valores estéticos a serviço dos valores vitais, particularmente sexuais.

No entanto, também a escala negativa dos valores vitais pode sofrer valorização estética positiva. Certas correntes do romantismo e certos movimentos decadentistas exaltavam a doença, atribuindo particular valor estético a pessoas de aspecto frágil, melancólico, pálido e de requintada delicadeza. Ter tuberculose era, então, quase uma moda; mas, como não era tão fácil adquiri-la, bastava ter o aspecto de quem sofresse dela.

d. Quanto aos *valores morais*, é fácil mostrar que têm uma modalidade bem divesa dos estéticos: o valor moral reside nas intenções e nos atos de pessoas reais, ao passo que os valores estéticos podem manifestar-se através de quaisquer "objetos" – pessoas ou não (animais, flores, obras etc.), reais ou não (numa natureza morta só a tela e as tintas são reais, as uvas, flores, a galinha etc., não têm "realidade"). Uma boa intenção (entende-se que não deve ser *mera* intenção, mas intenção de um ato) é esteticamente neutra, é um valor que reside inteiramente na intimidade de uma pessoa, na "boa vontade" dela, e que, como tal, não tem nenhuma manifestação sensível, nem sequer no ato correspondente, pois este dificilmente nos revela o âmago da intenção. Os valores estéticos, todavia, inexistem sem manifestação sensível. *O mundo sensível é o seu domínio.*

Se, portanto, Platão ou Goethe falam de uma "bela intenção" ou de uma "bela alma", usam o termo "belo" em sentido muito lato. Uma alma, uma intenção, podem ser *boas*. Para chamarmo-las belas, no sentido estético, elas teriam de manifestar-se sensivelmente de um modo adequado, no físico da pessoa, no porte sublime ou na graça dos movimentos.

Precisamente o fato de os valores morais não se manifestarem de um modo sedutor e não terem nenhum encanto sensível induz muitos moralistas a porem os valores estéticos a serviço dos valores morais, a fim de dar-lhes mais apelo às emoções e à sensibilidade. Através dos séculos atribuiu-se à arte, e em particular à literatura e ao teatro, a função de serem *úteis* e, ao mesmo tempo, deleitarem os apreciadores; a função, portanto, de ensinarem deleitando. Sua utilidade essencial seria a de ao mesmo tempo instruir, educar e elevar moralmente o apreciador e isso de uma forma agradável, e mesmo arrebatadora. Vestindo os preceitos morais abstratos de formas atraentes, vivas, facilitar-se-ia a sua divulgação, dando-lhes ao mesmo tempo uma força emocional de convicção intensa e impositiva. A própria beleza, pensavam alguns, mesmo sem revestir normas morais, seria capaz de enobrecer os sentimentos, tornar as emoções e paixões mais cordatas e os costumes mais requintados. Pensava-se numa verdadeira educação estética da humanidade, em que o teatro exerceria uma função importante. Tais esperanças talvez nos pareçam um tanto ingênuos. Mas seria grave erro negar-lhes todo o fundamento.

Todavia, por mais fundamento que atribuamos a essas esperanças generosas, não podemos limitar a arte a tais funções e nem admitir que essas funções seriam essenciais à arte. Assim, não se pode dar razão a Leon Tolstoi, quando na sua obra *Que é a Arte?*, afirma que a missão da arte é "tornar sensível e capaz de assimilação aquilo que não pode ser assimilado na forma da argumentação [...]". Caberia à arte a missão de transportar os preceitos morais do domínio do mero conhecimento ao das emoções, já que os homens são movidos mais pelo sensível e pelas emoções do que pela lógica e pelo pensamento abstrato. A arte cobriria, por assim dizer, o feio esqueleto da verdade ou do bem moral com as formas sedutoras da beleza, douraria a pílula amarga, para, desta maneira, conquistar consumidores mais entusiasmados e em maior número para os princípios morais. Levada a este extremo, a teoria não merece discussão e, mesmo em suas manifestações mais atenuadas, ela não pode ser elevada a dogma.

e. Os *valores científicos* da verdade, objetividade, correção lógica etc. Há muitos tipos e concepções de verdade e fala-se dela também na religião e na arte, dando-lhe as mais diversas acepções. No entanto, se o valor constitutivo da religião é o *sagrado* e os da estética certas peculiaridades sensíveis de determinados objetos, é na ciência (e na filosofia) que a verdade se torna o valor fundamental. É na ciência que se elaboraram os métodos mais perfeitos para se chegar à "verdade objetiva", ainda que muitas vezes com prejuízo do interesse e da importância de tais verdades para a nossa "existência", para a nossa experiência vital e para os nossos atos imediatos.

Considerando a verdade – segundo uma longa tradição – como correspondência entre um juízo (é nele que a verdade se localiza) e a realidade a que ele se refere, verificamos que a exatidão científica desse juízo decorre de um processo de abstração que *reduz* a realidade a alguns dos seus elementos mais gerais. O processo científico da ciência é sempre um processo de redução da realidade. O juízo científico não apreende a riqueza imensa da realidade concreta, sensível, mas um esqueleto geral, cuja pobreza é o resultado da abstração conceitual. A ciência abstrai de todas as peculiaridades e singularidades individuais para formular, através de juízos abstratos, os momentos gerais em que uma série de fenômenos individuais coincidem. Ela não se interessa por esta ou aquela flor, mas pelos predicados em que coincidem todas as flores da mesma espécie e pelos processos bioquímicos característicos dessa espécie. Desta forma, ela chega a formular certas leis gerais que regem os processos da realidalde. Assim, o fisiólogo e o biologista reduzem o indivíduo humano a uma série de processos e relações: a namorada transforma-se numa certa proporção de células constituídas de água, cal, fósforo, numa proporção de mucosas, ossos e tecidos de várias espécies. O psicólogo reduz a imensa variedade dos desejos, emoções, atitudes e sentimentos de meu filho a certos mecanismos psíquicos; a física, ao fim, reduz a plenitude dos objetos multicores, palpáveis, sonantes, perfumados, macios ou duros, lisos ou ásperos, a um turbilhão de átomos, inapreensíveis pelos nossos sentidos. Vê-se que a ciência paga a exatidão das suas verdades com o alto preço do empobrecimento do mundo. Ela apresenta uma abreviação, um esquema abstrato da realidade.

É patente a profunda diferença da visão estética. A arte, em particular ainda que também costume reduzir e selecionar, até certo ponto, os dados sensíveis da realidade, fá-lo para intensificar e enriquecê-la. Ela apela precisamente aos nossos sentidos (ou à nossa imaginação) e mesmo o quadro mais "abstrato" é uma realidade individual, peculiar, rica em dados sensíveis. Há abstração também na arte, mas trata-se de uma seleção específica para ordenar, revigorar e aprofundar o mundo sensível, ao invés de, como na ciência, eliminá-lo em favor da formulação abstrata das relações gerais. De certa forma, pode-se dizer que a ciência procura ordenar os nossos pensamentos a respeito de certas regiões da realidade; a ética procura dar ordem às nossas ações; ao passo que a arte visa impor ordem à nossa apreensão do mundo sensível.

A profunda diferença e mesmo a oposição que há entre os valores científicos e estéticos não excluem que muitos cientistas – e particularmente filósofos – tenham apresentado as suas teorias e concepções em ensaios de alta qualidade literária. A mera clareza e a transparência da exposição podem ter certo valor estético. No entanto, não é injustificada certa desconfiança em face de obras científicas ou filosóficas que convencem mais pela elegância e pela retórica do que pela argumentação e pela lógica.

f. *Os valores religiosos* – o valor do sagrado em particular – manifestam-se no impacto de um mundo superior, transcendente ao nosso mundo profano, e nas relações entre o homem e este mundo superior. O homem religioso tem a intensa experiência subjetiva desses poderes sagrados, em face dos quais reconhece com humildade a sua dependência total, e que se lhe afiguram logo majestosos, ou bondosos, logo terríveis e vingativos.

Desde tempos remotos nota-se uma íntima associação entre os valores religiosos e os estéticos. Nas fases chamadas primitivas seria quase impossível separá-los, de tal modo se mostram fundidos no ritual e no mito. Isso, aliás, também se refere aos outros valores; nas culturas "primitivas" não há diferenciação tão nítida das esferas como na nossa. Nas tribos primitivas qualquer ato utilitário podia ligar-se a certo cerimonial mágico-religioso, e nesta cerimônia estavam encerrados ao mesmo tempo valores religiosos, estéticos, mágicos (a magia sendo uma espécie de ciência primitiva). Assim, um empreendimento prático, de ordem utilitária, como a caça ou pesca, podia ligar-se a cerimônias religiosas, de valor estético etc.

Percebemos de imediato o valor estético, por exemplo, de um ritual dançado, como o do candomblé, e a beleza do mito, quando baixam os orixás e se manifestam nas filhas de santo. Estas transformam-se, então, em Xangô, Iansã, Iemanjá etc., vivendo perante os nossos olhos de novo a dramática vida dos deuses. Para nós, tais mitos dramatizados nos rituais têm alto valor estético. O mundo mítico é povoado de seres poderosos, de deuses e demônios. Cada árvore, cada fonte, cada pedra, é um ser vivo com uma história dramática, e essa visão de um mundo animado, palpitando de vida e seres semelhantes a nós mesmos, faz com que a relação do homem com este universo não seja a de um Eu em face de coisas mortas, mas de um ser vivo dentro de um mundo vivo, havendo uma relação em que Eu me defronto não com os objetos abstratos da ciência, mas com o Tu de árvores, fontes, auroras, estrelas etc. A aurora não é o efeito mecânico de ondas de luz emitidas pelo Sol ainda invisível; ela é uma jovem que precede Apolo. Este – o Sol – logo virá no seu esplendoroso carro de ouro. Aurora antecede-o, ruborizada, porque seus amores foram indiscretamente revelados aos deuses olímpicos. Seu rubor tinge o céu, cada manhã, de matizes róseos. Vemos que o mundo mítico é ao mesmo tempo poético e dramático.

Repetimos: a visão mítica do mundo é uma visão dramática. Ela exige minha ação – o ritual – para abrandar a ira dos deuses ou demônios ou para propiciar a sua benevolência. E o ritual exige, por sua vez, o mito: este explica minha ação e dá-lhe sentido.

Para o homem da fase mítica, o ritual e o mito revestem-se de grande seriedade. Do ritual eficaz pode depender a vinda da chuva, a fertilidade do solo, a sobrevivência do povo. Nele, no ritual, os deuses estão *presentes*. Para os crentes do culto do candomblé, a filha de santo, uma vez caída no orixá e depois de sair paramentada da camarinha, *não representa* Xangô ou Iemanjá, mas "presenta"-os: os deuses estão *presentes*. A filha já não é a filha, mas a própria divindade. O mesmo se dava no culto dedicado a Dioniso, entre os gregos antigos. Neste culto, como em todo ritual autêntico, os crentes têm plena fé na presença da divindade. O teatro grego nasceu do culto dionisíaco, mas de certa forma não é mais o próprio ritual. Naturalmente, este teatro continua tendo um sentido religioso – e religiosa é a sua origem –, mas em determinado momento há uma transição do ritual para o espetáculo, da presença da divindade para a mera representação dela, se assim se pode dizer. Alguns autores consideram o teatro grego como sintoma de decadência religiosa. A seriedade do ritual transforma-se em jogo, pelo menos parcialmente, começa a revestir-se de caráter *lúdico*. O que começa a predominar é a atitude de "fazer de conta". Para nós, ao assistirmos ao ritual de candomblé na Bahia, os orixás não estão presentes, as filhas de santo apenas os representam (para nós). O que para os crentes ainda é um ritual, para nós já é um espetáculo, com valor "apenas" estético e não religioso.

Vemos aí que os valores estéticos e religiosos, por mais íntima que possa ser a sua associação, podem entrar em conflito. Ambos os valores têm a tendência de se tornarem exclusivos. O valor religioso admite o estético apenas como subordinado, a serviço dele. Mas o valor estético reivindica os seus direitos sensíveis e muitas vezes sensuais, e então pode surgir um conflito entre ele e o rigor espiritual do valor religioso. Talvez resida nisso uma das razões porque os israelitas proibiram fazer *imagens* do Deus invisível (puramente espiritual), como se receassem a sensualidade de qualquer materialização sensível, por mais abstrata e menos "representativa" que fosse. Em épocas de grande fervor religioso, surgem facilmente atitudes contrárias à arte, pela mesma razão. Pensemos só nos puritanos, violentamente opostos às artes e em especial ao teatro.

Um poeta franco-alemão, Adalbert Chamisso (1781-1838) exprimiu este conflito num poema, de forma drástica: um pintor cristão, profundamente religioso, deseja pintar uma crucificação, a mais bela jamais pintada, para glória da arte e do cristianismo, para exaltar, com uma palavra, a arte cristã. Mas o artista prevalece sobre o cristão: crucifica, impiedoso, o adolescente que lhe serve de modelo para pintar a dor mais perfeita que jamais se viu num quadro.

A "Verdade" na Arte

O termo "verdade" costuma ser usado em muitas acepções. Na exposição anterior, a verdade foi apresentada como valor *científico* e apenas como tal ela foi definida, embora superficialmente: como a adequação de um juízo ao ser a que este juízo ser refere.

O termo, no entanto, é usado na vida prática em muitas outras acepções. Por exemplo: isto é café de verdade, ou seja, café *real* (e não qualquer imitação sintética). Na religião: o verdeiro Deus, isto é, não se trata de um ídolo. Nestes casos, a "verdade" não reside no juízo e sim no próprio Ser. De outro lado, quem dirige uma prece com todo o fervor religioso a um ídolo, não rezará este com mais verdade do que aquele que se dirige ao "verdadeiro Deus", mas de um modo indiferente e convencional? Kierkegaard afirma que o primeiro, embora se dirigindo a um ídolo, reza ao verdadeiro Deus. O que importa é o fervor íntimo da prece, a autenticidade da minha prece. É nesta sinceridade total que reside a verdade.

Vê-se que, fora do contexto científico, o termo pode ter muitas acepções. Também no campo estético emprega-se a noção de verdade. Excluímos, de início, a noção que atribui "verdade" a uma obra de arte quando o seu autor aparentemente se exprime plenamente nela. O termo "verdade" significa neste caso "sinceridade" e esta noção não tem validade estética. O que pode importar numa obra de arte é que ela *parece* ser sincera; a real sinceridade, isto é, o problema de se o autor nela exprimiu seu ser mais profundo não importa; não é possível verificá-lo e de qualquer modo não importa esteticamente. Temos que apreciar a obra e não o autor. Este só secundária e marginalmente é campo da indagação estética. Basta verificar que a obra como tal parece ser expressão autêntica de uma visão, de um sentimento de vida, de uma emoção, de uma experiência. E isso depende muito mais da "arte" do que da "sinceridade" do autor.

Fala-se muitas vezes de "verdade" nas artes representativas, isto é, nas artes que, de alguma forma, reproduzem a realidade, o mundo humano e a natureza em geral. "Como acertou!", "Como é verdadeiro!", ouvimos dizer o apreciador diante de um retrato "semelhante" ou diante de um quadro que apresenta uma paisagem, um animal saltando ou uma flor. O termo verdade significa aqui reprodução fiel da realidade exterior que nos cerca. Toda arte realista considera esta verdade um alto valor estético. Para muitos, é ainda hoje critério estético importante. É conhecida a anedota segundo a qual um famoso pintor da Antiguidade, em competição com outro, pintou frutas tão "verdadeiras" que os passarinhos vieram comê-las. Mas o outro pintou, por cima das frutas, uma rede tão "verdadeira" que o primeiro, ao ver o quadro, tentou tirar esta rede das frutas.

Até certo ponto exige-se, principalmente do palco,

certa "verdade da vida": as personagens não podem afastar-se por inteiro da realidade humana, por menos realista que seja a peça. Mas esta "verdade da vida", esta verdade realista, é muitas vezes negligenciada em favor de uma "verdade mais essencial". Dom Quixote, lutando contra moinhos de vento, contradiz a "verdade da vida"; isto é impossível em termos realistas. Mas essa ignorância da situação real – que aqui chega ao mítico – não será um traço fundamental do ser humano? Cervantes, pondo de lado toda a verdade realista, apresenta-nos uma verdade profunda acerca do homem. As personagens de Molière muitas vezes não têm plena verdade de vida, mas, assim, conseguem apresentar-nos caricaturas extraordinárias das fraquezas humanas, de certa forma bem mais verdadeiras do que muitas personagens de peças rigorosamente realistas. Macbeth é um monstro desumano, exorbitante, e não acreditamos hoje (geralmente) em feiticeiras; mas que retrato tremendo das possibilidades demoníacas que se escondem na alma humana e que "verdade" na atmosfera criada pela presença de feiticeiras! Assim também encontramos verdades profundas nas peças de Wedekind e Ionesco, por mais grotescos e irreais que sejam muitas vezes os ambientes e as personagens.

Mesmo nas artes não-representativas fala-se, por vezes, de "verdade", por exemplo na arquitetura ou na música. Neste caso é evidente que o termo toma uma acepção bem diversa, já que essas artes não representam realidades empíricas (e ninguém chegará ao ponto de dizer que esta ou aquela música é o retrato fiel e "verdadeiro" do ciúme, da paixão, da angústia, embora não se deva excluir a teoria de que a música é uma representação simbólica e altamente estilizada dos "movimentos da alma").

O termo terá, portanto, nas artes não representativas (também na pintura e escultura "abstratas") um sentido que não toma em conta as relações externas à própria obra de arte: o critério de verdade será interno, imanente à própria obra. Caracterizaremos como "falsa" uma obra em que se nota certa incongruência formal, certa falta de coerência interna: uma obra de música, por exemplo, que apresenta um prelúdio cheio de pompa e espalhafato, sem que nas partes posteriores nada se siga que corresponda a este início. Espera-se de uma obra de arte certa necessidade de coerência no desenvolvimento, certa unidade íntima; não se admite, em geral, a mera arbitrariedade, a não ser que esta constitua, por sua vez, certo padrão coerente de exaltação do "jogo", da imaginação lúdica. Falsa será também uma canção popular com grande orquestração ou cantada segundo o estilo do *bel* canto italiano. Na arquitetura existem relações falsas entre o material e a forma, a imposição de formas que não correspondem ao material escolhido. Existe a incoerência de um portal esplêndido que dá acesso a residências miseráveis, ou de um edifício que reúne vários estilos de uma forma incongruente. Sentimos em tais casos a "falsidade" da obra, isto é, usamos um critério de "verdade estética". O mesmo se dá quando um cenário não corresponde ao espírito da peça: o cenário não é "verdadeiro", por mais realista que seja sua reprodução de determinado ambiente, quando o espírito da peça não é realista. No entanto, é possível, até certo ponto, lançar o cenário contra o espírito da peça para obter efeitos de choque, efeitos grotescos, caricatos ou paródicos. Neste caso, a incoerência aparente entre o espírito da peça e o cenário (e o modo do desempenho dos atores etc.) é parte de um plano mais amplo, que, coerente em si, joga com a própria incoerência, fazendo dela um recurso estético.

IV

Os valores estéticos e a arte. Os exemplos acima referem-se a obras de arte. É nelas, nas obras de arte, que os valores estéticos chegam à sua expressão mais significativa e se manifestam de modo mais autônomo. Isso, como já foi repetido, não costuma verificar-se nas outras esferas da cultura nem na vida habitual. Geralmente, os valores estéticos encontram-se associados a outros valores, subordinando-se a eles; as mercadorias – louças, móveis, trajes etc. – são produzidas por empresa que em certa medida respeitam certos valores estéticos, a fim de poderem vender esses produtos e competir no mercado pelo favor dos consumidores. Da mesma forma, os donos de restaurantes, os oradores políticos, os sacerdotes que celebram rituais, recorrem a valores estéticos a fim de atingir, de forma eficaz, os fins a que visam. Em todos esses casos, os valores estéticos são subordinados a outros valores e desempenham papel apenas secundário. Uma poltrona terá de ser, antes de tudo, confortável e, só em segundo lugar, bonita, embora por vezes a relação se inverta. Na dança social, nos costumes de cortesia, nas formas de cortejar, nos usos de mesa, encontramos igualmente certa estilização estética; certas cerimônias atingem um alto grau de beleza. Mas em todos esses casos, os momentos estéticos têm função apenas marginal ou acessória.

Somente na obra de arte, na medida em que a mesma se defina e se imponha como tal, inverte-se a relação dos valores. Os valores estéticos, mesmo não se tornando totalmente autônomos, passam a ser *critério decisivo* para a avaliação do objeto (ou ato, ação, movimento etc.), ao passo que os outros valores se tornam agora acessórios ou se revestem de função "serviçal". Uma tragédia como *Macbeth* evidentemente põe em jogo valores morais e vitais; mas estes se tornam agora suporte – aliás indispensável – dos valores estéticos: julgamos a obra não só e principalmente pela lição moral nela contida ou pela profundeza filosófica, e, sim, antes de tudo, pela grandeza estética com que esses outros valores se manifestam; é "nas costas" dos outros valores que se manifesta o valor estético, agora tornado decisivo. Os mesmos valores morais ou vitais não teriam "expressão" nenhuma se apenas surgissem apresentados numa narração corriqueira. No entanto, como valores morais ou vitais, seriam os mesmos. O que torna a obra imensa não são, portanto, estes valores, mas a arte de Shakespeare, a extraordinária força com que o dramaturgo faz funcionar estes valores, agora a serviço de fins estéticos.

A autonomia dos valores estéticos chega ao ponto culminante na arte abstrata, em que esses valores precisamente pretendem atingir a completa pureza, afirmando-se como únicos, com exclusão de todos os outros valores.

É, pois, na obra de arte que os valores estéticos se realizam em toda a sua plenitude, revelando toda a sua força e expressividade. A organização estética dos elementos sensíveis – a que agora se subordinam todos os outros valores, na medida em que estejam presentes – parece dar à obra de arte um caráter de expressão imediata de emoções, sentimentos, disposições anímicas, e envolve também estes outros valores eventualmente presentes numa aura emocional, que lhes dá um impacto comunicativo extraordinário.

Pelo exposto nas páginas anteriores talvez possamos dizer que os valores estéticos se manifestam em objetos (ou ações, gestos, movimentos etc.) que se distinguem pela organização e seleção formais dos seus elementos sensíveis, graças aos quais suscitam em nós um prazer específico. Trata-se de certos arranjos seletivos na proporção de sons, formas, superfícies, massas ou palavras, de certa unidade e coerência na multiplicidade dos elementos, de certa harmonia de relações formais que não exclui de modo nenhum fortes tensões e mesmo desarmonias, mas que se sobrepõe a todas as "dissonâncias", dando-lhes uma última "solução".

O prazer específico produzido por este objeto (ação etc.) é dirigido para o objeto e sua organização formal, e não se detém no autogozo do próprio estado prazeroso (como no prazer hedonístico). É desinteressado, pois se esgota na contemplação das formas do objeto (ou das relações formais) e, de qualquer modo, não implica a realidade do mesmo que poderia estimular, como tal, nossos desejos e impulsos hedonísticos ou vitais. Tampouco envolve a nossa atuação moral. Os valores estéticos não crescem, como tais, em proporção à sua multiplicação (como ocorre no caso dos valores utilitários). Não residem em atos ou intenções reais, como ocorrem com os valores morais, que são inerentes a pessoas reais (e só secundariamente a obras em que se divulgam lições de moral, mandamentos etc.). E não exigem o pleno compromisso com determinada visão do transcendente – de um mundo superior – como ocorre no caso dos valores religiosos. Nem tampouco exigem a aceitação e aprovação plenas de tais e tais concepções apresentadas, bastando, em geral, a apreciação do modo como tais concepções são apresentadas. Podemos reconhecer (e apreciar) a grandeza da *Divina Comédia*, de Dante, ainda que não sejamos católicos e tenhamos outra cosmovisão. Podemos apreciar o fantasma do pai de Hamlet, ainda que não acreditemos em tais seres espectrais. E podemos julgar excelentes algumas peças de Brecht, ainda que não sejamos comunistas.

2. GOETHE: UNIDADE E MULTIPLICIDADE*

> *Desde a adolescência os homens deveriam usar uniformes porque têm de acostumar-se a agirem unidos, a se perderem entre seus iguais, a obedecerem em massa e a trabalharem visando o Todo.*
>
> (Ajudante, *Afinidades Eletivas*)

> *Pois estamos estritamente contra o uniforme; ele encobre o caráter e subtrai, mais do que qualquer fingimento, as peculiaridades das crianças ao olhar dos superiores.*
>
> (Inspetor, *Anos de Peregrinação de Wilhelm Meister*)

A justaposição de duas opiniões contrárias a respeito

---

* Artigo publicado no jornal *Crônica Israelita*, em 1º de agosto de 1949.

do mesmo problema não foi feita para provar o caráter assistemático do pensmaento goethiano. Ninguém desconhece esse fato e poderíamos citar declarações diretas, não proferidas por personagens de romances escritos em épocas diferentes, declarações até que formulam a contradição numa só frase: "A gente não se afasta da vida com mais certeza senão pela arte – e não se liga a ela com mais firmeza a não ser pela arte". Aliás, o próprio Goethe confessou em 1813 a Jacobi que "pelas diversas tendências da minha natureza não posso satisfazer-me com uma maneira de pensar..."

A cosmovisão de polaridade harmoniosa atingida por Goethe através de duras lutas, através de avanços e retrocessos, não foi o resultado de uma elaboração filosófica – pois Goethe não era filósofo –, mas de uma vida plenamente vivida, que se impregnou a fundo de pensamentos tão diversos como os da Ilustração, do *Sturm und Drang*, do romantismo e da Antiguidade grega. Um pensamento haurido de tão divesas fontes havia de ser, necessariamente, de ordem dialética. Graças à sua *internal form* poderosíssima conseguiu imprimir a essa massa de idéias contraditórias, unindo o múltiplo, a marca da sua personalidade.

Essa unidade na multiplicidade – problema fundamental de toda a filosofia – não a deixou fixada num sistema filosófico. Criava-a e vivia-a, dia por dia, numa grande existência cheia de vacilações, tremendamente ameaçada por impulsos demoníacos, síntese frágil e dolorosa de uma energia de aço e de uma sensibilidade excessiva, de um dinamismo fáustico e de uma resignação estóica, de uma disciplina férrea e uma ironia libérrima que se expandia no constante jogo de auto-superação e autotranscendência e não permitiu a rígida fixação de uma posição dogmática.

Se substituirmos o termo "unidade" por "ordem" e "multiplicidade" por "caos", teremos dado um passo adiante para entender a dialética goethiana. Sabíamos da sua fase de *Sturmer und Dranger*, que explosivo era o elemento anárquico nele. Só assim, pela necessidade de supercompensação, se explica em suas faes posteriores o rigor totalitário na acentuação da ordem; "Prefiro cometer uma injustiça a tolerar uma desordem".

Traço inconfundível de Goethe é a lealdade para consigo mesmo. Ele supera o caos pela ordem e pela forma, mas não o elimina. Não só quer a unidade na multiplicidade, mas também na unidade a multiplicidade. A ordem só tem sentido onde há algo irracional e anárquico que deve ser ordenado.

Se fizermos mais uma substituição de termos, teremos chegado ao coração do problema goethiano. Digamos, ao invés de ordem, "idéia" e troquemos o termo "caos" por "fenômenos individuais e singular".

Continuamos, ainda assim, rigorosamente dentro do racioncínio inicial deste pequeno artigo. Pois a idéia é o princípio ordenador e unificante e os fenômenos individuais e singulares formam a multiplicidade caótica deste nosso mundo de cores, formas passageiras, aromas e sons. Percebemos, talvez um pouco supreendidos, ao referirmo-nos a esse dualismo, que pisamos terreno platônico. Mas Goethe não era monista, adepto de Spinoza? Sim, até certo ponto. Contudo, Spinoza viu as coisa individuais, os *modi*, dentro da unidade de Deus; Goethe viu Deus dentro da multiplicidade das coisas individuais. Aquele parte da unidade divina e todos os fenômenos singulares nada são senão ondas passageiras no mar do infinito; este parte do fenômeno singular e descobre nele a essência divina. Por isso diverge também de Lineu, que domina a variedade da natureza botânica "por atacado" (na expressão de Goethe), quando se trata para ele, Goethe, de apreendê-la "a varejo", sem violentar nenhum fenômeno individual.

Goethe não só era compenetrado da polaridade de ambos os princípios – idéia geral e indivíduo singular –, mas vivia-a intensamente; decorre daí a necessidade, vital para ele, de comunicar os dois pólos, a fim de que o mundo não se fragmente num dualismo definitivo.

Todo existente [escreveu] é um *análogon* de tudo que existe; por isso parece-nos a existência simultaneamente diversificada e relacionada. Seguindo-se em excesso a analogia [princípio da unidade], então coincide tudo numa identidade; evitando-a, dispersa-se tudo *ad infinitum* [princípio da anarquia caótica]. Em ambos os casos a contemplação estagna, uma vez como demasiadamente viva [caos], da outra vez como mortalmente paralisada [unidade total] (*Sobre a Ciência Natural*, IV).

É dessa polaridade que nasce a necessidade de casar ambos os pólos numa unidade dialética. Deflui daí a atitude curiosa de Goethe diante da história, a ciência *par excellence* dos fenômenos singulares, das ocorrências que aconteceram uma só vez e nunca se repetirão da mesma forma. A atitude de Goethe diante da história é um misto de profunda compreensão e de profunda aversão; compreensão em face da variedade dos fenômenos individuais e aversão em face da aparente falta de unidade e lei no devir dos acontecimentos casuais e demoníacos. Na medida, porém, em que, cada vez mais, acredita encontrar também na história a lei de um devir cíclico ou em espiral, um ritmo de pêndulo ou um ondular polarizado, sístole e diástole, toma, de modo crescente, uma atitude positiva em face da história. (Goethe admite um "progresso", ou melhor, uma superação, só em escala cósmica, *sub specie aeternitatis*, mas não em escala histórica. Sobre isso: Friedrich Meineck, *El Historicismo y su Genesis*).

Nunca na história do pensamento uma idéia foi criada por uma necessidade existencial mais urgente e imperiosa do que a concepção goethiana do "fenômeno primitivo", do protótipo, arquifenômeno ou como quer que traduzamos o *Urphänomen*. É nela que Goethe deposita toda a sua esperança (e certeza) de salvar a multiplicidade na unidade e de estabelecer ordem no caos sem violentar o fenômeno individual.

Dich verwirrt, Geliebte, die tausenfältige Mischung
Dieses Blumengewühls über dem Garten umher;
. . . .
Alle Gestalten sind ähnlich und keine gleichet der andern;
Und so deutet das Chor auf ein geheimes Gesetz.

Pois o fenômeno primitivo, essa "lei misteriosa", é a genial intuição de uma categoria intermediária entre a idéia abstrata e o fenômeno concreto, uma categoria dialética que une a tendência generalizadora das ciências sistemáticas e a tendência individualizadora das ciências históricas. "Isso não é uma experiência, mas idéia", disse Schiller em 1794 ao seu futuro amigo, quando esse lhe expunha a sua concepção de protótipo. Goethe respondeu com malícia um tanto ressentida: "Só pode agradar-me o fato de eu ter idéias, sem sabê-lo, e que até as vejo com os olhos". Com efeito, trata-se de uma idéia que Goethe "vê". Essa idéia concreta e plástica transforma-se nos múltiplos fenômenos individuais por um processo de metamorfose, processo de desdobramento evolutivo em que o protótipo se diversifica e se multiplica para tomar as formas infinitamente variadas da natureza, todas elas diferentes, mas cada uma semelhante à outra, simbolizando assim uma unidade interna e divina. "Eis o verdadeiro simbolismo em que o particular representa o geral, não como sonho e sombra, mas como revelação "viva e momentânea do insondável" (*Máximas e Reflexões*).

Mas não só a flora e fauna aplicou Goethe tal visão; menos conhecido é que ele procurou o fenômeno primitivo também na história. É daí que se explica em parte o seu interesse pelo Oriente; não só pretende expressar no Diván Ocidental-Oriental uma unidade subjacente que deixa entrever a face eterna do homem na multiplicidade das formas históricas; o próprio retroceder a fases remotas da história humana representa a procura dos fenômenos primitivos e singelos numa distante fase da evolução. Compreende-se assim o seu profundo interesse pelo Velho Testamento, pelas figuras quase míticas dos patriarcas e particularmente de José, por todo aquele "belo mundo" que com tanto cuidado e com tanto prazer caracteriza em *Poesia e Verdade*. Da história de José particularmente diz: "Extremamente encantadora é esta narração ingênua, mas ela parece demasiadamente breve e a gente sente-se convocada para pintá-la com mais pormenores".

É essa frase de Goethe que inspirou Thomas Mann, quando se punha a narrar "com mais pormenores" a história de José nos quatro famosos volumes em que, descendo ao poço fundo do passado humano, procura descobrir e revelar os arquétipos, as eternas formas, a estrutura fundamental do ser e vir-a-ser hominal, aquilo que se tornou mito e que as gerações sucessivas, através da "imitação mítica", variam na sua infinita metamorfose.

A concepção goethiana da *Gestalt*, do "tipo", do fenômeno primitivo, categorias intermediárias entre o conceito abstrato e o indivíduo concreto, entre *Verstand* e *Anschauung* (categoria que corresponde ao "esquema" de Kant), é considerada extremamente fecunda nas modernas ciências do espírito (*Geisteswissenschaften*). A estrutura ou *Gestalt* de uma cultura ou a sua *configuration*, como dizem os sociólogos anglo-saxônicos, um tipo histórico como "Renascença", as morfologias culturais de Spengler e muitos outros, as caracterologias e tipologias de Kretschmer, Dilthey e Spranger e outros – todas essas pesquisas modernas, se não dependem diretamente da concepção de Goethe, ao menos se servem de uma concepção que ele intuiu e usou pela primeira vez com plena consciência.

Unidade na multiplicidade, multiplicidade na unidade – aplicando isso à vida em sociedade, entendemos imediatamente a legítima contradição inicial da qual partimos, citando o ajudante e o inspetor dos dois romances de Goethe. Uniformização e arregimentação do indivíduo ou expansão plena do indivíduo com seus impulsos e interesses particulares – eis uma polaridade autêntica e um dos problemas mais árduos da nossa época. Ordenar o múltiplo para evitar a anarquia, conservar com simpatia o múltiplo para evitar a paralisação mortal num todo estandardizado, temos que reconhecer que Goethe se preocupou intensamente com esse tema.

Se fizermos uma última substituição de termos, notaremos que o princípio do múltiplo é o da vida:

> Kein Lebendiges ist Eines,
> Immer ist's ein Vieles

Ao contrário, o princípio da unidade é o do espírito organizador. Longe de uma concepção semelhante à de Klages, considerando o espírito como antagonista eterno da vida, concebe o humanismo ambos os princípios em correlação fecunda, ligados por um jogo dialético de oposição e mútuo estar em referência. Apenas como exemplo magnífico, numa esfera irreal, exerce a arte esta função sintetizante e polarizante. Imbuída de atitude lúdica, "intercessora alada", atrai a arte pelo *eros* os princípios que parecem repelir-se, fazendo reluzir a idéia na forma individual e concreta. Alcoviteira em escala cósmica, ela se move sem descanso, como aquele *daimon* platônico, entre espírito e vida, procurando uni-los e tornando o partido de ambos. Daí é que Goethe pôde dizer: "A gente não se afasta da vida com mais certeza senão pela arte – e não se liga a ela com mais firmeza a não ser pela arte".

Toda a vida de Goethe parece ser uma obra de arte, um único grande exemplo de como se unem vida e espírito, o múltiplo e o uno. É assim que ele, totalmente ser, totalmente natureza e totalmente homem, se torna ao mesmo tempo exemplo, idéia e protótipo. Como disse Arthur Liebert: "Goethe sempre é totalmente dentro de si mesmo e simultaneamente se transcende e supera sem cessar. Goethe é a imagem concreta da palavra de Pascal: 'L'homme surpasse l'homme infiniment' ".

3. SCHILLER ANTI-ROMÂNTICO*

É comum ouvir-se caracterizar Schiller como "grande poeta romântico", amigo de Goethe, outro "grande poeta romântico". Esta opinião é diametralmente oposta à da Alemanha, onde lhes cabe a categoria de "clássicos", não só por serem considerados expressões máximas das letras germânicas, mas principalmente em virtude de suas tendências acentuadamente anti-românticas, pelo menos durante ampla fase de suas vidas. A confusão decorre em parte de um emprego equívoco do termo romântico – ora usado como designação de uma corrente histórica definida, limitada no tempo e espaço, ora de um estilo recorrente através dos tempos, ora de um tipo

---

* Artigo publicado no Suplemento Literário, *O Estado de S. Paulo*, em 28 de novembro de 1959.

caracterológico que se distingue por atitudes aventurosas, rebeldes e emocionais.

É talvez um pouco pedante insistir neste assunto. Contudo, não é propósito deste artigo definir pela milésima vez os termos clássico e romântico – tentativa já ridicularizada por Musset – embora, segundo Irving Babbitt, a falta de vontade de definir talvez não passe por sua vez de um aspecto peculiar da suposta mania romântica de desacreditar o intelecto analítico.

Uma ligeira descrição de alguns aspectos concretos da história literária alemã da época em foco determinará melhor, do que definições, a impossibilidade de se classificar Schiller como romântico, tomando o termo no sentido de uma corrente histórica determinada. Para mostrar que Schiller, pelo menos na sua fase madura, tampouco foi romântico nas outras acepções mencionadas, bastará expor de relance algumas das suas concepções estéticas e político-sociais.

A caracterização de Schiller como romântico tem certos laivos de correção quando referida à sua breve fase juvenil de adepto tardio do *Sturm und Drang*, movimento que empolgou as letras germânicas mais ou menos de 1770 a 1785. Violentamente oposto aos cânones clássicos franceses, adotando um rousseauísmo desbragado e professando o culto do gênio "titânico" (sob a influência de E. Young e R. Wood), esse movimento de emancipação, que se esmerava na revolta anárquica mais contra a sociedade em geral do que contra o absolutismo dominante em particular, é definido na Alemanha como pré-romântico. Neste sentido amplo, o primeiro *Fausto* de Goethe é romântico, mas a segunda parte está longe de sê-lo e a obra total, incomensurável como é, não se adapta a nenhuma classificação. De 1786 a 1806 (morte de Schiller), aproximadamente, conta-se o período propriamente clássico: Goethe primeiro, depois Schiller, inicialmente separados e mesmo antagônicos (pois Schiller, dez anos mais jovem, ainda se rebelava, enquanto Goethe já se empenhava pela ordem clássica), mais tarde unidos, superam ambos os arroubos prometéicos da juventude e o culto do elementar, aliando-se na sua admiração pelo clássico modelo grego, então concebido como "nobre simplicidade e tranqüila grandeza". É um ideal humanista, que, usando termos modernos e simplificando ao extremo, procura não eliminar e sim disciplinar severamente as forças dionisíacas exaltadas na juventude, integrando-as, tanto na arte como na vida, no contexto da meta apolínea.

No que se refere ao romantismo propriamente dito, começa a manifestar-se apenas por volta de 1797-1798, expandindo-se até 1830 em várias ondas através de vários grupos regionais, em parte bem divergentes. Verifica-se, pois, que Schiller, morrendo em 1805, mal alcançou o início do movimento romântico. É mais ou menos vinte anos mais velho que os primeiros românticos. De outro lado, o movimento pré-romântico, a que se filiara na juventude, tem um caráter profundamente diverso do próprio romantismo. As duas décadas que separam ambas as "escolas" constituem uma das grandes épocas da história do espírito alemão (e universal); aparecem, ao lado das obras clássicas de Goethe e Schiller, as três críticas filosóficas de Kant e as primeiras obras importantes de Fichte e Schelling. Face aos pioneiros rebeldes do *Sturm und Drang*, os primeiros românticos são herdeiros de um acervo espiritual de enorme riqueza. Na sua linguagem, inteiramente diversa da pré-romântica, absorveram a imensa contribuição de Goethe e Schiller, ainda que não adotem seus padrões clássicos. Não se trata mais de um movimento de revolta e emancipação, nem de gênios titânicos, mas de grupos de jovens extremamente requintados, típicos intelectuais urbanos, cuja sofisticação irônica, nascida da exacerbação da consciência reflexiva, não raro chega a um artificialismo que nada tem em comum com o robusto "naturismo" dos pré-românticos, também chamados por alguns de "pré-clássicos" (veja: P. Grappin, *La Théorie du génie dans le préclassicisme allemand*, Paris, 1952).

Neste sentido preciso, nem sequer o jovem Schiller pré-romântico pode ser considerado propriamente romântico – e muito menos o Schiller maduro. Este, na medida em que ainda chegou a ver o primeiro surto romântico, vivia em constante tensão com os seus líderes intelectuais, principalmente com Friedrich Schlegel, a quem não hesitou em chamar de "cafajeste". Repugnava à mente lúcida de Schiller o que lhe parecia ser a "confusão de idéias" de Schlegel. Houve ataques de lado a lado e Schiller logo escreveu a Goethe que *Herr* Schlegel "está se tornando insuportável". Em 1799, ao ler *Lucinde* de Fr. Schlegel, espécie de rapsódia em prosa que é obra básica do primeiro romantismo, Schiller sente-se "atordoado" e escreve a Goethe: "É sempre a mesma ausência de forma, a mesma mania de escrever por fragmentos, uma mistura de coisas nebulosas [...] Ele [Schlegel] declara francamente que a Impudência é sua deusa [...]". Por sua vez a correspondência dos românticos está repleta de observações malévolas sobre Schiller. Schlegel confessa numa carta reconhecer em Schiller apenas uma qualidade – a paciência. "Para esculpir dragões [refere-se a uma balada extensa de Schiller] tão compridos em papel, palavras e rimas precisa-se de uma paciência impertinente." Schiller deve ter pressentido algo, pois há dois dísticos epigramáticos dele que são quase uma resposta: "Durante anos o mestre elabora [a obra] e nunca se dá por satisfeito; mas à *estirpe genial* tudo lhe vem no sonho". E este: "O que ontem aprenderam, hoje já se metem a ensinar. Ah! Como são curtos os intestinos destes senhores!"

Quanto a Carolina, cunhada de Fr. Schlegel, mais tarde esposa de Schelling, verdadeira alma do primeiro círculo romântico, declara numa carta: "Sobre um poema de Schiller, *O Canto do Sino*, caímos ontem quase das cadeiras de tanto rir".

Não se trata apenas de atritos e antipatias pessoais, nem só do choque das gerações. A raiz é o profundo antagonismo entre atitudes e concepções fundamentais relativas à vida, moral, arte e sociedade. Enquanto os românticos exaltam, desde logo, a fantasia desenfreada, o excêntrico e monstruoso, o grotesco e "original", Schiller e Goethe exigem na poesia uma "linguagem nobre e serena" (o decoro clássico), a "idealização do objeto", a "medida harmoniosa", a tipização (não o característico dos românticos), a "serenidade circunspecta", a precisão, a "economia sábia" e "calma cautelosa". Novalis, já quase surrealista, pede que se "misturem todas as imagens", glorifica a linguagem obscura e a incoerência: "Gostaria de dizer quase que o caos deve transparecer em cada poesia". Schiller e Goethe, ao contrário, elogiam a "continuidade do contexto" e desprezam o fragmentário, as "raridades estranhas", o confuso e desordenado ("Schiller visa sempre ao nexo lógico à custa do nexo poético", lê-se numa carta de Carolina, objeção realmente acertada).

Há uma famosa crítica de Schiller em que fere com crueldade o talento um tanto selvagem de G. A. Bürger, um dos principais poetas do *Sturm und Drang*, que em plena fase clássica continuava leal aos ideais do "período dos gênios". Não há dúvida de que neste escrito, verdadeiro tratado do classicismo, o crítico renega, conscientemente, a própria obra juvenil. "Entusiasmo não basta; exige-se o entusiasmo de um espírito culto." Não encontramos, declara, na maior parte dos poemas de Bürger "o espírito brando, sempre igual, sempre luminoso...", havendo, ao contrário, "desigualdade de gosto". Cabe ao poeta decantar a excelência do seu *sujet* de misturas mais grosseiras ou ao menos estranhas, "reunir numa só faixa os raios de perfeição dispersos por vários objetos, sujeitar à harmonia do todo os traços individuais que perturbam o equilíbrio e elevar o individual e local ao típico". "Um ator irado dificilmente será um representante nobre da ira; que o poeta cuide de não cantar a dor em meio à dor [...] Que ele produza a partir da distância da suave recordação [...] mas nunca sob o domínio atual do afeto [...] O idealmente belo só se torna possível graças à liberdade do espírito, graças à autonomia que suspende a supremacia da paixão." O pobre Bürger "comete pecados contra o bom gosto", verificando-se "que o entusiasmo do poeta se perde não raro além dos limites da loucura, que seu fogo com freqüência se torna fúria e que por isso o estado emocional em que o leitor termina a leitura de modo algum é a disposição anímica de harmonia benfazeja em que o poeta nos deve colocar". E com o dedo em riste: "Só a alma serena e tranqüila produz o perfeito [...] Por mais que o peito esteja assaltado de tempestades, a fronte deve banhar-se de luminosidade solar". E no fim recomenda ao criticado que espose "a elevada e tranqüila grandeza" para "conquistar destarte a coroa do classicismo".

Mesmo sem definições os trechos acima citados provam à saciedade que estamos diante de um verdadeiro manual de cânones clássicos, cujos princípios estéticos – ordem, trabalho, paciência, equilíbrio, harmonia, acabamento, clareza etc. – representam ao mesmo tempo princípios morais (e político-sociais) perfeitamente contrários aos dos românticos.

Esses princípios, no seu aspecto moral e social, tendem a confundir-se facilmente com certa atitude burguesa e mesmo filistéia, que muitas vezes provocou o escárnio dos românticos. *O Canto do Sino*, por exemplo, é, por assim dizer, um hino ao cidadão bem comportado e precavido. O poema é povoado de termos como "armazém" e "depósito" (se não bancário ao menos de bens palpáveis). Em face do elogio à preguiça dos românticos, o bom burguês cantado por Schiller "tem de atuar e aspirar, plantar e criar, amealhar com astúcia, aumentando os lucros" (!). Ele "nunca repousa" e "do alto da casa calcula sua fortuna crescente". É uma verdadeira exaltação da "sagrada ordem" (termo do poema) do capitalismo protestante incipiente (tão contrário às tendências catolizantes dos românticos): "o trabalho é o ornamento do cidadão e o prêmio do esforço é a compensação abençoada", possibilitada graças à ordem, pois "o olho da lei é vigilante".

O rigor das concepções clássicas de Goethe e Schiller – disciplina conquistada a duras penas e por isso defendida com extrema dureza – levou-os a atitudes por vezes unilaterais, limitando-lhes a capacidade de julgamento estético face a fenômenos que não se enquadrassem nos seus padrões "olímpicos". Jean Paul, Kleist e Hölderlin, os três grandes "marginais" da época, que, sem serem propriamente românticos, tampouco seguiam os cânones clássicos, foram impiedosamente repelidos pelos dois poetas de Weimar, fato que, no caso de Kleist e Hölderlin, não deixou de contribuir para o desenlace trágico dessas duas vidas. Kleist chegou quase ao ponto de desafiar Goethe para um duelo e Hölderlin, inicialmente incentivado por Schiller, acabou não recebendo mais resposta às suas cartas humildes de jovem adepto em busca de estímulo. Schiller julgava as poesias do jovem "muito subjetivistas e extravagantes". Quando ainda lhe respondia às cartas, dera-lhe o conselho: "Mantenha-se mais próximo do mundo sensível; assim não correrá o perigo de, no seu entusiasmo, perder a sobriedade".

4. BEETHOVEN E O ROMANTISMO

Os franceses e os países em que prevalece a influência francesa tendem a considerar Beethoven como um romântico, tal como ocorre com Goethe e Schiller. Para os alemães, porém, tanto o compositor como os dois poetas são "clássicos", não apenas no sentido da grandeza modelar, mas também na acepção estilística do termo. Não se nega na Alemanha que Goethe e Schiller passaram na sua juventude pela fase pré-romântica do *Sturm und Drang* (*Tempestade e Ímpeto*, 1770-1785), nem que na obra e nas atitudes de Beethoven se encontram vestígios dessa irrupção de um sentimento de vida revolucionário, anticlássico, anárquico, de uma constestação juvenil dirigida contra as convenções opressivas da sociedade absolutista de então; contestação que, à semelhança de certas correntes atuais, se manifestava também nos trajes e no comportamento (até hoje se chama na Alemanha a camisa aberta sobre o peito de *Schillerkragen*, "colarinho ou gola de Schiller").

Tampouco se negam os múltiplos elementos mais de perto românticos nas obras dos dois poetas e do compositor (o romantismo propriamente dito predominou na literatura alemã mais ou menos de 1800 a 1830). O que, no entanto, prevalece na apreciação alemã, no que se refere à fase de maturidade dos dois poetas e à arte de Beethoven em geral, é a extraordinária disciplina e força com que os três conseguiram dominar impulsos irracionais de extrema violência para chegarem à construção de uma obra em que, apesar de tudo, se impõe o equilíbrio, a ponderação, a ordem e harmonia, conforme cânones estéticos consagrados. Por mais que Beethoven ampliasse e enriquecesse a sonata, a sinfonia, o concerto, imprimindo-lhes uma dramaticidade nova, levando a extremos até então desconhecidos os desenvolvimentos e choques temáticos e os conflitos modulatórios, e chegando com freqüência ao subjetivismo confessional característico dos românticos, ele sempre permanece leal à tradição clássica de Haydn e Mozart, conquanto radicalizando, às custas do consagrado, o que há de revolucionário nesta própria herança. Segundo P. H. Láng, encontrou o caminho para os últimos confins do classicismo, sem ultrapassar-lhe os limites. De face dúplice como Janus, dirigia o olhar para o passado, criando uma obra que é a apoteose suprema do classicismo, e ao mesmo tempo para o futuro, guia e inspirador do século XIX[1].

Posto isso, é sem dúvida de interesse situar vida e obra de Beethoven no plano de uma época em que, sobretudo na literatura, já se manifestava poderosamente a visão romântica, irradiando-se pouco a pouco para todas as esferas da cultura. Neste processo Beethoven tanto sofre o influxo das novas condições e concepções do mun-

---

1. P. H. Láng, *Music in Western Civilization*, Nova York, 1941.

do-ambiente como contribui para intensificar as novas tendências. Empolgado pela Revolução Francesa, cujas idéias lhe marcaram vida e obra, chegou à maturidade numa época de transição, em que, apesar de todas as tentativas de restauração, se acentuava cada vez mais a influência política, econômica e social da burguesia. Ao mesmo tempo se impunham de modo crescente o espírito e gosto da classe média, favorecendo todas as formas do romantismo, desde as variedades sentimentais, "wertherianas", com seu saudosismo, melancolia e "dor do mundo" em face de uma realidade que de modo algum correspondia aos ideais proclamados pela revolução, até a modalidades que acentuavam o conflito entre o "indivíduo genial" e a sociedade, manifestando um subjetivismo exasperado em busca de auto-expressão, para não falar dos arroubos libertários das alas românticas mais engajadas. Traços múltiplos de todas essas tendências encontram-se na obra de Beethoven, quase sempre, porém, equilibrados pela estrutura da sonata-forma, maravilhosamente adaptada, pelo princípio dramático inerente, à expressão de um sentimento do mundo dicotômico e à sua reconciliação "dialética" final. Para certificar-se do que foi dito, basta pensar somente na emocionalidade angustiada da sonata para piano em ré maior, op. 10, nº 3, na sombria e desesperada *Appassionata*, no tom elegíaco do Adagio da *Sonata ao Luar*, na explosão violentamente rebelde do Trio para piano e cordas em dó menor, op. 1, nº 3, na orgia dionisíaca da 7ª Sinfonia, no cântico de liberdade que é a ópera *Fidelio* ou então na Abertura para *Egmont*, peça "antiimperialista" do jovem Goethe, então ainda expoente do *Sturm und Drang*. Convém salientar, todavia, que o enorme dinamismo e dramaticidade da obra beethoveniana correspondem mais aos impulsos fáustico-prometéico do pré-romantismo que ao acentuado lirismo do movimento propriamente romântico.

Ousadias como as de Beethoven, as "péssimas maneiras na vida e na música" com que feria tanto a etiqueta social como a sonora, não teriam sido permitidas e nem sequer ocorreriam a Haydn e Mozart. Ambos ainda se acomodavam às imposições da aristocracia, de cujo mecenato dependiam em ampla medida, o primeiro até vestindo o uniforme quase de lacaio do aristocrata a quem servia. A atitude de Beethoven, oriundo da classe média como Haydn e Mozart, é bem diversa. Embora convivesse com a aristocracia vienense e lhe apreciasse a companhia e generosidade − a que de modo algum hesitava em recorrer − é inconcebível que se subordinasse aos caprichos de um patrão. Um dos primeiros compositores independentes, ousava desafiar os aristocratas e era, ainda assim, respeitado por eles, talvez um pouco como se admira um monstro ou uma curiosidade estranha.

O comportamento de Beethoven certamente não teria sido possível sem a expansão da classe média, que, tornando-se paulatinamente consumidora principal de música, ia substituindo, pelo mercado anônimo, a demanda direta e concreta do mecenas. Essa situação não só proporcionava ao artista possibilidades muito maiores de experimentação e auto-expressão subjetiva, no caso de Beethoven levadas bem longe no caminho que conduz ao romantismo, mas impunha, ao mesmo tempo, uma espécie de competição na busca de originalidade, na criação de obras singulares e mesmo sensacionais, sempre renovadas no seu apelo, mais resistentes em face da publicação, difusão e execução repetida, ao passo que a música encomendada para certa ocasião pelo mecenas geralmente era apresentada uma única vez e destinada ao esquecimento rápido[2].

É nessa nova situação competitiva que a concepção romântica do gênio tomado de loucura sagrada e inspirado por poderes transcendentes, dos quais o artista é

---

2. Arnold Hauser, *The Social History of Art*, Londres, 1951.

porta-voz, a ponto de, ao exprimir o próprio eu, revelar verdades superiores, ganha relevância não só estético-espiritual, mas também assaz prática. Somente porque Beethoven, como pianista improvisador extraordinário, se impôs desde logo como "gênio original" – e, sem dúvida, se comportava bem de acordo com os padrões indispensáveis aos gênios –, os círculos aristocráticos, já contagiados pelo romantismo, lhe suportavam as excentricidades e agressões; comportamento sem dúvida conscientemente adotado pelo compositor como uma espécie de auto-encenação e autopromoção. É conhecida sua palavra de que "é bom estar em companhia dos aristocratas; mas a gente deve ser capaz de impressioná-los". A tremenda dinâmica de sua música, considerada então por muitos como "selvagem" e "doida" (também naquela época certa faixa masoquista do público gostava de ser chocada e agredida), essa dinâmica exaltada pelo poeta romântico Clemens Brentano como modelo antifilisteu e antiquadrado (a expressão é dele) exigia novas técnicas de interpretação ao piano. Pela primeira vez surgem composições "para dez dedos e um cacho de cabelo frontal". As melenas revoltas, desgrenhadas graças à agitação convulsiva do virtuose, se enlaçam diretamente nos mitos de Platão. É que o virtuose, segundo o pensamento adotado pelos românticos, fica possesso pela força magnética da obra, transmitida a ela pelo criador, por sua vez possesso pela irradiação magnética das musas. A corrente de fluídos, elo por elo, toma ao fim posse do público, vítima extasiada dessa teoria de comunicação platônica.

Mas havia nestas atitudes, ao lado da pose calculada, também o desafio autêntico do plebeu rebelde. Indicando a cabeça e o coração: "Minha nobreza está aqui e aqui!" Nada mais característico que a famosa cena de Teplitz, relatada por Bettina von Arnim, irmã de Clemens Brentano: o velho Goethe, clássico e cortesão, que numa carta a Zelter chama o compositor de "personalidade indisciplinada", saudando os príncipes, no passeio público, com profunda reverência, enquanto Beethoven lhes atravessa o caminho, de cabeça erguida, mãos nas costas, sem os dignar de sua atenção.

Kant, que na sua estética tende em geral a concepções classicistas, ficou, contudo, impressionado pela teoria do "gênio original" dos pré-românticos. Daí a sua tese de que o gênio não obedece e sim instaura as regras. Beethoven, embora seguisse no fundo os cânones classicistas, é sem dúvida adepto dessa concepção. Declarava, talvez com certa ironia, ouvir raramente a música de outros compositores, sugerindo que isso lhe pudesse enfraquecer a singularidade das obras. Quando lhe apontavam criticamente certas passagens musicais suas por ultrapassarem o permitido no desrespeito às regras da composição, respondeu: "neste caso eu as permito" (as passagens).

A adoração que o compositor suscitou em amplos círculos dificilmente teria sido tão apaixonada na época clássica e no mundo do rococó. É graças aos românticos, neste sentido predecessores do simbolismo, que se tende agora a exaltar a música como a arte suprema. Ainda para Kant ela fornecia apenas certo "prazer confortável", aliás pouco duradouro, devendo a sua função cultural ser julgada muito abaixo da literatura e inferior mesmo às artes plásticas. Ademais, é pouco urbana, visto se impor (à semelhança do perfume) contra a vontade de quem prefere não apreciá-la, por falta de pálpebras nos ouvidos (ou no nariz). Essa apreciação "clássica" da música é completamente subvertida pelos românticos. "As relações musicais", disse Novalis, "parecem-me ser, em verdade, as relações fundamentais da natureza". Wackenroder glorifica a música como a "arte maravilhosa" que "reduz os mais variados e contraditórios movimentos da alma às mesmas belas harmonias". "Entre as várias relações matemáticas do som e as várias fibras do coração humano revela-se um simpatia inexplicável", graças à qual a música exerce um efeito "escuro e indescritível", de tal modo que "no espelho dos sons o coração humano se vai conhecendo a si mesmo". Tieck pensa na música quando pergunta: "Por que deve ser conteúdo o conteúdo de um poema?" A música, à qual deveria tender toda a poesia, encontrou a sua exaltação máxima na filosofia romântica de Schopenhauer para quem ela é expressão não-mediada da essência do universo. A valorização da música não só como expressão de sentimentos, mas também como linguagem metafísica e cósmica – Beethoven a considerava "revelação mais alta que qualquer filosofia", arte à qual devemos o "ingresso num mundo superior de saber" – foi apoiada por Friedrich Schlegel, teórico principal da primeira onda propriamente romântica. Assim atribui à música instrumental "certa tendência à filosofia". Nela, "o tema não estaria sendo desenvolvido, confirmado, variado e contrastato da mesma forma como o objeto da meditação numa série de idéias filosóficas?"

Sem dúvida, se a literatura tende a tornar-se música, a música mostra, por sua vez, fortes inclinações literárias (para não falar da *Tonmalerei*, da "pintura sonora"). Bem ao contrário dos clássicos, extremamente rigorosos na separação das artes e dos gêneros, os românticos, como as vanguardas atuais, misturavam as artes. Ansiosos da grande síntese, da unidade íntegra, perdida devido às alienações e especializações da civilização moderna, sonhavam com a fusão de todas as artes no *Gesamtkunstwerk*, na obra sintética total de que Wagner se tornaria arauto fervoroso. Viviam numa orgia de sinestesias em que das flautas emanava um "espírito azul-celeste", às vogais correspondiam cores pré-rimbaudianas e uma formosa música sacra se transfigurava em templo. Para Novalis, "música, artes plásticas e poesia são sinônimas".

É neste clima que Beethoven passou a ser *Tondichter* (poeta de sons), surgiu o "poema sinfônico" e se pesquisava a música de programa. Beethoven certamente não se entregava a tais pendores, nem dissolvia a grande estrutura clássica nas pequenas formas fragmentárias dos românticos, que, movidos por necessidades de expressão espontânea, se deliciavam com os *moments musicaux*, *intermezzi*, improvisações, fantasias, *impromptus*, rapsódias, *études*, variações, caprichos etc. Entretanto, a Sinfonia Pastoral, com seu cunho sem dúvida programático (subordinado, contudo, à estrutura sinfônica), se é inspirada em fontes românticas, certamente reforçou por sua vez as tendências literárias dos compositores românticos. Todavia, o elemento propriamente romântico nesta sinfonia é muito mais o uso específico da corneta e das madeiras e, sobretudo, o acento rousseauniano, a busca nostálgica da inocência e pureza íntegra na natureza, onde Beethoven tanto gostava de refugiar-se também na vida empírica. De influênica magna sobre o pensamento musical dos românticos – e sem dúvida, sintoma do rigor decrescente na separação das artes e dos gêneros – é a conclusão coral da 9ª Sinfonia, com o *Hino à Alegria* do jovem Schiller. Wagner, em particular, partiu nas suas teorias do fato de Beethoven ter recorrido à voz humana num momento em que a música instrumental parecia insuficiente para exprimir a plenitude do seu pensamento.

Na bela interpretação da Sonata para piano, op. 111, que Thomas Mann apresenta no seu romance *Dr. Faustus*, surge também o problema das razões pelas quais Beethoven, contra todas as regras, se teria dado por satisfeito com apenas dois movimentos. O romancista descreve as aventuras extremas do tema de Arietta, o qual, ao fim, se despede e se torna, todo ele, despedida. Impossível, depois desse "até nunca mais", um novo começo, um terceiro enunciado musical. A sonata, neste segundo, neste enorme movimento, levou em si mesma a um fim sem retorno. Este fim, porém, não o é só desta e sim da sonata em geral, como gênero, como forma tradicional. Ao dizer adeus à sonata, Beethoven se despede do universo da ordem íntegra, da grande forma clássica, depois de a ter levado aos últimos limites.

5. DADÁ NÃO ESTÁ GAGÁ*

A exposição de grande número de colagens de Kurt Schwitters, na Bienal, corresponde, sem dúvida, ao supreendente surto de interesse pelo dadaísmo e pelas manifestações mais ou menos ligadas a este movimento. Em vários países europeus sucedem-se os lançamentos de antologias e memórias dadaístas. Esse interesse não parece ser de ordem puramente histórica. Quase meio século depois dos manifestos iniciais daquele movimento, inaugurado em 1916 na cidade de Zurique, percebe-se que existem, entre os representantes da vanguarda de hoje, afinidades acentuadas com certas tendências do dadaísmo.

Prova disso é o fato de Haroldo de Campos, já em

* Artigo publicado no Suplemento Literário, *O Estado de S. Paulo*, em 23 de dezembro de 1961.

283

1956, ter publicado no suplemento literário do *Jornal do Brasil* alentado estudo sobre a poesia de Kurt Schwitters, ensaio este que, como todos os trabalhos da equipe concretista, é muito bem documentado, explorando em profundidade, pelo ângulo característico das pesquisas concretistas, as virtualidades dos poemas schwitterianos.

Há, sem dúvida, como diz Haroldo de Campos, uma presença deste artista "no Paideuma axial da poesia contemporânea". Generalizando, pode-se mesmo dizer que o dadaísmo é, hoje, mais autal do que o expressionismo e surrealismo, visto ser, no campo da revolução lingüística, mais radical do que aquele, sem adotar-lhe o idealismo patético e os gritos extáticos que tornam muitas obras do expressionismo hoje um tanto indigestas. De outro lado, não faz do automatismo surrealista um cavalo de batalha, nem cai nos chavões romantizantes e na exaltação sistemática do inconsciente, tão típicos dos manifestos de Breton.

Vários momentos essenciais da poesia de Schwitters já foram expostos no ensaio de Haroldo de Campos (que também traduziu *Anaflor*, um dos seus mais famosos poemas), ensaio em que o autor salienta o uso do "despejo lingüístico – esse amontoado residual de frases feitas..." e que corresponde às colagens visuais, compostas da "parafernália de detritos, lascas, aparas, ferros velhos, cacos de vidro, jornais..." etc. Talvez valha a pena focalizar a obra poética de Schwitters de outro ângulo, o do desenvolvimento histórico que parece explicar, até certo ponto, as suas montagens vocabulares.

O recorte lingüístico, a descontinuidade e incoerência na acepção lógico-discursiva, assim como a montagem, já são recursos ocasionais de Rimbaud e bastante corriqueiros, embora pouco radicais, do primeiro expressionismo. O fato é que já foram exigidos por Novalis, mais de cem anos antes, em pleno romantismo. Com efeito, Novalis já fala da necessidade de escrever poemas "sem sentido e conexão... meros fragmentos das coisas mais diversas". Essa falta de continuidade, de novo exigida nos manifestos futuristas (de grande influência na Alemanha), torna-se traço característico dos poemas de Trakl, Hoddis, Lichtenstein, G. Benn iria mais tarde interpretar este "estilo prismático" em poemas em que tema e estilo se comentam e ironizam mutuamente.

É visível que o fenômeno da descontinuidade deve ser interpretado de caso em caso, já que pode decorrer de impulsos diversos. Novalis a exige para destruir o universo empírico do senso comum e da lógica discursiva, em favor de uma visão da transcendência e do infinito; Marinetti e os futuristas, ao se dirigirem contra a "sintaxe de Homero", desejam criar uma língua adaptada à velocidade da época técnica que exaltam com entusiasmo; para Trakl, Benn e muitos outros expressionistas a dissolução do discurso ordenado reflete a fragmentação da ordem espiritual, o fim de uma época, mas esta mesma dissolução, causa de profundo abatimento, é ao mesmo tempo meta, desejo e esperança.

Na obra de Trakl encontramos com freqüência uma sucessão de orações como esta: "Há uma luz que o vento apagou. / Há um botequim na charneca donde à tarde sai um ébrio. / Há um vinhedo queimado e negro com sulcos repletos de aranhas. / Há um espaço tingido de leite. / O louco morreu. Há uma ilha nos mares do sul [...]" etc.

Notamos que em tais poemas anteriores à Primeira Guerra Mundial a descontinuidade não penetrou ainda na própria oração, cuja sintaxe se mantém em essência intacta. A oração forma ainda uma pequena ilha em si coerente. Mas já se isola das frases anteriores e posteriores, com as quais mantém apenas contatos associativos. O processo, porém, não se detém aí. Logo iriam surgir os poemas de August Stramm, um dos representantes principais do grupo expressionista *Sturm* (Tempestade), reunido em torno da revista do mesmo nome, fundada em 1910 e dirigida por Herwarth Walden. Entre os colaboradores da revista destacam-se artistas como Kokoschka, Kandinsky, Chagall, Klee e, alguns anos depois, também Kurt Schwitters.

Stramm foi recentemente ridicularizado pelo historiador literário Walter Muschg que o chama de "filisteu selvagem" com fisionomia de "esquizofrênico inocente". Uma pessoa maliciosa sentir-se-ia tentada a dizer que seu estilo telegráfico é resultado de uma deformação profissional, visto Stramm ter sido funcionário do Departamento de Correios e Telégrafos. Isso, evidentemente, não significa que seus poemas sejam modelos de comunicação rápida. *Patrulha* (1914), por exemplo, embora dos poemas menos radicais, mostra a característica concisão telegráfica: "As pedras inimigam / Janela esgara traição / Ramos estrangulam / Montanhas arbustos folheiam ciciantes / Berram / Morte".

Ainda neste poema, típico do "cubismo verbal" de Stramm, resta certo nexo sintático-discursivo, apesar da eliminação quase completa dos artigos, conjunções, preposições. Mas as palavras, como tais, já se isolam, ainda mais em conseqüência da disposição tipográfica, e este isolamento lhes empresta uma força extraordinária, que, pelo menos no original alemão, acentua ao extremo o seu valor conotativo, em detrimento do denotativo que se define melhor no contexto. Tais momentos se acentuam em seguida pela eliminação dos sufixos e prefixos ("mudecer" e "banjar", em vez de emudecer e esbanjar etc.), pelo "nudamento" da raiz das palavras. Substantivos e verbos começam a ser usados sem flexão; não se "dobram" ao contexto. O emprego do verbo no infinito, já exigido pelos futuristas, arranca-o da oração. O verbo não aceita o jugo do nexo, não se conjuga, mantém-se disponível e "alienado" ao resto, espécie de *ready made* encontrado por acaso e exibido em ambiente estranho.

Schwitters escreveu no início poemas no estilo de Stramm; mas se de um lado lhe radicaliza os processos, pela deformação violenta das palavras e pela montagem de material vocabular fora de qualquer configuração sintática (mantendo apenas certa unidade expressiva, rítmica e fonética), não lhe adota a seriedade fanática e a carranca sombria. Há, nas montagens de Schwitters, um elemento característico de humor e gratuidade lúdica. A paródia sugere com freqüência para ridicularizar clichês e chavões lingüísticos e revelar a coisificação da frase tradicional. O uso da gíria em vizinhança grã-fina valoriza a palavra humilde e desprezada; é como se a tirasse do lixo para dar-lhe um novo *status*, como fez com aqueles detritos que reuniu para realizar o seu sonho arquitetônico, o *Merzbau*, a construção Merz, termo misterioso que enriqueceu a língua alemã pelo recorte da última sílaba da palavra *Commerz*, retirada do anúncio de um grande banco alemão. Schwitters formou daí o verbo *merzen*, fundou uma revista *Merz* e acabou por chamar-se, a si mesmo, de Merz, como se fosse, também ele, uma colagem, uma personalidade composta de vários fragmentos.

"Da voz banja crânio viés as pernas / Strica braços tortora colear estampido a estampido." Ainda que este trecho de um poema de Schwitters seja de difícil entendimento, ele se "comunica" de imediato quando se sabe que se trata do retrato de Rudolf Blumner, declamador dos poemas de Stramm no círculo *Sturm*. É mesmo difícil imaginar que os poemas de Stramm tenham sido recitados de um modo diverso daquele que o texto citado indica. Não há dificuldade em entender o processo de Schwitters quando se toma em conta que estes versos: "Baralho engrola peixe, a cabeça na janela. / A cabeça do animal cobiça garrafa / [...] Homem sem cabeça. / Mão abana facas azedas" etc. constam de um poema que "ilustra" um desenho de Marc Chagall. Ao escrever, finalmente, para o *Bauhaus* (em 1922), a sua famosa *Sonata em Arquisons*, radicaliza apenas os experimentos de diversos predecessores no campo do "poema sonoro". Depois que a coerência ter sido eliminada do poema para isolar a oração, e da oração para isolar a palavra, chega enfim a vez da palavra que se decompõe para dar lugar ao puro material fonético, semelhante ao balbuciar lúdico e "experimental" da criança, de extrema riqueza e variedade fonética. É este o material inarticulado, à base do qual a criança vai selecionando, pouco a pouco, os fonemas aprovados e aplaudidos pelos pais, sinistros representantes da lógica, do senso comum e da socialização. Toda seleção é um empobrecimento em face do balbuciar primevo: "Ooka ooka ooka ooka / Lanke trpl / pii pii pii pii / Lanke trgl / rmp / rnf / Lanke tr gl / Rumpf tilf too...", devendo-se advertir o leitor que os versos acima mesmo ao ouvido alemão soam estranho.

Entre os documentos mais extraordinários e reveladores do início do século (e que antecipa tanto a experiência de Schwitters como a de Ionesco e Beckett) conta-se um escrito de Hugo von Hofmannsthal. Trata-se da carta que certo *lord* Chandos teria enviado em 1603 ao filósofo Bacon. Talvez seja proposital que a missiva fictícia tenha sido dirigida a Bacon, cuja crítica da língua antecipa a de Fritz Mauthner, exposta em três alentados volumes (1901/1902) de enorme influência no início do século. Bacon exprimira ao *lord*, em carta anterior, a sua insatisfação por não ter recebido dele novos livros de sua autoria. Este responde que deixou de escrever porque já não encontra a língua em que seria capaz de exprimir-se. "Meu caso, em breve, é este: perdi inteiramente a capacidade de pensar ou falar sobre qualquer coisa de um modo coerente." Termos simples, como honestidade, alegria, alma, afiguram-se-lhe despidos de sentido; conversas cotidianas sobre T., que seria "um homem excelente", ou sobre M., que seria "digno de piedade", parecem-lhe mentirosas e insuportáveis. As palavras já não exprimem a coisa. "Tudo se desfazia para mim em partes, as partes se dissolviam em novas partes e nada se deixava apreender com um único conceito. As palavras isoladas nadavam em torno de mim e, coaguladas, se transformavam em olhos que me fitavam, rígidos; e cravando neles o olhar, pareciam redemoinhos que me causavam vertigens, que giravam incessantemente e através dos quais eu caía no vazio [...]". A única felicidade que resta ao perturbado missivista são os "objetos pobres e grosseiros", coisas humildes como um regador ou uma grade abandonada no campo. A exaltação dos detritos e fenômenos insignificantes leva Hofmannsthal a desmentir a famosa sentença em que Kant glorifica a ordem universal: não é já do "céu estrelado" que provém a sua ventura e sim de uma pobre fogueira de pastores; e o humilde estridular de um grilo em agonia lhe significa mais do que o trovoar majestoso do órgão. Não reconhecemos aqui, embora as inspirações talvez não coincidam, os *ready mades*, os *objets trouvés* de Duchamp e as composições lindas, absurdas e estranhas de Schwitters, feitas de lascas, pobres pedaços de jornal, fragmentos lingüísticos em pleno *dépaysement*?

O curioso, na carta de Hofmannsthal, é que Chandos exprime a experiência da dissolução, da incoerência universal e do fracasso da linguagem tradicional, num estilo clássico, num discurso de perfeita continuidade lógica. A forma da carta desmente o que através dela é afirmado. A experiência ainda não se torna ação, ainda não se encarna na estrutura da frase, da missiva, da mensagem. Nisso pelo menos os pósteros iriam ser mais coerentes.

6. NO REINO DA PSEUDO-ARTE*

Nos últimos anos aumentou na Alemanha o número de publicações dedicadas à pseudo-arte, particularmente na medida em que se manifesta no campo da literatura; não se negligencia, porém, a sua enorme difusão através da indústria de entretenimento (cinema, rádio, televisão). O imenso surto da pseudo-arte é possibilitado pelo seu conluio com o mau gosto, especialmente pequeno-burguês, que se revela também na decoração das residências. Pense-se, por exemplo, em certas figuras de gesso, nas frutas e flores de cera ou papel; nos anões de jardim cujo pavoroso "romantismo" parece ter-se alastrado da Alemanha dos fins do século passado para tomar de assalto vastas partes do mundo; ou nos objetos religiosos,

* Artigo publicado no Suplemento Literário, *O Estado de S. Paulo*, em 31 de março de 1962.

principalmente os quadros de santos que, com seu feitio bonitinho, enfeiam inúmeros lares. Mas, embora esteticamente inautênticos, parecem apelar muitas vezes a um sentimento religioso autêntico. O autor (católico) de uma das publicações mencionadas (R. Egenter, *Pseudoarte e Vida Cristã*, Ettal, 1950) afirma que "o domínio total da pseudo-arte na vida cristã dos últimos cem anos é em parte culpado do fato de as massas desertarem as igrejas". Isso, sem dúvida, é inexato, já que a pseudo-arte atrai precisamente as "massas". Mas é de se perguntar se a falsidade estética desses objetos não é capaz de contagiar, senão os valores, ao menos as valorizações religiosas.

O termo alemão para esta degradação estética é *Kitsch*, palavra atualmente já encontradiça na França e Inglaterra. Na América do Norte usa-se com freqüência outra palavra alemã para caracterizar o gênero mais importante de *Kitsch*, o do tipo sentimentalóide e adocicado: *Schmalz* (banha), palavra que, pelo significado gorduroso, define muito bem a qualidade viscosa desta arte postiça, sua maneira pegajosa de envolver, como numa poça de goma de mascar, as articulações emocionais dos apreciadores.

O termo *Kitsch*, ao que se afirma, provém do inglês *sketch*. Foi usado, incialmente, na Munique do começo do século (então grande centro artístico), para apelidar ilustrações de cartões postais e recordações feitas especialmente para turistas norte-americanos. Pouco a pouco veio a ser empregado para designar vários tipos de escritos e artefatos feitos em série, imitações baratas, obras epigonais ou convencionais, de uma boniteza vulgar, lisa e escorregadia, com traços de um romantismo já degenerado, xaroposo e cheio de pieguice. No entanto, o termo não se refere, simplesmente, a toda a literatura ou arte inferiores. Há um largo setor de literatura de entretenimento, de narrativas de aventuras ou policiais, que, embora de qualidade medíocre, não se caracteriza pelo

Kitsch. De outro lado, entre os textos que nas publicações mencionadas exemplificam o *Edelkitsch* (o tipo mais "nobre" e pretensioso de pseudo-arte) encontram-se diversos que são da autoria de escritores famosos, tais como G. Hauptman, H. Hesse, R. M. Rilke, E. Wiechert, R. G. Binding e muitos outros. O fenômeno, como se vê, é esquivo, de difícil conceituação. Nem tudo que é mau ou medíocre é desde logo *Kitsch*; há grandes autores que não escapam ao magnetismo desta depravação estética. Tampouco basta aduzir a típica pieguice; existe também o *Kitsch* "ácido", do gênero existencialista, que nos brinda em cada página com vômitos ou perversões sensacionais (isso não se refere a Sartre, que, ao contrário, analisou o fenômeno da viscosidade).

Como reação ao *Kitsch*, surgiu, em certos círculos, uma mórbida ultra-sensibilidade a tudo que de longe possa parecer-se com *Kitsch*. Há hoje pessoas que já não podem apreciar um simples pôr-do-sol, acusando a própria natureza de mau gosto por imitar os cartões postais. Neste ponto, o problema passa, de um salto, ao esnobismo. O que os une é a fluidez dos valores e a insegurança concomitante. Poder-se-ia definir o esnobismo, enquanto instalado na esfera estética, não como o autêntico desgosto e sim como o mero temor do *Kitsch*, na medida em que aplaudi-lo é sintoma de um *status* social inferior.

A inautencidade do produto não decorre necessariamente da falta de emoções sinceras (qualquer adolescente as tem aos jorros quando se mete a escrever poemas) e sim da imaginação inadequada, da incapacidade expressiva e da falta de autocrítica. O inautêntico não deve ser buscado no autor e sim na obra, isto é, no fato de ela *parecer* inautêntica; o que na obra se afigura como inautêntico é simples incapacidade artística no autor, assim como falta de seriedade e emepenho na apredizagem do ofício, quando não se trata de embuste ou calculado aproveitamento dos padrões do *Kitsch*.

O que dificulta sobremaneira a análise do *Kitsch* e

da sua inautenticidade é que não se pode julgá-lo à base de critérios puramente estéticos. Um poema perfeitamente admissível, quando escrito no século XIX, já não o é, quando escrito por um poeta de hoje (a não ser que vise a fins de paródia). Nisso entra toda a problemática da originalidade criadora e da correspondente "consciência histórica" do apreciador. Certos poemas romantizantes de Heine, por exemplo, não correspondem mais à nossa atual experiência da realidade e o próprio poeta, já então imbuído desta nova consciência, destruiu-os pela ironia, convertendo este mesmo ato de destruição em nova criação estética. Esta ironia geralmente interpretada como sintoma da inautencidade das emoções ironizadas, é, bem ao contrário, um sintoma de autenticidade artística. Heine já se antecipou ao fenômeno do *Kitsch* e o supera ao demascará-lo e castigá-lo na própria obra, revelando ao mesmo tempo a dicotomia de uma consciência em transição. Quando versos romantizantes deste tipo são escritos hoje e levados a sério pelo autor, como ocorre em certos poemas de H. Hesse, há um retrocesso a uma época anterior a Heine. Tais poemas, além de epigonais, freqüentemente se filiam ao *Kitsch*. Neste sentido o modernismo brasileiro se afigura em certa medida como uma luta contra o *Kitsch*.

Alguns entre os momentos que, reunidos, costumam constituir o *Kitsch* literário merecem ser expostos: o uso do clichê gasto, tanto no nível lingüístico, como no das situações e personagens; o estilo sem caráter, epigonal; a facilidade esquemática das soluções formais que não se impõem pela superação de tensões e dissonâncias; a inadequação entre a língua e o mundo imaginário constituído por ela. Estes e outros momentos são analisados, à base de textos, por Karlheinz Deschner (em *Kitsch, Konvention und Kunst*, Munique, 1957). Walther Killy (em *Deutscher Kitsch – Kitsch Alemão*, Göttingen, 1961) ressalta a busca de efeitos através da acumulação de estímulos "líricos" (principalmente na prosa) para produzir, no apreciador, disposições anímicas sentimentais. Daí o abuso de adjetivos ornamentais e preciosos que servem menos para constituir o mundo imaginário do que para enlear o leitor numa vaga atmosfera de melosos transportes "poéticos". A calma tem de ser "doce", o vento "brando". O ombro de Bolfrânia (pois, Brunhilda já não basta) é "suavemente modelado"; seu vestido é "cor de marfim" e "bordado de ouro"; seus cabelos viram tranças e estas, em vez de serem ruivas, passam a ser cor de fogo. As palmeiras não poderiam deixar de ser esbeltas. Não se ajustam muito bem à nórdica Bolfrânia, mas são, em compensação, mais líricas do que simples carvalhos. Quanto aos anjos – ou melhor anjinhos – tendem a fulgurar e os prados se esbaldam de tanto sorrir. Geralmente os últimos raios de sol timbram em dourar (ou doirar) algum objeto elevado.

A mesma gratuidade no emprego da palavra se verifica no jogo metafórico; qualquer coisa pode ser substituída por qualquer outra, já que nada é necessário; e esta inorganicidade e neutralidade estilísticas são muito bem demonstradas por Killy, que se deu ao trabalho de tirar fragmentos da prosa de sete autores diversos (entre os quais R. M. Rilke), reunindo esses trechos num texto narrativo de continuidade perfeita, sem que se perceba qualquer disparidade ou diferença estilística.

A essa falta de economia no pormenor lingüístico, que busca os efeitos imediatos em detrimento da estrutura total, associam-se os efeitos cumulativos do enredo, cheio de conflitos tirados do álbum de poesia dos *teenagers*. Há um excesso de imaginação gratuita, sem necessidade interior, sem subordinação do contexto maior. Particularmente característica é a relação espúria com a realidade. Fábricas de sonhos, tais narrativas simplificam grosseiramente as situações humanas, reduzindo-as às suas possibilidades extremas. O *Kitsch* repete, de forma secularizada, configurações do conto de carochinha, inserindo-as numa atualidade vagamente realista, ao menos

nos detalhes. Os elementos mágico-demoníacos do conto de carochinha, a sua "teologia", tomam aspectos caricatos quando traduzidos nos termos profanos da moral burguesa.

Tais e outras análises são, em parte, corroboradas por pesquisas fenomenológicas (merecendo ser mencionada a obra de L. Giesz, *Fenomenologia do Kitsch*, Heidelberg, 1960). Além da descrição das inadequações entre as várias camadas da obra (lingüística, significativa, imaginária etc.), tenta-se investigar em particular a "estrutura vivencial" do apreciador de *Kitsch*. Talvez se possa dizer, adotando sugestões destas pesquisas, que na apreciação adequada da arte o apreciador se sabe referido a um objeto (a obra de arte). O objeto (e sua estrutura) é visado em atos cuja intenção transcende a consciência. É o objeto (a obra) que se apresenta belo, cômico, sublime etc. O valor reside na obra. Na apreciação do *Kitsch* estes momentos de distância e liberdade (que não excluem o momento da empatia) se reduzem, precisamente devido à estrutura do objeto pseudo-artístico que solicita uma apreciação gelatinosa. O objeto, por falta de distância, deixa de ser apreendido como tal e apreciado na sua estrutura, já que objeto e consciência se entregrudam e empastam mutuamente. Daí a apreciação se transformar de *ato* em *estado*, geralmente de divagações associativas pessoais que fecham o apreciador num círculo de surda particularidade. O valor passa do objeto – que se torna mera causa – para o próprio estado de efusões sentimentais e se esgota no gozo do próprio gozo; mesmo no caso de uma autêntica obra de arte, o valor estético (sempre localizado na obra) deixa de ser alvo essencial da intenção, sendo substituído pela preponderância do valor hedonístico (localizado na psique do apreciador). Já Hanslick, no século passado, disse que o leigo, ao ouvir música, "sente" muito mais do que o conhecedor. E as adolescentes interrogadas por J. P. Meyer (*Sociology of Film*, Londres, 1945) sabem isso sem fenomenologia nenhuma. Uma delas confessou que as fitas a que assistia se tornavam fonte de enredos para as suas divagações (*daydreaming*). Depois de assistir a um "bom espetáculo", ia deitar-se imediatamente "to get those dreams started".

O fenômeno do *Kitsch* naturalmente é bem mais antigo do que a fenomenologia dele. Ao que parece, originou-se nos inícios do século passado, isto é, desde a ascensão de massas cada vez mais amplas – de grupos ainda sem tradição estética, de gosto inseguro, mas com aspirações acentuadas de participar nos bens culturais, na medida em que fossem baratos e garantissem prestígio social. Não se trata de um fenômeno de primitivismo (o folclore, enquanto genuíno, nunca é *Kitsch*), mas de degeneração, sob a influência da produção em massa de artigos de consumo para o mercado anônimo. Precisamente por isso o artigo seriado recorre ao clichê.

As pesquisas em torno do assunto iniciaram-se na década de 1920. No entanto, na recente preocupação intensificada com o problema parecem manifestar-se aspirações ponderáveis não só de purificação estética e sim também moral e política. Verifica-se isso pelo destaque dado à análise do *Kitsch* patriótico ou chauvinista. É que a contrafação, por razões várias, tende a enfeitar-se de clichês religiosos, morais e, principalmente, patrióticos, como se quisesse compensar o ouropel da sua inautenticidade e impotência pela força de valores autênticos. O grave é que, extravasando da esfera estética, invade a literatura política e a própria vida; passa a ser fator psicossocial e político, torna-se virulenta no novo meio ambiente e chega a corromper valores elevados ou, inversamente, tornar atrativos, aos olhos de massas embromadas, valores e idéias duvidosos. Surgem os políticos dando beijinhos a crianças desconhecidas, os candidatos a qualquer coisa transformados (*built up*) em heróis de peito enfunado, posando em fotos no aconchego da família; e os discursos besuntados de graxa, transbordando de *Kitsch* e tartufaria.

O nazismo foi, entre outras coisas, também um fenômeno estilístico. É sem dúvida perigoso reduzi-lo a uma depravação estética, mas há certa dose de verdade no que disse um crítico alemão: "O *Kitsch* levou-nos diretamente à catástrofe". É pena que o crítico norte-americano Kenneth Burke, que tão bem examinou a retórica de *Minha Luta* (em: *The Philosophy of Literary Form*, Vintage Book), demonstrando que a obra se apóia numa suja abastardização de padrões religiosos, não pudesse analisar mais de perto o *estilo*, por não ter lido o original alemão (não existe tradutor que seja abnegado ao ponto de assinar uma versão desta obra sem melhorar-lhe traiçoeiramente o estilo). Com efeito, a miséria estilística do livro de Hitler induziu muitos dos seus adversários, na Alemanha de Weimar, a não levar a sério o movimento nazista: um homem que escrevia tamanho *Kitsch* não poderia fazer mal à Alemanha de Goethe. Desde então se verificou, em escala internacional, que se dá justamente o contrário. O *Kitsch* reina soberano e empolga as massas. O embuste atrai os tolos, tanto na vida como na arte.

7. *KITSCH*: PRÓ E CONTRA

Há pouco tempo realizou-se em São Paulo, na Galeria Arte Aplicada, uma exposição de *Kitsch*. Idéia realmente boa. Utilizou-se para este fim a valiosa coleção de Olney Kruse – valiosa pela competente seleção do desvalioso. Com razão se destacou a utilidade da mostra, que, aliás, causou uma afluência surpreendente de interessados. Olney Kruse, ao organizá-la, aliou a paixão do colecionador à perícia do crítico de arte.

Entretanto, a maioria dos numerosos comentários não deixa de suscitar certas reservas. A dubiedade dos comentários talvez se deva, em parte, a certa ambigüidade das declarações – tais como apareceram nos jornais – do próprio organizador da exposição, que parece nutrir uma espécie de amor-ódio pelos produtos *Kitsch*. O juízo positivo, no tocante à exposição, freqüentemente se estendia aos objetos expostos. Alguns confundiram a qualidade da seleção com a dos produtos selecionados, quando justamente a deficiência destes confirmava a eficiência daquela. Notou-se não só uma atitude condescendente em face do *Kitsch*, mas até certo *faible* por ele, certa inclinação, que, por vezes, se tornava franca aprovação. Ao fim parece que se estabeleceu uma confusão generalizada. Um empreendimento imaginado – supomos – como exibição didática de pseudo-arte, arte falsa e abastardada, acabou por tornar-se – para não poucos dos apreciadores – uma espécie de exaltação do "mau gosto", possivelmente porque o mau gosto é considerado revolucionário, contrário ao discreto charme da burguesia, ou porque talvez o liguem à arte *pop* ou o julguem favorecido por certas especulações vanguardistas altamente sofisticadas que põem mesmo as aspas entre aspas.

Desde a década de 1920 escreveu-se muito sobre o *Kitsch* e na década de 1960 o termo tornou-se também conhecido no Brasil, graças sobretudo aos estudos de Décio Pignatari, Haroldo de Campos, Umberto Eco e Abraham Moles – estudos excelentes, embora por vezes suscetíveis de objeções. Analisaram-se os mais diversos aspectos do fenômeno, particularmente a relação do *Kitsch* com a indústria cultural, as inter-relações entre pseudo-arte, cultura de vanguarda, cultura de massa e cultura média, o câmbio de intecionalidades pelo qual, por exemplo, uma obra regular, cuja intenção é o entretenimento e que, como tal, é autêntica, fica *kitschizada* ao ser fruída como se fosse obra de valor superior. Talvez se tenha esquecido o procedimento contrário e mais freqüente: a apreciação *kitschizada* de uma grande obra de arte por quem a frui como se fosse telenovela corriqueira ou música de salão. Tais intencionalidades equivocadas naturalmente não atingem o valor da obra como tal, embora essa relativização do objeto estético às apreciações variegadas já tenha sido proposta: concepção psicologista que leva à dissolução do objeto estético e à sua redução a atos e apreciação. Entretanto, a obra continua fraca, regular ou excepcional, independentemente da respectiva apreciação. O valor está na obra, não modificado pela diversidade das valorizações. Da mesma forma, uma obra *Kitsch* continua pseudo-arte, mesmo quando, por um equívoco contrário, um vanguardista, numa fruição extremamente sutil, a cerca de uma série de aspas, as quais, evidentemente, são dele e não da obra. Isso naturalmente não se refere ao *Kitsch* colocado em contexto diverso. Enquanto parte de um todo diferente, podem advir-lhe virtualidades insuspeitas, graças às funções específicas que agora passa a exercer na nova totalidade.

De resto, a indústria cultural, que, por exemplo, na fotonovela, manipula friamente fórmulas pré-fabricadas, até o colegial, que, no seu poema de amor, movido pelo calor de sentimentos sinceros, se entrega sem o saber aos mesmos clichês transmitidos pelo ambiente, as intencionalidades cambiam, mas os produtos se aproximam no seu teor de inépcia, falsidade e redundância.

Sobre todos esses e muitos outros problemas, portanto, já se escreveu abundantemente com mais ou menos acerto. Muitas vezes foram também destacados os momentos mendazes e corruptores da pseudo-arte, a sua força alienadora, a perversão de valores por ela engendrada. Por isso, certos comentários ambíguos, feitos por ocasião da mostra mencionada, forçosamente haveriam de despertar o interesse crítico dos que se ocupam com o problema. Foi salientado, por exemplo, como fato quase positivo, a "nostalgia do mau gosto". Falou-se da "bailarina de porcelana da vovó" elevada à "dignidade da arte". Numa crônica (*Folha de S. Paulo*, 28.8.1973) leu-se que para Olney Kruse o *Kitsch* tem um valor muito caro. "Ele representa, para mim que odeio a violência, a antiviolência." No *Kitsch*, afirma, tudo é azul, cor-de-rosa, nada fala da violência. "Isso me refrigera, a pure-

301

za e a simplicidade desses objetos." Logo depois, porém, Olney Kruse teria dito que não conseguiria conviver com tais objetos. "São de um mau gosto tão grande, tão chocante, que só posso me dar ao prazer e à vontade de tê-los, mas não de vê-los." Mas como poderiam ser chocantes produtos onde tudo é cor de rosa e não-violência? E como podem ser de um mau gosto tão grande manifestações em que tudo é pureza e simplicidade? A contradição parece evidente. Deve-se supor que as idéias de Olney tenham sido reproduzidas de um modo truncado ou deformado. Pode ser também que se trate de observações propositadamente paradoxais e provocadoras.

É verdade que o *Kitsch* tende ao róseo e ao azul, ao *Schmalz*, como dizem os americanos, usando mais uma palavra alemã. Aliás, há nisso um aspecto amável, que a todos nós, ocasionalmente, pode seduzir. Todavia, há também *Kitsch* azedo. Haja vista os romances epigonais do existencialismo em que os vômitos das personagens, sem função verdadeira, enchem tanto os capítulos como os leitores (é verdade, nos grandes romances da época barroca também se vomita muito; mas, afinal, não se inventara ainda a geladeira). E certamente há também *Kitsch* violento, apesar de A. Moles afirmar que o *Kitsch* é a arte da amena felicidade. A pseudo-arte violenta surge sobretudo no gênero patriótico, terreno freqüentemente escolhido por ela. Convencida da própria nulidade, ela costuma chupar o sangue de valores consagrados (amor, sentimentos sociais, religião, nacionalismo, moral). Arte vampiresca, o *Kitsch* se nutre desses ideais enquanto lhes corrompe a substância. Centenas de romances e filmes que exaltam as façanhas dos respectivos guerreiros nacionais são *Kitsch* crasso, muitas vezes estimulado por governos autoritários. O mesmo se pode dizer de numerosos monumentos que, através da reprodução de duvidosos super-heróis e de seus feitos, glorificam a guerra e a violência.

Quanto ao qualificativo de "pureza", tal como aparece na crônica mencionada, é difícil imaginar em que acepção, possivelmente esotérica, ele se aplica ao *Kitsch*. Na mesma crônica, este é caracterizado como "lixo estético", e Eco o chama "mentira estética" – definições que dificilmente se coadunam com a pureza. Com efeito, o que em geral distingue o *Kitsch* é certa intencionalidade safada, detectável na obra, a especulação com o gesto precário das massas ou dos esnobes (estes últimos seduzidos pelo *Edlkitsch*, o *Kitsch* nobre). O *Kitsch* é o falso e postiço que se serve da máscara estetizante para vender a mediocridade bem-feitinha, a originalidade diluída e mastigada. Os seus anjinhos, santinhos, criancinhas, anãozinhos, mãezinhas e vovozinhas, longe de serem expressão de pureza, exibem-na como na vitrina de uma loja. A inocência, atraindo os inocentes, tem grande mercado. A pureza assim exposta é pureza prostituída. O valor, envolvido pela mentira estética, se corrompe.

Parece ser igualmente difícil atribuir ao *Kitsch* o predicado da simplicidade. Ele, ao contrário, se afigura de retorcida inautenticidade. Quase sempre se sabe produto precário e, como já se observou, tanto mais se pavoneia com os atributos da arte, degradando-os. Entrega-se a um ornamentalismo mecanicamente superposto, acumula hipérboles e adjetivos preciosos e vai em busca de efeitos fáceis e imediatos. Nada daquela simplicidade que caracteriza as grandes obras do classicismo.

De um modo geral não parece conveniente definir o *Kitsch* como mau gosto, muito menos quando este chega a ser chocante, coisa, aliás, extremamente subjetiva. Há muito *Kitsch* que não exemplifica o mau gosto e há muitos produtos de mau gosto que não são *Kitsch*. Um dos inspiradores do pré-romantismo alemão, J. G. Hamann, disse há cerca de duzentos anos: "Meu estilo espermatológico não permite mais a limagem e a correção do bom gosto". Este desprezo pela forma correta não tem nada a ver com *Kitsch*. A ruptura com as convenções do bom gosto – hoje já tradicional e por sua vez quase convenção – de modo algum é atitude característica dos produtores de pseudo-arte. Tal ruptura é freqüente no caso de certas vanguardas. Mas estas, em vez de produzirem *Kitsch*, escolhem-no como tema ou procuram usá-lo criticamente. É evidente o hiato entre essas obras e o *Kitsch* transformado em objeto. Este, em compensação, vive satisfeito consigo mesmo e com o mundo; é quase sempre bem comportado e dificilmente pretende chocar. Mesmo a violência é embelezada; os heróis, ao morrerem sorridentes, proferem ditos imortais; o sangue, por mais que jorre, não mancha a roupa ou, quando a mancha, se desdobra em belos padrões cor de framboesa. É precisamente nisso que reside a safadeza – nesta violência apetitosa.

Parece que não se leva suficientemente a sério o mal produzido pelo *Kitsch* (já que não se costuma dar muita importância à educação estética). Além de corromper os valores a que se associa, o *Kitsch*, graças à boniteza fácil do termo-médio, à falsificação da realidade, ao rebaixamento das exigências e ao conforto oferecido, é um produto que embota o senso crítico, convida ao conformismo e acaba tendo efeitos anestesiantes. Mais que a arte da amena felicidade, o *Kitsch* é a arte da indolência e do entorpecimento. Manipulado pela indústria cultural, difunde maciçamente clichês, a ponto de as nossas reações se tornarem igualmente clichecizadas e de vermos a própria realidade estruturada por clichês. Os nossos desejos se padronizam de acordo com a oferta que acaba comandando a procura e as próprias necessidades. Estas, portanto, em vez de condicionarem os produtos, se tornam, ao contrário, produtos dos produtos. Dificilmente se encontraria imagem mais caraterística da alienação.

Numa época de mudanças culturais extremamente rápidas, a capacidade de decisão do indivíduo fica sobrecarregada, visto que a sociedade, por falta de instituições estáveis, deixou de lhe sugerir as escolhas. Quando todos os valores flutuam, é inevitável que também o gosto se torne hesitante e indeciso. Não surpreende, em tais condições, a enorme difusão do *Kitsch*, nem mesmo a atitude ambígua daqueles que, pelo ofício, formação e sensibilidade, não têm nenhuma dificuldade em distingui-lo da arte autêntica.

CRÍTICA NA PERSPECTIVA

TEXTO/CONTEXTO I – Anatol Rosenfeld (D. 007)
KAFKA: PRÓ E CONTRA – Günter Anders (D. 012)
A ARTE NO HORIZONTE DO PROVÁVEL – Haroldo de Campos (D. 016)
O DORSO DO TIGRE – Benedito Nunes (D. 017)
CRÍTICA E VERDADE – Roland Bathes (D. 024)
SIGNOS EM ROTAÇÃO – Octávio Paz (D. 048)
AS FORMAS DO FALSO – Walnice N. Galvão (D. 051)
FIGURAS – Gérard Genette (D. 057)
FORMALISMO E FUTURISMO – Krystyna Pomorska (D. 060)
O ESCORPIÃO ENCALACRADO – Davi Arrigucci Junior (D. 078)
O CAMINHO CRÍTICO – Nothrop Frye (D. 079)
FALÊNCIA DA CRÍTICA – Leyla Perrone Moisés (D. 081)
OS SIGNOS E A CRÍTICA – Cesare Segre (D. 083)
FÓRMULA E FÁBULA – Wille Bölle (D. 088)
AS PALAVRAS SOB AS PALAVRAS – J. Starobinski (D. 097)
METÁFORA E MONTAGEM – Modesto Carone (D. 102)
REPERTÓRIO – Michel Butor (D. 103)
VALISE DE CRONÓPIO – Julio Cortázar (D. 104)
A METÁFORA CRÍTICA – João Alexandre Barbosa (D. 105)
ENSAIOS CRÍTICOS E FILOSÓFICOS – Ramón Xirau (D. 107)
ESCRITO SOBRE UM CORPO – Severo Sarduy (D. 122)
O DISCURSO ENGENHOSO – Antonio José Saraiva (D. 124)
CONJUNÇÕES E DISJUNÇÕES – Octávio Paz (D. 130)

A OPERAÇÃO DO TEXTO – Haroldo de Campos (D. 134)
POESIA-EXPERIÊNCIA – Mario Faustino (D. 136)
BORGES: UMA POÉTICA DA LEITURA – Emir Rodriguez Monegal (D. 140)
COBRA DE VIDRO – Sérgio Buarque de Holanda (D. 156)
O REALISMO MARAVILHOSO – Irlemar Chiampi (D. 160)
TENTATIVAS DE MITOLOGIA – Sérgio Buarque de Holanda (D. 161)
DOS MURAIS DE PORTINARI AOS ESPAÇOS DE BRASÍLIA – Mário Pedrosa (D. 170)
O LÍRICO E O TRÁGICO EM LEOPARDI – Helena Parente Cunha (D. 171)
ARTE COMO MEDIDA – Sheila Leirner (D. 177)
MITO E HERÓI NO MODERNO TEATRO BRASILEIRO – Anatol Rosenfeld (D. 179)
POESIA COM COISAS – Marta Peixoto (D. 181)
A NARRATIVA DE HUGO DE CARVALHO RAMOS – Albertina Vicentini (D. 196)
AS ILUSÕES DA MODERNIDADE – João Alexandre Barbosa (D. 198)
EXERCÍCIO FINDO – Décio de Almeida Prado (D. 199)
UMA CONSCIÊNCIA FEMINISTA: ROSÁRIO CASTELLANOS – Beth Miller (D. 201)
O HETEROTEXTO PESSOANO – José Augusto Seabra (D. 204)
O MENINO NA LITERATURA BRASILEIRA – Vânia Maria Resende (D. 207)
ANALOGIA DO DISSIMILAR – Irene A. Machado (D. 226)
O BOM FIM DO *SHTETL:* MOACYR SCLAIR – Gilda Salem Szklo (D. 231)
O BILDUNGSROMAN FEMININO: QUATRO EXEMPLOS BRASILEIROS – Cristina Ferreira Pinto (D. 233)
ARTE E SEU TEMPO – Sheila Leirner (D. 237)
O SUPER-HOMEM DE MASSA – Umberto Eco (D. 238)
BORGES E A CABALA – Saúl Sosnowski (D. 240)
METALINGUAGEM & OUTRAS METAS – Haroldo de Campos (D. 247)
TEXTO/CONTEXTO II – Anatol Rosenfeld (D. 254)
MIMESIS – E. Auerbach (E. 022)
MORFOLOGIA DO MACUNAÍMA – Haroldo de Campos (E. 019)
FERNANDO PESSOA OU O POETODRAMA – José Augusto Seabra (E. 024)
UMA POÉTICA PARA ANTONIO MACHADO – Ricardo Guilón (E. 049)
AMÉRICA LATINA EM SUA LITERATURA – Unesco (E. 052)
POÉTICA EM AÇÃO – Roman Jakobson (E. 092)
ACOPLAGEM NO ESPAÇO – Oswaldino Marques (E. 110)
SÉRGIO MILLIET, CRÍTICO DE ARTE – Lisbeth Rebollo Gonçalves (E. 132)

O LÍMITE DA INTERPRETAÇÃO – Umberto Eco (E. 136)
O PRAZER DO TEXTO – Roland Barthes (EL. 02)
RUPTURA DOS GÊNEROS NA LITERATURA LATINO-AMERICANA – Haroldo de Campos (EL. 06)
PROJEÇÕES: RÚSSIA/BRASIL/ITÁLIA – Boris Schnaiderman (EL. 12)
O TEXTO ESTRANHO – Lucrécia D'Aléssio Ferrara (EL. 18)
DUAS LEITURAS SEMIÓTICAS – Eduardo Peñuela Cañizal (EL. 21)
OSWALD CANIBAL – Benedito Nunes (EL. 26)
MÁRIO DE ANDRADE/BORGES – Emir Rodriguez Monegal (EL. 27)
A PROSA VANGUARDISTA NA LITERATURA BRASILEIRA: OSWALD DE ANDRADE – Kenneth D. Jackson (EL. 28)

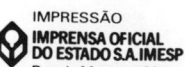

IMPRESSÃO
**IMPRENSA OFICIAL
DO ESTADO S.A. IMESP**
Rua da Mooca, 1921 — Fone: 291-3344
Vendas, ramais: 257 e 325
Telex: 011-34557 — DOSP
Caixa Postal: 8231 — São Paulo
C.G.C. (M.F.) N.º 48.066.047/0001-84

GOVERNO DE SÃO PAULO
CONSTRUINDO UM FUTURO MELHOR